权威·前沿·原创

皮书系列为
"十二五""十三五""十四五"时期国家重点出版物出版专项规划项目

BLUE BOOK

智 库 成 果 出 版 与 传 播 平 台

公益诉讼蓝皮书
BLUE BOOK OF PUBLIC INTEREST LITIGATION

中国检察公益诉讼发展报告
（2024）

ANNUAL REPORT ON PROSECUTORIAL PUBLIC INTEREST
LITIGATION OF CHINA(2024)

主　编／徐向春　田　凯　张嘉军

社会科学文献出版社
SOCIAL SCIENCES ACADEMIC PRESS (CHINA)

图书在版编目（CIP）数据

中国检察公益诉讼发展报告 . 2024 ／徐向春，田凯，
张嘉军主编 . --北京：社会科学文献出版社，2024.7.
（公益诉讼蓝皮书）. -- ISBN 978-7-5228-4104-5

Ⅰ. D925.04

中国国家版本馆 CIP 数据核字第 2024YJ4454 号

公益诉讼蓝皮书
中国检察公益诉讼发展报告（2024）

主　　编／徐向春　田　凯　张嘉军

出 版 人／冀祥德
责任编辑／高　媛
责任印制／王京美

出　　版／社会科学文献出版社·法治分社（010）59367161
　　　　　地址：北京市北三环中路甲 29 号院华龙大厦　邮编：100029
　　　　　网址：www.ssap.com.cn
发　　行／社会科学文献出版社（010）59367028
印　　装／三河市东方印刷有限公司

规　　格／开 本：787mm×1092mm　1/16
　　　　　印 张：22.75　字 数：340 千字
版　　次／2024 年 7 月第 1 版　2024 年 7 月第 1 次印刷
书　　号／ISBN 978-7-5228-4104-5
定　　价／158.00 元

读者服务电话：4008918866

本报告得到
郑州大学"厚山文库"出版资助

公益诉讼蓝皮书编委会

主编简介

徐向春　最高人民检察院第八检察厅厅长，法学博士。主要研究方向：刑事诉讼法、检察制度等。主持国家和省部级课题等 8 项，发表文章 20 余篇。

田　凯　河南省人民检察院党组副书记、副检察长，法学博士后，国务院特殊津贴专家、全国检察业务专家。在公益诉讼领域有国家课题、专著、论文等多项成果。兼任郑州大学公益诉讼法学博士生导师。

张嘉军　郑州大学法学院教授、副院长，河南省特聘教授，法学博士，博士生导师，最高人民检察院检察公益诉讼研究基地——郑州大学检察公益诉讼研究院执行院长。主要研究方向：民事诉讼、公益诉讼。主持国家社科基金重点项目、国家社科基金一般项目等 15 项，发表文章 60 余篇，出版专著 10 余部。

摘　要

　　探索建立检察机关提起公益诉讼制度，是党的十八届四中全会作出的重大决策部署，也是推动国家治理体系和治理能力现代化的一项重要举措。党的二十大报告进一步提出完善公益诉讼制度。检察公益诉讼自入法以来，取得了辉煌成绩，已经成为最具有中国特色的司法制度之一，中国的检察公益诉讼不断为世界公益诉讼提供中国的样本和资料。推进国家治理体系和治理能力现代化的历史新方位，需要坚定不移走中国特色社会主义法治道路，坚持改革导向，持续深化实践创新、理论创新、制度创新，推动公益司法保护"中国方案"更加成熟定型，把制度优势转化为国家治理效能。本书对检察公益诉讼的理论热点和实践现状进行全面、系统、深入的研究，旨在促进检察公益诉讼制度进一步发展完善，为优化国家治理体系和治理能力提供更坚实有力的"检察担当"。本书共5部分（含21篇报告）：总报告、全国篇、地方篇、专题篇和案例篇。

　　检察公益诉讼制度在2022年蓬勃发展，进一步明确了公益诉讼在推进中国式现代化中的重要地位和作用。在实践方面，2022年全国检察机关立案办理公益诉讼19.5万件，持续维护国家利益和社会公共利益，展现公益诉讼的制度价值。在立法方面，2022年检察公益诉讼受案范围拓展至反垄断、反电信网络诈骗、农产品质量安全、妇女权益保障四个领域，检察公益诉讼面向更广阔空间，发挥更大作用。检察公益诉讼作为一项新兴的制度，在司法实践中仍存在诸多问题，亟须立足于实践经验，进一步强化检察公益诉讼的顶层设计并完善立法。检察公益诉讼具体包括行政公益诉讼、检察民

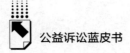
事公益诉讼、检察刑事附带民事公益诉讼三类，它们在 2022 年的实践运行中均存在一定的问题，诸如行政公益诉讼中的制度目的不明晰；在检察民事公益诉讼中，存在诉前公告程序的适用较为僵化、检察公益诉讼办案领域具有局限性、检察民事公益诉讼中相关费用去向不明确等问题；在检察刑事附带民事公益诉讼中，存在裁判文书中对检察机关的称谓不统一、案件审理时审判组织适用不统一、提起诉讼必要性欠缺、检察机关出庭人数与分工不统一等诸多问题。而在具体的检察公益诉讼运行环节方面，行政公益诉讼的诉前磋商程序如何完善和优化、检察公益诉讼案件范围拓展的价值何在、检察公益诉讼能否适用惩罚性赔偿、大数据技术运用于检察公益诉讼的必要性等问题也亟须予以探讨和回应。为此，应当立足于检察公益诉讼与其他主体提起的公益诉讼的区别及差异，明确检察公益诉讼是检察机关以"诉"的形式履行法律监督本职的核心定位，在检察公益诉讼专门立法的大背景下，就当前检察公益诉讼制度运行实践中出现的诸多问题予以剖析，提出进一步努力的方向及相关具体的完善建议。

关键词： 中国式现代化　公益司法保护　检察公益诉讼

目 录

Ⅰ 总报告

Ⅱ 全国篇

Ⅲ 地方篇

Ⅳ　专题篇

Ⅴ　案例篇

皮书数据库阅读**使用指南**

总 报 告

B.1
中国检察公益诉讼发展年度报告

李文杰*

摘　要：　公益诉讼检察工作全面推开五周年之际，完善公益诉讼制度历史性地写入党的二十大报告。2022年全国检察机关围绕党和国家工作大局开展工作，加强能动履职，推动重大战略实施；着力攻坚，不断提升公益诉讼办案质效和影响力；积极稳妥聚焦主责主业，做深做强做优传统法定领域、新增法定领域和其他新领域的办案与探索工作；持续完善制度机制，加快改进和优化公益诉讼检察工作方法和路径；着力树立"双赢多赢共赢"的司法理念，推动形成公益司法保护体系。不断完善相关制度、加强质量建设、健全办案规范、优化工作机制、推动公益诉讼检察高质量发展是未来工作重心所在。

关键词：　检察公益诉讼　办案质效　规范化建设　公益诉讼司法保护体系

---

* 李文杰，最高人民检察院第八检察厅一级检察官助理。

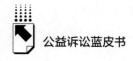
2022 年是公益诉讼检察发展历程中具有特殊意义的一年，公益诉讼检察来到全面推开五周年的重要节点，完善公益诉讼制度历史性地写入党的二十大报告。2022 年，全国公益诉讼检察部门坚持以习近平新时代中国特色社会主义思想为指导，积极践行习近平法治思想、习近平生态文明思想，认真学习贯彻党的二十大精神，准确把握时代发展新形势、国家治理新要求和人民群众新期待，坚持以维护国家利益和社会公共利益为己任，持续加大办案力度，不断完善工作机制，能动履职，拓展深化，推动公益诉讼检察工作取得新进展。

2022 年，全国检察机关共立案办理公益诉讼案件 195342 件，同比上升 15%；向行政机关发出诉前检察建议 126927 件，同比上升 0.1%；发布民事公益诉讼公告 25045 件，同比上升 44.1%；提起诉讼 12949 件，同比上升 19.9%。其中，办理生态环境和资源保护领域公益诉讼案件 94923 件，食品药品安全领域公益诉讼案件 20341 件，国有财产保护和国有土地使用权出让领域公益诉讼案件 12090 件；共立案新领域公益诉讼案件 67988 件，新增 9 个法定领域中，安全生产领域 17031 件，个人信息保护领域 6068 件，未成年人保护领域 2376 件，军人权益保护领域 1970 件，英烈保护领域 284 件，反电信网络诈骗领域 63 件，农产品质量领域 16 件，妇女权益保障领域 38 件，反垄断领域 1 件。①

一 聚焦国之大者，主动服务保障党和国家中心工作和重大战略

自觉以检察履职融入党和国家工作大局谋划和推进，服务经济社会高质量发展，提升服务国家治理制度效能。

（一）服务保障长江经济带高质量发展

成功举办第四届长江检察论坛，谋划落实"十四五"长江发展规划和七项重点部署的检察举措，深化检察公益诉讼与长江民主监督协同；发布检

---

① 如无特别说明，本报告数据均来自各省院的工作报告。

察机关服务保障长江经济带发展专项工作情况和典型案例；集中挂牌督办长江流域跨区域生态环境公益诉讼案件，推动解决环境治理"老大难"问题。一是突出整治长江船舶污染。重庆深化开展"保护长江母亲河"等专项行动，组织长江船舶污染治理专案办理，共立案 24 件。江西省市县三级院一体联动，围绕船舶污染物处置不规范、违规拆解船舶污染环境等突出问题立案 37 件，制发诉前检察建议 28 件。二是主动服务长江"十年禁渔"。上海立足打击非法捕鱼、猎鸟犯罪，推动鱼苗增殖放流，首例非法猎捕中华鲟刑事附带民事公益诉讼案入选"十大长江流域水生态司法保护典型案例"。四川关注水生生物完整性指数，办理非法捕捞水产品、非法采矿公益诉讼案件 763 件，办理破坏野生动植物资源案件 762 件。三是抓好长江生态警示片所涉案件线索交办督办，及时总结警示片问题整改情况。湖南以 81 件中央环保督察线索为重点，落实"河（湖）长＋检察长"机制，持续跟踪督办，立案办理生态环境和资源保护领域公益诉讼案件 5849 件。江西通过清单管理、月度核查、严格销号、举一反三，督促协同推进以案促改，针对相关问题线索共立案 59 件，制发检察建议 44 件。

（二）服务保障黄河流域生态保护和高质量发展

深化落实检察机关服务保障黄河流域生态保护和高质量发展"十八项举措"，发布典型案例 12 件。最高检专题调研黄河水资源保护情况，部署黄河流域检察机关开展水资源保护公益诉讼专题工作。山西省院联合省水利厅部署"打击水土保持违法行为、保护黄河中游生态环境"专项行动，共立案 761 件。山东组织开展"黄河流域生态保护和高质量发展公益诉讼检察专项监督行动"，督促清理生活垃圾、建筑垃圾及各类有毒有害固体废物 3.2 万吨，拆除违法建筑 11.5 万平方米，清理、修复河道 152 公里。河南开展"黄河千里大巡查活动"，加大对非法采砂、矿山治理、违法养殖等问题的办案力度。

（三）能动履职服务助推乡村振兴战略

最高检积极与农业农村部、乡村振兴局对接联系，建立协作机制。通过引导各地开展地方特色专项监督活动、指导督办重点案件、编发服务保障乡村振兴工作情况专刊等多种方式加大工作力度。指导浙江开展古树名木保护、耕作层剥离、农村面源污染、农村小水电治理、农业文化遗产保护 5 个服务乡村振兴"小专项"活动。安徽强化耕地保护,办理相关案件 294 件,推动修复耕地 3100 余亩。山东聚力环保领域"啃硬骨头",紧盯大气污染、水污染、土壤污染等突出问题,助力新一轮"四减四增"行动顺利实施,共办理相关案件 1800 件,督促追缴生态损害赔偿金和恢复治理费用 1.96 亿元。江苏、河南、江西(这种改为三地检察机关)等地聚焦乡镇农田灌溉设施、农业废弃物回收处置、乡村人居环境整治、乡镇桥梁安全等突出问题,持续加大公益诉讼力度,激发乡村振兴动能。贵州开展"少数民族特色村寨专项监督",助力乡村治理和发展,摸排公益诉讼案件线索 89 条,立案 72 件。

(四)因时因地服务重大战略实施和区域中心工作

鼓励各级检察机关围绕中心大局、结合本地特色和区位优势,做足做深某一领域公益诉讼案件,因地制宜开展"小专项",积极打造公益诉讼检察特色品牌。北京市院部署开展生态涵养区生态环境保护公益诉讼专项活动,助力绿色北京建设。内蒙古自治区持续开展"守护北疆草原林地公益诉讼专项监督",助力祖国北疆绿色万里长城建设。海南探索建立"行政公益诉讼+红树林生态损害赔偿机制""热带雨林国家公园+公益诉讼生态环境和资源预防保护机制",助力生态文明试验区建设。黑龙江、吉林、辽宁深入开展黑土地公益保护专项监督,切实保护好"耕地中的大熊猫",黑龙江共立案办理黑土地保护公益诉讼案件 3638 件,保护被非法占用、破坏黑土地 7 万余亩。

(五)多措并举解决人民群众的急难愁盼

围绕民生领域重点,践行能动司法,提升办案成效,解决人民群众最关心最直接最现实的问题,提升人民群众获得感、幸福感和安全感。江苏、云南等地积极参与打击养老诈骗专项行动。江苏共立案办理虚假宣传销售保健品等民事公益诉讼案件 38 件，向行政机关制发诉前检察建议 12 件。江西深入推进无障碍环境建设公益诉讼专项监督，共立案办理相关案件 346 件，督促清除盲道障碍物 3804 处，增设、完善停车位、卫生间、电梯、引导标识、坡道、低位服务台等无障碍公共设施 3562 处。各地检察机关围绕城市运行安全，公共安全，水资源保护利用，弱势群体保护，非法采矿，违规销售激素、麻醉、精神药品，逃避税行为监管等方面开展系列专项监督活动，解决了一大批涉民生领域的突出问题。

（六）延伸办案职能积极融入社会治理

在履职中防止就案办案，结合类案办理和专项监督，深入挖掘领域内普遍性问题，提出工作建议，建立长效机制，更广范围、更深层次融入国家治理。江苏苏州虎丘区院就成品油监管缺失和跨区域执法等治理难点，开展诉源治理，推动全市开展油罐车专项治理。黑龙江大庆市院在介入一起医保基金诈骗的案件中，推动与大庆市审计局就生态环境、国有财产保护等领域形成有效衔接，在全省率先探索建立市级层面的公益诉讼检审协作机制，将检察公益保护和社会治理深度融合。

二　聚力攻坚抓要案办理，不断提升公益诉讼办案质效和影响力

立足检察公益诉讼全面实施五周年特殊发展节点，坚持问题导向，以"质量建设年"为重要抓手，推动质量建设向深里走、向实里走、向细里走，大力提升工作质效。

（一）落实"质量建设年"活动要求，狠抓整改实效

针对公益保护的重点领域、薄弱环节，部署开展专项活动，以点带面促进质量整体提升。一是扎实抓好"公益诉讼守护美好生活"专项监督活动

巩固提升阶段工作。最高检与水利部联合印发《关于建立健全水行政执法与检察公益诉讼协作机制的意见》，搭建高层次协作框架平台；发布《关于进一步加强非法开采矿产资源领域公益诉讼检察工作的提示》，有针对性地引导各地提升相关领域办案质效。江苏省院开展江河湖海生态环境和资源保护公益诉讼专项监督活动；广西部署开展"保耕地 护农业"公益诉讼检察专项监督活动，安徽开展"公益诉讼服务乡村振兴"专项活动。二是深入开展"为民办实事 破解老大难"公益诉讼质量提升年专项活动。持续做好"千案展示、百案评析、十案示范"，推荐上传优秀案件近 3000 件，引导各地树立正确业绩观，运用好啃"硬"的监督智慧，扎扎实实办好有影响力的案件，切实解决影响民生的公益保护难题。三是部署公益诉讼检察全面实施五周年专题宣传，总结五周年工作成效、发展经验以及存在的问题，提出下一步发展思路举措。开展五周年系列宣传，征集"五好"宣传素材，共评选出 62 个"好案件"、63 位"好人物"、41 个"好机制"、50 条"好新闻"、58 个"好影像"，引导各地和相关媒体形成多层次、多视角、各具特点的宣传。

（二）常态化开展"回头看"，巩固办案成效

最高检组织公益诉讼案件质量评查，针对各省办案情况进行分片督导，并对中央环保督察相关交办案件、省级院自办案件效果等开展"回头看"，确保公益保护实效。云南省院对 2019～2021 年全省办理的诉前检察建议案件开展专题"回头看"，督促行政机关履职整改到位 439 件，依法提起诉讼 87 件。甘肃省院重点对诉前检察建议制发不规范、行政机关履职整改不到位、整改成效未有效巩固等三个方面问题全面检视，祁连山林区检察院对 2018 年以来办理的公益诉讼案件逐案开展"回头看"，督促完成 430 亩异地植被恢复治理，督促相关部门种植青海云杉 13 万株。

（三）持续加大最高检、省级院自办案件力度，精准示范引领

更加注重发挥最高检、省级院在彰显公益诉讼独特制度效能和推动制度完善方面的作用。一是顺利办结南四湖流域生态环境受损专案。最高检召开

结案听证会，对专案 205 件案件进行综合研判，对已完全整改到位的 195 件作实质结案处理；对已制定整改方案需要长期整改的 10 件作程序性结案处理。共督促处置回收和清理各类垃圾、固体废物 5.35 万余吨，拆除沿湖违章建筑、违法养殖 1621 处，清理污染和非法占用的河道 275 公里，督促推动赔偿权利人与企业达成生态环境损害赔偿磋商协议 8.52 亿元。二是推动万峰湖专案第二阶段取得显著成效。最高检召开万峰湖专案第二次听证会，推动黔桂滇三省（区）五县（市）党委成立联合执法党委指挥部，彻底解决水域分割管理、治理主体分散、执法标准不一等根本问题，并推动会签万峰湖产业发展框架协议。推动完善万峰湖流域地方立法，黔西南布依族苗族自治州、百色市及曲靖市出台了万峰湖保护条例等。三是最高检直接立案办理长江船舶污染公益诉讼案。最高检召开 11 省视频调研会议，深入调查分析污染物收集转运处置不规范、船舶冲滩拆解等严重污染线索，采取最高检负责主案、地方检察机关办理关联案件的"1+N"模式，四级联动、分层监督、一体化办案。组织召开专案动员部署会，江西、湖北等长江沿线各省均在省院及相关地市成立专案分组，排查案件线索 236 条，立案 198 件。四是各省级院大力推进自办案件，领办大案、要案、硬骨头案，办成优质案、示范案、精品案。2022 年，各省级院共立案办理 74 件。

（四）深入开展中央环保督察案件线索办理工作，促推整改政治责任落实

最高检制发中央环保督察案件线索交办督办工作办法；《中央生态环境保护督察整改工作办法》明确检察公益诉讼职责；统筹推进第二轮第二至第六批案件线索办理，指导各级检察机关共依法立案 854 件，向污染企业和个人索赔环境损害赔偿金约 9 亿元；顺利办结第二轮第二批线索，办理了甘肃省院诉中国建材（漳县）祁连山水泥有限公司破坏生态环境和资源民事公益诉讼案等一批有影响力的案件。江苏省院紧盯中央第二轮生态环保督察发现的问题，将 72 件重点线索转交相关市院办理，针对最高检交办的长江干流岸线（镇江段）环境污染问题线索直接立案，并向省委、省委政法委

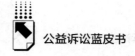

报告，获省委主要领导批示。天津市院立案 51 件，制发诉前检察建议 34 件，逐个案件实地走访落实整改情况，确保监督质效。

（五）落实抗（抑）菌制剂非法添加案件专项监督，筑牢健康安全司法防线

最高检向江西等 9 个省级院下发挂牌督办通知，召开全国办案工作推进会；形成类案治理成效，与国家疾病预防控制局积极协同推进填补制度缺漏。浙江省院指导江山市院在全国率先办理抗（抑）菌制剂非法添加公益诉讼案，推动全国检察机关开展专项办案活动。上海市院主动与市卫健委对接，调研全市抗（抑）菌制剂的生产销售及监督执法情况。贵州检察机关对辖区内 1300 余家医院、药店、门诊、卫生室、母婴店、化妆品店及大型超市进行排查，立案办理抗（抑）菌制剂领域公益诉讼案件 91 件。

三　聚焦主责主业积极履职，有重点、分层次做深做强做优各领域办案工作

（一）着力做优做精传统法定领域，推动公益诉讼检察行稳致远

坚持对传统法定领域深耕细作，持续发力，久久为功，推动公益诉讼检察树立质效优先导向。

一是持续深化生态环境和资源保护领域、食品药品安全领域监督办案。在生态环境和资源保护领域，进一步细化优化监督重点，引导各地将水资源保护利用、非法开采矿产资源等作为新的监督重点。2022 年共办理生态环境和资源保护领域公益诉讼案件 94923 件，通过办案共挽回、督促修复被损毁的林地、耕地、草原、湿地 41.3 万亩，保护被污染土壤 45.2 万亩，清理被污染水域面积 6.8 万亩，清理污染和非法占用的河道 1.2 万公里，督促清除处理违法堆放的各类生活垃圾、生产类固体废弃物 498.3 万吨。最高检汇编生态环境领域公益诉讼工作指引文件，发布涉水领域典型案例 10 件。云

南组织开展"高原明珠守护计划"，持续加大六大水系和九大高原湖泊生态环境与资源保护办案监督。福建省院出台服务保障海洋强省建设的意见，服务保障海洋经济，立案办理海洋生态环境和资源保护公益诉讼 150 件，督促清理被污染的海域面积 552.3 亩。陕西、广西、贵州分别开展秦岭、漓江、乌江等专项保护。在食品药品安全领域，持续落实食品药品"四个最严"要求，加大办案力度，督促食品药品安全整治，深入开展抗（抑）菌制剂非法添加案件办理工作、医疗美容行业突出问题专项治理和药品安全领域公益诉讼工作，维护消费者合法权益。2022 年共立案办理食品药品安全领域案件 20341 件，督促查处销售假冒伪劣食品 741.1 吨，督促收回流通中的假冒伪劣食品 196.4 吨，督促查处销售假药和走私药品 539 种共 1.4 吨，督促收回流通中的假药和走私药品 200 种共 0.7 吨。广西壮族自治区院制定打击整治养老诈骗专项行动工作方案，以整治食品、保健品虚假广告为切入点、结合点，办理公益诉讼案件 17 件。湖南常态化开展"护苗"行动，以校园及周边食品安全专项为引领，办理食品药品领域案件 1628 件，督促查处假冒伪劣食药品价值 143 万元。天津针对医疗美容行业突出问题，督促行政机关对牙齿矫正机构违法违规经营依法全面履职。

二是加大"国土国财"领域办案力度。最高检专门部署全国检察机关加强"国土国财"办案工作，效果明显，全国分别有 97% 和 90% 的市级院直接立案办理国财及国土领域案件，办案规模大幅增长。2022 年共立案办理"国土国财"领域公益诉讼案件 12090 件，其中国有财产保护领域立案 9924 件，国有土地使用权出让领域立案 2166 件。共督促收回欠缴的城镇国有土地使用权出让金 33.2 亿元，收回被非法占用的城镇国有土地 10167.9 亩，保护、收回国家所有财产和权益的价值 28.6 亿元，切实维护了国家利益和社会公共利益。最高检引导各级检察机关重点办理养老、医疗、工伤保险和惠民惠农领域损害人民群众切身利益的案件，保护好人民看病钱、救命钱。黑龙江启动国财领域区域性专项监督 11 个，国土领域区域性专项监督 5 个，涉及追缴税款、养老金、涉农资金、矿产资源保护、黑土地水资源保护等领域。

三是强化英雄烈士名誉荣誉保护，弘扬社会正气。及时惩治利用互联网

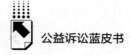
侵害英雄烈士名誉、荣誉违法行为，并在实践中探索完善类案办理机制和法律适用标准。最高检指导多地、多级检察机关协同联动，成功办理侵害袁隆平院士名誉民事公益诉讼案；指导海南检察机关办理网络大V罗昌平侮辱抗美援朝"冰雕连"英烈名誉、荣誉案，探索提出公益损害赔偿、限制违法行为人有关网上行为的诉讼请求，推动采取网络技术措施限制罗昌平账号的"微信群和朋友圈"。陕西印发《常态化开展"寻访革命旧址 保护革命文物 传承革命精神"活动的意见》，全省开展寻访2281人次，寻访革命旧址547处，推动认定文物4处。

（二）着力做实做强新增法定领域，及时回应社会关切、群众关注

进一步规范新领域案件办理，发挥公益诉讼治理效能，办案质效不断提升。一是持续推进个人信息保护领域公益诉讼。最高检指导浙江检察机关依法办结湖州市南浔古镇景区人脸识别和雁荡山风景区违规使用人脸信息公益诉讼案。挂牌督办河南尚某某等人电话销售食品诈骗、侵犯公民个人信息系列案等。发布个人信息保护检察公益诉讼蓝皮书和典型案例。山东省检察机关围绕信息公开、倒卖手机号等问题积极稳妥开展个人信息保护领域公益诉讼案件办理，共办理案件171件。二是深化安全生产领域公益诉讼。最高检指导各地扎实推进危化品、交通运输、城市建设、特种设备、矿山等领域安全整治，从源头上防范化解重大安全风险。针对全国燃气爆炸事故频发现象，专门下发工作提示，引导各地督促行政机关整治一批老旧居民区、夜宵摊等擅自更改燃气线路、报警器安装不到位、"煤改气"设施建设不规范等问题。安徽省院与省住建厅在住房城乡建设质量等领域加强协作，部署开展"农村自建房安全监督"专项活动。海南围绕易发、多发的森林火灾、"飞线充电"、电梯"失灵"等问题开展应急安全领域公益诉讼"小专项"监督活动。

（三）稳慎推进其他新领域探索，构建"4+N"公益诉讼保护新格局

坚持积极稳妥原则，全国检察机关聚焦特定群体权益保护、国防和军事

利益、知识产权等新领域，进一步深化探索。一是继续深化残疾人、妇女、老年人等特定群体权益保护，推动无障碍环境建设法治化进程。最高检发布残疾人保护公益诉讼典型案例；会同中华全国妇女联合会发布妇女权益保障典型案例；与中国老龄协会、卫健委等单位建立保护老年人权益工作合作机制，以养老诈骗专项行动为抓手强化老年人权益公益诉讼保障并发布典型案例。指导贵州等地部署开展"检察蓝牵手夕阳红"老年人权益保护专项监督，推动解决一批养老机构和养老资金监管、老年人消费权益保障、"数字鸿沟"等问题。上海加强弱势群体保护，督促加强无障碍环境建设，保护弱势群体在招聘中不受歧视，针对养老诈骗开展预防性公益诉讼。二是加大网络空间治理、反垄断和反不正当竞争、知识产权、新业态劳动者权益保障等新领域探索力度。最高检制发内部意见函，指导各地审慎办理涉及"冰墩墩、雪容融"等冬奥吉祥物知识产权公益诉讼案件；督促协同市场监管、商务、金融等部门合力系统整治预付消费领域乱象并开展专题调研。广东珠海市检察机关办理的"白蕉海鲈"地理标志保护行政公益诉讼案有力推动地理标志保护立法。三是深入开展空军机场净空保护公益诉讼专项行动，加强军人权益保护。最高检针对浙江、河北、新疆等机场净空顽疾制发指导意见；推动军检和空军出台《空军机场净空保护公益诉讼专项行动重难点问题研讨会议纪要》。辽宁省市区三级联动，一体办理鞍山军用机场应急起飞跑道净空案，推动长期影响应急起飞跑道净空安全的问题得以彻底解决。吉林省院与哈尔滨军事检察院联合制定了《吉林省军地检察机关公益诉讼提质增效一体化协作细则》，办理了督促保护火车站军人优先购票权、设立军人休息室等系列案件。

四 完善机制加强规范化建设，持续改进和优化公益诉讼检察工作方法和路径

坚持以制度机制建设为保障，不断完善相关制度、健全办案规范、优化工作机制，推动公益诉讼检察高质量发展。

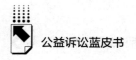
（一）着力提升办案规范化水平

以落实"质量建设年"部署为主线，不断改进工作方法，优化工作路径，促进提质增效。最高检聚焦办案重点环节和专门问题，印发听证、跨区划管辖，加强刑事检察与公益诉讼检察衔接，协作严厉打击电信网络犯罪，加强个人信息司法保护等工作指引和指导意见。重点加强新领域案件的指导和规范，下发规范办案与宣传的工作提示。黑龙江省院制发《关于进一步规范问题线索移送移交工作的指导意见》《关于直属分院与地方检察机关协作移送涉嫌违法违规问题线索的函》，强化案件线索科学规范管理，制发《关于调整和规范公益诉讼新领域办案数据填报工作的通知》，明确规范报送要求。

（二）持续推动立法完善

进一步推动在单行法中增设检察公益诉讼条款。最高检围绕全国人大常委会立法工作计划，主动争取全国人大有关专门委员会、工作委员会和牵头部委支持。适时发布与单行法相关新领域检察公益诉讼典型案例、成功经验并加强宣传解读。2022年以来，已将反垄断法、反电信网络诈骗法、农产品质量安全法、妇女权益保障法领域写入检察公益诉讼条款。进一步推动公益诉讼专门立法相关工作。最高检向全国人大监察和司法委员会提交《关于建议将制定检察公益诉讼法纳入第十四届全国人大常委会立法规划和立法工作计划的报告》，配合立法机关做好调研论证相关工作。

（三）进一步优化办案机制

形成推动重大案件办理的强大动能，全链条、全方位提升工作实效。一是深化一体化办案机制。构建上下一体、区域联动、协同高效的办案机制，有效破解重大复杂案件办理中的难题，推动行政机关积极整改到位。上海市院制定《第八检察部参与基层院、分院公益诉讼部门案件办理暂行办法》，试行市院检察官及助理参与基层院、分院办案制度。广东强化以省院为

"龙头"、市院为"枢纽"、基层院为"支点"的一体化办案模式。二是探索深化"河长+检察长"机制。结合本地特色，多角度探索制度建立的有效路径。陕西省院相继走访陕西省林业局、生态环境厅等单位并进行座谈，推动建立"林长+检察长""河长+检察长""田长+检察长""生态环境保护行政执法+检察监督"工作机制。三是推广公开听证制度。重大案件公开听证做到"应听尽听"，将听证作为公益诉讼办案的重要方式、结案的重要依据、宣传的重要途径。广西多地检察机关在案件现场召开听证会，使办案成效可见可感可触，全面提升司法公信力。四是落实案例指导机制。最高检针对基层办案中的常见、典型问题，加强指导性案例、典型案例发布工作。发布第40、41批指导性案例以及各领域、多主题典型案例共12批110件；发布案例专刊24期134件，为办案提供详细、有针对性的参考和借鉴。

（四）数据赋能专业化能力建设

公益诉讼检察部门积极运用数字检察赋能公益诉讼检察工作，打通数据壁垒，形成"个案办理—类案监督—系统治理"监督模式。如北京、浙江运用大数据法律监督模型，办理非标油销售全链条治理行政公益诉讼案，共督促补缴税费、罚款3.6亿元；江苏研究构建安全生产监督模型，发现安全生产监管漏洞。上海进一步优化公益诉讼线索平台，归集消防安全事故地点、行政处罚库、市场局抽检不合格信息、工地分布点位等数据，推送给检察官进行核实调查研判，推送线索66902条。福建省院发挥"大数据+检察办案"智慧辅助功能，指导平潭建设综合实验区院升级改造福建涉海洋公益诉讼大数据平台，与自然资源部海岛研究中心等单位实现数据对接。

五 牢固树立"双赢多赢共赢"的司法理念，构建协同高效的公益司法保护体系

坚定践行双赢多赢共赢理念，发挥部门协同作用，凝聚公益保护合力，推动形成共建共治共享的公益保护格局，公益诉讼"朋友圈"不断扩大。

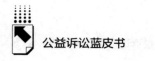

（一）继续争取党委、人大、政府和政协的支持

除直辖市及新疆生产建设兵团外，全国有 25 个省份共计 100 个设区的市级人大常委会出台了支持检察公益诉讼工作的专项决定。目前，32 个省份中，有 21 个省市在出台的 71 份地方性法规中增设了检察公益诉讼条款。江西省院向省委报告生态检察、检察公益诉讼助力红色资源保护专项监督活动情况，积极配合省人大常委会开展"公益诉讼江西行"主题活动，获省委领导批示肯定。湖南省院试点人大代表建议、政协提案与公益诉讼检察建议双向衔接转化机制，既增强检察监督刚性，同时推动人大对检察工作的全过程监督。

（二）深化与行政、司法机关等部门协作配合

最高检与最高法联合出台关于海洋公益诉讼的司法解释，在该领域制度设计方面取得突破进展。最高检与 14 个部委会签生态损害赔偿管理规定，与水利部联合出台水行政执法和公益诉讼检察协作意见。持续推进邮政快递包装固体废物污染环境案，以案件办理为依托，与国家邮政局、国家发改委、商务部相关部门加强协作配合，共同推动可循环快递包装领域治理完善。江苏省院与省生态环境厅等单位会签《关于贯彻落实生态环境损害赔偿管理规定的实施意见》等文件，联合发布生态环境损害赔偿磋商典型案例。上海、广东等地检察机关与水利部门联合印发水行政执法与检察公益诉讼协作机制的实施细则。

（三）务实推进军地协作

贯彻落实最高检与中央军委政法委联合印发的《关于加强军地检察机关公益诉讼协作工作的意见》，及时回应人大代表关切。广西铁路检察机关与南宁军事检察院联合组织开展军地协作护国防专项监督活动。新疆维吾尔自治区院与乌鲁木齐军事检察院联合部署开展"公共交通领域维护国防、军事和优待对象利益"公益诉讼专项监督活动，推动军地检察机关公益诉

讼协作，在区院自办的空军乌鲁木齐军用机场净空区飞行安全案办理过程中，军地检察机关积极同军方开展沟通协调，多次前往现场查看障碍灯安装情况，力争尽快全面消除影响飞行安全的隐患。

（四）加强跨区域检察协同联动

大力推动跨区划协作机制建设，破除跨区域、跨流域重大公益诉讼案件办理障碍。江西省院推进跨行政区划检察改革，印发《关于指定南昌铁路运输检察机关管辖涉及铁路安全生产领域行政公益诉讼诉前案件的通知》，规范铁路安全生产案件办理。江西省院指导九江、南昌、上饶三地检察机关签署《关于建立环鄱阳湖流域生态环境和资源保护公益诉讼跨行政区划管辖协作机制的意见》，进一步深化环鄱阳湖流域生态资源保护检察协作。

（五）利用"益心为公"检察云平台持续健全社会支持体系

强化公益诉讼的公众参与和社会监督，凝聚专业志愿者智慧优势，传播公益诉讼声音，讲好公益诉讼故事。在第四届长江经济带发展检察论坛上，与中央统战部、8个民主党派中央共同正式启动"益心为公"检察云平台。针对办案影响力不足问题，扩大"益心为公"检察云平台试点范围，范围扩大到12个省。上海市院共招募乐心公益、专业能力强的志愿者1782名，大部分具有生态环境、食品药品和特殊群体保护等专业知识背景，参与案件咨询及听证100余件次。

各级公益诉讼检察部门将以习近平新时代中国特色社会主义思想为指导，深入贯彻落实党的二十大精神，坚持问题导向、守正创新，以完善公益诉讼制度的生动实践助推中国式现代化建设。要在全面履行公益诉讼检察职责、均衡办理各类型公益诉讼案件的基础上，紧密结合本地实际，找准深入推进公益诉讼工作的切入点和重点，将以人民为中心的理念落到实处。要持续加大最高检、省级院自办案件力度，加大立案办理对创新和完善国家治理具有标杆和导向意义的新领域案件，摸索形成适合本地的重大案件办理机制。要深化办案机制建设，完善公益诉讼检察指挥体系，加强调研论证，深

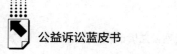

入推进跨行政区划协作机制建设，依托协作机制办成有影响力的案件。要继续推动完善公益诉讼法律制度，推进公益诉讼立法，深化公益诉讼理论研究，推动与公益诉讼检察研究基地务实合作，汇聚智慧凝聚共识。要持续加强公益诉讼检察队伍素质能力建设，继续推广"培训+办案+研究"立体化精准培训模式，认真落实人才库管理办法，挖掘公益诉讼检察队伍先进典型，凝铸公益检察官精神。要进一步强化科技赋能意识，通过大数据、卫星遥感、无人机等技术运用提升重大案件办理质效。

全 国 篇

B.2
中国检察行政公益诉讼发展年度报告

李永超　范洪娜*

摘　要：　2022年是检察行政公益诉讼全面开展实施的第五年，作为一项中国特色司法制度，检察行政公益诉讼在维护国家利益和社会公共利益方面发挥着重要作用。党的二十大报告提出了"完善公益诉讼制度"的要求，检察机关以此为目标，以高质量发展为主线，推动公益诉讼发展模式的转型升级，行政公益诉讼的制度和理论也取得了新的发展。但由于行政公益诉讼直接关涉行政权、检察权、审判权的三权博弈，这三种权力性质的差异及行政公益诉讼制度的特殊性，使得该制度在理论发展过程中还存在争议。通过梳理制度发展过程中存在的理论争议及制度实践运行过程，以期为建立科学、合理的行政公益诉讼制度提供有价值的参考。

关键词：　行政公益诉讼　程序规则　能动检察

---

* 李永超，郑州大学法学院副教授；范洪娜，郑州大学法学院硕士研究生。

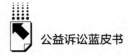

检察行政公益诉讼制度是一项极具中国特色的诉讼制度，相较于传统的行政诉讼，具有保护公共利益和客观法秩序的目的。2015 年 7 月 1 日最高人民检察院展开了检察公益诉讼的试点工作；2017 年 6 月 27 日全国人大常委会修改《行政诉讼法》，行政公益诉讼制度在法律中有了明确规定，行政公益诉讼制度在全国范围内实施；2021 年 6 月 29 日最高人民检察院颁布《人民检察院公益诉讼办案规则》，我国行政公益诉讼制度持续发展完善。2022 年行政公益诉讼更是得到了持续发展，不仅办案数量进一步提升，受案范围也呈现逐步扩展的趋势，在公共利益保护体系中发挥着重要价值。为了制度的长久稳定发展，在关注行政公益诉讼取得的斐然成绩的同时，也应关注到该制度仍存在的理论争议。本文通过梳理行政公益诉讼的发展，力图分析该制度存在的现实困境，以期为行政公益诉讼制度的完善助力。

一　检察行政公益诉讼的理论发展

2017 年以来，行政公益诉讼的学术价值与程序价值日益凸显，受到学界的广泛关注。虽然学者们关于行政公益诉讼的研究成果颇丰，但对行政公益诉讼制度中包含的许多具体问题尚未达成共识，对行政公益诉讼的制度发展也秉持不同的理念。

（一）关于"公益"的理论发展

公共利益是行政公益诉讼制度的发展与核心，行政公益诉讼制度创新了公益保护的方式，不仅体现在将公益保护作为诉讼目的并形成独特的保护方式，还体现在解决了长时间以来对行政不作为监督不到位而导致的公益受损问题，及实现司法对关乎民生的新型领域公益保护的合理介入。[①] 虽然行政公益诉讼制度在公益保护中具有优势，但仍处于起步阶段。作为一项较新的

---

① 王春业：《论行政公益诉讼对公益保护的创新与制度再完善》，《浙江社会科学》2022 年第 10 期。

制度，目前其对纳入制度保护范围的公益实行了一定的限缩，此限缩具备一定的合理性，但并非长久之计，若公益范围过于狭窄、缺乏扩大公益的标准会引发较多问题，如导致救济范围限缩、公益领域重叠等问题。① 有学者认为目前行政公益诉讼制度在公共利益保护方面存在对公共利益的含义缺乏明确的界定，认定行政不作为时，缺乏明确的认定标准以及有效的认定方式，案件范围也有待进一步拓展等不完善之处。②

对此，有学者提出重构"公共利益"的识别标准，依照相关制度目标及实践，该学者提出公益识别应当包含四项标准：国家标准、主体标准、质量标准和公平标准。国家标准指体现国家任务的利益，符合国家任务的利益都包含在国家利益的范围内，国家权力的行使者就应当实现并维护这些利益；主体标准指符合大多数人的利益，公共利益应当是多数人都希望实现的愿望或要求；质量标准指关涉基本权利的利益；公平标准指需要特别保障的利益。③ 重构"公共利益"的识别标准，明确公益范围，能够解决由于公益范围狭窄对行政公益诉讼制度发展造成的阻碍。

（二）关于受案范围的理论发展

《行政诉讼法》对归属于行政公益诉讼的领域进行明确规定。④ 有学者提出，受案范围的法律规定具有三个特点：以列举方式规定受案范围；对受案范围进行主观分类；对受案范围实行准公益考量。⑤ 在规范和实践中，行

---

① 汪骏良：《论行政公益诉讼中的"公益"识别标准》，《河南财经政法大学学报》2022 年第 1 期。

② 王春业：《论行政公益诉讼对公益保护的创新与制度再完善》，《浙江社会科学》2022 年第 10 期。

③ 汪骏良：《论行政公益诉讼中的"公益"识别标准》，《河南财经政法大学学报》2022 年第 1 期。

④ 《行政诉讼法》第 25 条第 4 款："人民检察院在履行职责中发现生态环境和资源保护、食品药品安全、国有财产保护、国有土地使用权出让等领域负有监督管理职责的行政机关违法行使职权或者不作为，致使国家利益或者社会公共利益受到侵害的，应当向行政机关提出检察建议，督促其依法履行职责。行政机关不依法履行职责的，人民检察院依法向人民法院提起诉讼。"

⑤ 关保英：《行政公益诉讼受案范围类型化的缺陷及理性回归》，《江淮论坛》2022 年第 4 期。

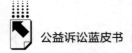

政公益诉讼受案范围的拓展已有一定突破,但有学者认为现阶段受案范围的拓展在规范层面存在形式于法无据和内容拓展无序的问题,在实践层面存在诉讼审查虚化以及公众参与不足的问题。①

对此,学界针对行政公益诉讼受案范围拓展的问题提出不少观点。有学者提出拓展案件范围首先需树立诉讼本位的观念,需以诉讼程序为场域,也需扩大公众参与渠道。② 另有学者提出,案件范围的拓展首先应遵循行政过程性规制的逻辑,需要超越"事实损害—法律理论"的传统路径;其次对行政活动的行为形式进行行政裁量时,应当依照法律设定的目的,并根据实践经验建立实质性的审查标准,从而得出准确的检察建议及司法判决;再次,对于实施行政公益诉讼制度及拓宽案件范围,检察系统应依据当地情况建立适宜的考核机制;最后,现阶段部分行政任务通过行政委托交由公共设施、公企业来完成,对于其是否应纳入行政公益诉讼的案件范围也应当进一步研究。③ 也有观点从具体领域对行政公益诉讼的受案范围拓展提出建议,如加入安全生产领域及拆迁引发的群体性事件④,还有建议将行政公益诉讼的受案范围扩展至老年人、妇女儿童等弱势群体的权益保护以及教育公益诉讼。⑤ 也有论者提出,应当更加注重受案范围深度上的拓展,立足于具体的法律规定及事实,运用行政法的基本原则与原理深入行政裁量。⑥

(三)关于诉前程序的理论发展

行政公益诉讼诉前程序"是最具有中国特色、符合中国非讼文化传统,

---

① 张琦:《检察行政公益诉讼案件范围拓展的现状、问题及进路》,《新疆大学学报》(哲学社会科学版)2022年第3期。
② 张琦:《检察行政公益诉讼案件范围拓展的现状、问题及进路》,《新疆大学学报》(哲学社会科学版)2022年第3期。
③ 梁鸿飞:《拓展行政公益诉讼案件范围以解决实质性地方治理问题》,《兰州大学学报》(社会科学版)2022年第4期。
④ 程镜戎:《行政公益诉讼的受案范围》,《西部学刊》2022年第6期。
⑤ 路安远:《论行政公益诉讼的受案范围》,《秦智》2023年第2期。
⑥ 梁鸿飞:《拓展行政公益诉讼案件范围以解决实质性地方治理问题》,《兰州大学学报》(社会科学版)2022年第4期。

最直接、最充分体现我国公益诉讼制度价值的程序设计"①。诉前程序是行政公益诉讼案件办理时必须履行的法定程序，也是解决行政公益诉讼案件的重要环节。但是现阶段诉前程序中的多项制度还有待完善，对此学界也有较多讨论。

1. 诉前程序的司法化进路

有学者提出当前行政公益诉讼程序的运行实践中，从行政公益诉讼诉前程序的立案到检察建议的发出以及最终决定是否提起行政公益诉讼等环节，均只有检察机关的参与，缺乏外界的积极参与，导致诉前程序呈现封闭运行的趋势。检察机关对于行政公益诉讼的行政化审批办案模式也导致了"办案不定案、定案不办案"的问题出现，且当前行政公益诉讼的诉前程序仅存在检察建议一种监督方式，呈现单一化态势。② 故有观点提出行政公益诉讼的诉前程序应坚持司法化进路，实现此目标主要有如下举措。首先应构建诉前听证制度与强化衔接机制建设。一方面应构建诉前听证制度，司法听证有助于推动人民群众有序参与司法，实现行政公益诉讼诉前程序的去封闭化，提升程序参与程度；另一方面应强化衔接机制建设，充分发挥行政公益诉讼"督促之诉、协同之诉、补充之诉"的特点和优势，加强与行政机关、人民法院、相关社会组织的有效沟通与有序衔接，共同破解社会治理难题，推动社会治理进程。其次应保障检察权独立行使与完善救济机制。最后应探索多元监督方式与完善检察建议工作机制，提升诉前程序检察建议刚性化程度，将检察建议做成刚性、做到刚性，提升诉前程序运行质效。③ 也有观点提出，要在检察机关和行政机关之间通过良性互动使诉前程序发挥实质作用，在诉前程序中实现公益的目标。④

---

① 胡卫列：《中国检察公益诉讼基本特征和理论制度构建》，《人民检察》2019 年第 15 期。
② 张涛：《实然与应然：行政公益诉讼诉前程序司法化改革之探讨》，载最高人民检察院法律政策研究室《第四届全国检察官阅读征文活动获奖文选》，2023，第 3 页。
③ 张涛：《实然与应然：行政公益诉讼诉前程序司法化改革之探讨》，载最高人民检察院法律政策研究室《第四届全国检察官阅读征文活动获奖文选》，2023，第 3 页。
④ 方颉琳、冯庆俊：《通往行政公益诉讼诉前程序实质化之路——以检察机关和行政机关良性互动为视角》，《行政与法》2022 年第 7 期。

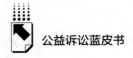
2. 检察建议的规范化

诉前程序中检察建议与行政公益诉讼的提起息息相关，但对于当前诉前程序运行过程中的检察建议，存在可操作性不强、内容过于宽泛、明确性和可行性有待加强等问题。学者们针对此问题也进行了深刻论证，对检察建议的规范发展提出了明晰的建议。有学者提出对检察建议要进行合法性、公益性的双重审查，对检察建议应当明确行使的界限，不得替代行使行政裁量，还应强化说明理由，通过说明理由，明确指出行政机关具有什么法定职责，为什么检察机关认为其没有履行或未完全履行有关职责？理由是什么？以此来引导行政机关切实履职的思考方向。完成对行政机关履职状况的评估，发出检察建议后，是否有必要进一步提起行政公益诉讼，由行政机关是否"不依法履行职责"来决定，若其依然没有依法履行职责的行为，检察机关应进一步提起行政公益诉讼。①

另有学者从具体的角度对推动检察建议的规范化提出观点，认为为了提升权威性，应对检察建议诉前说理的具体内容进一步细化，应对与案件相关的线索来源、案件事实、涉及的证据及行政机关违法行为或不作为等内容予以详述。尤其是应当重点论述行政机关行为违反相关规定的情况，让其能够认识到行为的违法之处。同时，在不干涉行政机关自由裁量的前提下，检察建议应尽量精准。② 还有观点提出应细化检察建议相关规范，突破目前仅仅阐述其原则和目的的立法现状，通过立法来规范检察建议内容的拟定以及具体的流程，以此避免检察建议套用模板、内容空洞、流程缺失。③

3. 磋商程序的发展

行政公益诉讼磋商程序是检察机关为了维护公共利益，在依法履职过程中发现负有管理职能的行政机关滥用职权，或者不作为、怠于履职，导致国家利益或社会公共利益受到侵害的情形，在发出检察建议之前，与其就具体

---

① 余凌云：《行政公益诉讼诉前检察建议的基本构造》，《行政法学研究》2023 年第 5 期。
② 苏艺、朱全胜、周悦：《新时代检察机关推进行政公益诉讼诉前程序初探》，《陕西行政学院学报》2022 年第 2 期。
③ 李伟：《行政公益诉讼诉前程序研究》，《经济师》2022 年第 12 期。

问题进行协商与探讨，交换意见并达成一致的过程。磋商程序是多元化纠纷解决机制的重要内容，不仅能够节约诉讼成本，还能够处理好司法机关与行政机关之间的关系。但在中国现阶段的行政公益诉讼程序运行过程中，磋商程序仍处于起步阶段，相关的程序立法还并不健全。

有学者针对目前磋商程序的发展现状，对其发展提出了设想。① 首先应健全诉前磋商程序的立法，对磋商程序进行制度上的保障。其次是相关的制度设计，适用此程序的范围应限定为国家或社会公共利益受到程度轻微的侵害、滥用职权或者不作为情节轻微、两个及以上行政机关职责交叉或共同行使职权的行政公益诉讼案件。当公共利益损害不断扩大等紧急情形出现时不适用磋商程序。磋商程序应坚持互相尊重选择原则、自愿平等原则及协作互动原则。具体的程序设计上，该学者提出应包括程序启动、磋商邀请、磋商回复、征求意见、达成一致及设定磋商期限等环节。再次在必要情况下，检察机关与行政机关可以订立磋商协议。最后是相应的救济途径，检察机关应跟踪监督行政机关履职效果，当行政机关出现消极、拖延不履职等情形时应向其发出诉前检察建议，督促依法履职。若在有效期限内并未有效整改，检察机关应当依据相应规定，提起行政公益诉讼，从而保护公共利益。

4. 诉前程序与诉讼程序的衔接

行政公益诉讼诉前程序是诉讼程序的法定前置程序，是一种非诉手段，而诉讼程序则是保护行政公益的兜底性措施。在行政公益诉讼中，诉讼程序的启动必须以用尽诉前程序为前提，诉前程序的终结意味着需由诉讼程序担负起公益救济的兜底性职责，两者是紧密连接的，但是目前诉前程序与诉讼程序在衔接中还存在一定的问题。对于两程序的衔接，学者提出最突出的即为诉前程序中的检察建议与诉讼程序中的诉讼请求间的衔接问题。一般而言，诉讼请求和检察建议在内容与逻辑上要保持一致性，但在司法实践中出现了检察建议和诉讼请求间完全一致、不完全一致、部分一致三种情况。若

---

① 张淑红、王瑞：《行政公益诉讼诉前磋商程序研究》，《辽宁公安司法管理干部学院学报》2022 年第 4 期。

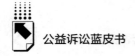

诉讼请求的内容超出检察建议的内容或两者内容不一致，会使诉前程序失去原本的意义，导致二者关系的割裂和诉讼阶段的程序混乱；若出现检察建议的内容超出诉讼请求的内容，会出现在法定履职期间，行政机关纠正违法行为并作出了部分履职行为，但并不会充分履职的情况。

为此要加强诉前程序与诉讼程序的有效衔接，需解决诉前程序中的检察建议和诉讼程序中的诉讼请求的衔接问题。有学者提出要明确检察建议内容与诉求内容衔接转换的界限，需要完善立法规则，在《人民检察院公益诉讼办案规则》中明确检察机关诉求内容变更裁量权的界限。在案件审理过程中，若行政机关并未进行实际的履职行为，检察机关的诉讼请求应当与检察建议书的内容一致，诉请法院判决行政机关继续履行职责；若行政机关已履职且全部诉求均实现，检察机关应当变更诉讼请求。当检察机关的全部诉求实现时，应优先将诉讼请求转换为"请求撤回起诉"。如果检察机关认为确有必要警示行政机关失职行为的，可以将诉讼请求转变为"请求判决确认行政行为违法"。但此项诉讼请求的使用需十分谨慎。[①] 也有学者提出，对于检察建议里未提及的问题，检察机关不能直接提出相应的诉讼请求，检察建议在制发的过程中就要注意与诉讼程序的衔接问题，明确督促对象，在诉前程序中没有经过被督促的主体不能成为诉讼程序中的被告。还有学者提出建立行政公益诉讼的诉前程序重新启动制度，该制度的实施能够有效解决同一公益被持续损害问题，或者同一公益再次受到损害如何处置的问题，为完善行政公益诉讼诉前程序和诉讼程序的衔接制度进行有益探索。[②]

（四）关于管辖权的理论发展

有关行政公益诉讼管辖权的讨论相对较少，但有关公益诉讼管辖选择的

---

① 赵俊：《环境行政公益诉讼诉前程序与诉讼程序衔接机制研究》，《学习与探索》2023 年第 3 期。

② 易小斌、孙森森：《行政公益诉讼诉前程序重开制度的构建》，《经贸法律评论》2022 年第 6 期。

问题日益凸显，主要集中于两个问题：一是行政公益诉讼案件与民事公益诉讼案件范围交叉问题，二是检察院与法院关于管辖的规定存在差异。对于第一个问题，由于二者都包含"生态环境和资源保护""食品药品安全"领域，当这两个领域中出现公益诉讼案件时，检察机关应当提起何种诉讼？由于性质不同，其审查处理结果往往也是不一致的。行政、民事公益诉讼范围出现了明显的交集，但相关规定没有对处理相同利益优先选择何种诉讼程序作出进一步说明。因此，选择启动何种公益诉讼及相应的诉前程序，需要更深层次的探讨。针对第二个问题，《人民检察院公益诉讼办案规则》对检察机关的立案管辖和诉讼管辖进行分离，此做法暂时解决了检法衔接不畅的问题①，但从检察院与法院的管辖规定间存在的差异看，法院对于公益诉讼的一审管辖为中级人民法院，而检察系统提起行政公益诉讼程序的多为基层检察机关，基层检察机关对于公益诉讼案件需要与上一级检察机关沟通，也要与上一级法院沟通协调，会增加沟通协调成本，也在一定程度上降低了案件办理的效率。②

有学者提出，检察机关在选择公益诉讼适用何种诉讼程序时，要以民事公益诉讼为主、以行政公益诉讼为补充。只有在特殊条件成熟时，才能提起行政公益诉讼。但也有学者提出应该具体分析，根据案件具体情况类型作出选择。譬如对于诉前程序的选择，可以根据损害对象和损害标准进行判断，该学者提出首先是以损害对象进行区分，若将民事公益诉讼理解为"点"，则将行政公益诉讼理解为"面"。

具体来说，民事公益诉讼是涉及部分个人的利益，而行政公益诉讼涉及利益的面更广，可以将其理解为国家利益。如果国家利益被侵害，那么定然是归属于行政公益诉讼，应当选择行政公益诉讼的诉前程序。若社会公共利益受侵害，两种公益诉讼均有可能被提起，两者的区分需要在诉讼请求、侵害利益等方面进行多元考量。就如何区分"社会公共利益"和

---

① 陈蕾、朱文玉、刘兴晨：《行政公益诉讼案件管辖权优化研究——基于 H 省办案实践》，《学理论》2022 年第 3 期。

② 吴瑞东：《行政公益诉讼之诉前程序问题研究》，《天水行政学院学报》2023 年第 2 期。

"国家利益"而言，可以结合判例进行分析予以类型化，甚至可以通过列举式规定来界定二者的界限。另外可以根据损害发生的原因进行区分。若是行政机关因违法履职或不作为使国家利益、社会利益、个人利益受到损害，应当纳入行政公益诉讼的提起范畴，适用的诉前程序亦对应行政性质的诉前程序。①

（五）关于调查取证权的理论发展

行政公益诉讼调查取证权问题是行政公益诉讼制度的重要理论与实践命题，是涉及行政公益诉讼实践能否顺利开展的基本问题。从理论和规范角度来看，围绕行政公益诉讼调查取证权的争论一直存在。从理论角度讲，对调查取证权主要包括肯定论与否定论。持肯定论的学者认为，该种调查取证权是应当存在的，检察机关应该享有特定的公益诉讼调查取证权，这种调查取证权是在吸收借鉴任意调查权以及行政、刑事调查权经验基础上形成的；持否定论的学者认为，赋予检察机关调查取证权会使检察机关职权得到强化，此种赋予是不必要的，即行政公益诉讼中检察机关不享有调查取证权，行政公益诉讼案件调查取证交由人民法院主导即可。从规范角度讲，包括推定授权与否定授权。推定授权模式表现为，依现有规范体系对行政公益诉讼调查取证工作的相关规定来看，推定检察机关享有调查取证权。否定授权模式表现为，从现有规范中无从寻找出行政公益诉讼调查取证权的存在依据，因而检察机关并不享有调查取证权。尽管存有争议，但检察机关在行政公益诉讼中享有调查取证权几乎已成通说，但是当前在行政公益诉讼中检察机关的调查取证权却呈现弱小态势，检察机关此项权力的行使受到限制。

对于加强检察机关的调查取证权问题，学者们也进行了较多的讨论。有学者认为规范构建行政公益诉讼调查取证权是完善行政公益诉讼案件办理机制以及公益诉讼法律制度的必然要求，为此，有必要在行政公益诉讼案件中

---

① 吴瑞东：《行政公益诉讼之诉前程序问题研究》，《天水行政学院学报》2023 年第 2 期。

赋予检察机关司法强制权、优化调查取证的证据制度。赋予检察机关司法强制权是指通过立法赋予检察机关在调查取证过程中，有权对有关机关、组织、个人采取查封、扣押以及冻结财产等强制性措施，以确保检察机关能够有效行使调查取证权。现阶段行政公益诉讼中调查取证权的法律规定不够全面，优化调查取证的证据制度设计需要厘清行政公益诉讼中有关主体的举证责任以及明晰行政公益诉讼案件的证明标准；细化案件调查取证程序是要检察机关在调查取证过程中，严格遵循调查取证措施运用主体、调查人员人数、步骤规程等标准和要求。在此前提下调查搜集获得的证据材料才能作为检察机关作出是否制发检察建议、是否提起诉讼等决定的重要依据。也只有这样，才能确保证据的效力。① 也有学者提出，应当建立调查取证的配套制度，同时要研究适度拓展适用文书提出命令制度②，以此来强化检察机关的调查取证权。

（六）关于证明责任的理论发展

《行政诉讼法》中未涉及行政公益诉讼中的证明责任分配，最高人民法院、最高人民检察院《关于检察公益诉讼案件适用法律若干问题的解释》中也仅仅就检察机关提起行政公益诉讼时应当提交的材料进行了大致规定。有学者认为正是缺乏相关的理论支撑，才使得行政公益诉讼证明责任分配在实践运用中出现问题，因此提出了可以借鉴德国学者罗森贝克在民事诉讼证明责任分配中提出的规范说，其主张证明责任分配应围绕行政职权规范，将其与规范说结合，对证明责任分配规则进行适当调整，使其适用于行政公益诉讼程序。具体来讲，行政机关行使相应职权后，若行政机关行使职权违法，由检察机关对相关违法事实承担证明责任；若行政机关并没有行使职权，检察机关为行使职权的主张者，由检察机关对应行使职权的要件事实承担证明责任。同时检察机关应对公共利益受到损害的要件事实承担相应的证

---

① 黄卫东：《行政公益诉讼调查取证权的证成与规范构建》，《时代法学》2022 年第 6 期。

② 苏艺、朱全胜、周悦：《新时代检察机关推进行政公益诉讼诉前程序初探》，《陕西行政学院学报》2022 年第 2 期。

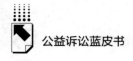

明责任。①

也有学者提出，检察机关的举证责任偏重会加重检察机关的工作负担，甚至会打击检察机关的积极性，如在生态环境保护领域，若挫伤检察机关参与生态环境保护的积极性，会加剧行政机关违法作为甚至不作为的情势，致使生态环境损害案件频发，因此需要对检察机关举证责任范围予以缩小、细化，尽量将行政机关、第三人都纳入举证责任分配范围。②

二　检察行政公益诉讼的立法发展

（一）行政公益诉讼制度立法的总体发展

经过 2022 年的发展，行政公益诉讼制度立法在原有的制度框架内进一步完善。除宪法和法律外，司法解释、规范性文件、地方立法性决定等均对行政公益诉讼的制度规范有不同程度的呈现。

（二）现行立法对行政公益诉讼制度的完善

《宪法》第 134 条首先明确了检察机关的地位，《人民检察院组织法》第 20 条和《检察官法》第 7 条明确了检察机关开展行政公益诉讼所享有的职权和职责，以上均为检察机关提起行政公益诉讼的正当性来源。《行政诉讼法》第 25 条对行政公益诉讼制度的受案范围、程序等作出了原则性规定，将受案范围限定在四个具体领域。随着我国法律制度的不断完善，行政公益诉讼的受案范围也不断拓展，《未成年人保护法》《安全生产法》《个人信息保护法》《军人地位和权益保障法》等单行法律纷纷增设了检察公益诉讼条款，推动了行政公益诉讼对公益的保护范围。

① 潘剑锋、郑含博：《行政公益诉讼证明责任分配的理论阐释与规则构建》，《北京大学学报》（哲学社会科学版）2022 年第 1 期。
② 赵俊：《环境行政公益诉讼诉前程序与诉讼程序衔接机制研究》，《学习与探索》2023 年第 3 期。

　　上述法律对行政公益诉讼作出了原则性规定，而制度的具体程序规则也逐步完善。尤其是《人民检察院公益诉讼办案规则》的颁布，构建了行政公益诉讼的办案流程，完善了行政公益诉讼的具体程序规则，主要体现在以下方面。[①]（1）对各地的实践经验进行总结，在此基础上，提出了公益诉讼一体化办案机制，在办案过程中建立交办、提办、督办、领办及跨区划管辖机制，对于辖区内检察人员办案明确了统一调用的原则。（2）依照民事诉讼法、行政诉讼法的不同特色，并在总结实践经验的基础上，区分立案管辖与诉讼管辖，确立立案管辖与诉讼管辖分离的原则。对于行政公益诉讼案件，由与行政机关同一级的检察机关管辖。对于辖区内的重大复杂案件由设区的市级以上检察机关管辖。若出现立案管辖与诉讼管辖不对应的情形，需要提起行政诉讼时，应交由有管辖权法院所对应的同级检察机关。（3）完善诉前程序，规范行政公益诉讼的案数问题。如针对实践中存在的对行政机关同一时期多个同类违法行为，按照行政相对人数量分别立案、分别发出检察建议的问题，规定以行政机关为对象的立案标准。同一行政机关对多个同一性质的违法行为可能存在不依法履职的情形，检察机关应当作为一个案件立案；在发出检察建议前发现其他同一性质的违法行为的，应当与已立案案件一并处理，发出一份检察建议；需要提起行政公益诉讼的，原则上应当提起一个诉讼，如果法院坚持分案起诉的，也可以分案提起诉讼。同时设立了磋商制度，检察机关立案后，可与行政机关就其是否存在违法行为或不作为等事项进行磋商。该制度能够促使根据案件的复杂程度进行区分，同时也能够促使检察机关与行政机关以更灵活有效的方式解决实际问题。（4）明晰行政机关的履职判断标准。《关于在检察公益诉讼中加强协作配合依法打好污染防治攻坚战的意见》《关于在检察公益诉讼中加强协作配合依法保障食品药品安全的意见》中均对行政机关履职标准有所规定，采取"行为要件+结果要件+职权要件"三要件标准。《人民检察院公益诉讼办案规则》吸收了

[①] 胡卫列、解文轶：《〈人民检察院公益诉讼办案规则〉的理解与适用》，《人民检察》2021年第18期。

相关规范性文件的内容，在多个条款中从正反两方面作出了细致规定，使行政机关履职有了更明确的判断标准。（5）对检察机关提起公益诉讼的程序进一步规范，从提起公益诉讼的条件，至一审、二审、再审程序均作出规定，明确出席法庭的人员。

（三）地方立法性规定对于行政公益诉讼制度的探索

截至 2022 年 12 月 31 日，全国共 25 个省级（省、自治区、直辖市）人大常委会制定了有关加强检察公益诉讼的专项决定，同时天津、福建、湖南、山东出台了有关加强检察机关法律监督工作的专项决定，25 个专项决定都集中制定于 2019～2022 年四年间。其中，2022 年制定的包括《江西省人民代表大会常务委员会关于加强检察公益诉讼工作的决定》和《西藏自治区人民代表大会常务委员会关于加强新时代检察公益诉讼工作的决定》。专项决定能够有效解决检察公益诉讼实践中出现的难题，推动公益诉讼制度不断发展完善，同时也体现出各地方对中央重大决策的自觉落实。

总体看来，专项决定的内容都并未拘泥于程序法或实体法，而是从解决实际问题的角度出发制定，且大都规定了检察公益诉讼所包含的案件范围、检察机关的职责、公益诉讼与其他制度间的衔接等。各地方专项决定结合当地的政治、经济、文化发展等对检察公益诉讼作出了特殊规定，尤其是涉及办案领域方面的相关规定，极具地域特色，如上海的"历史风貌区和优秀历史建筑保护"，福建的"国防军事"，海南的"旅游消费""金融安全"，云南的"旅游""农业农村"，宁夏、新疆的"扶贫"等[1]，均体现出专项决定地方法的特征。部分专项决定针对行政公益诉讼的实践难题提出解决方案，总结实践中的问题，并将其总结为经验上升为制度规范。专项决定的出台为检察机关履行职责提供规范依据，拓展了案件范围。部分专项决定规定检察机关在多个领域探索公益诉讼，如大数据安全、公共卫生、知识产权

---

[1] 胡卫列：《检察公益诉讼地方立法研究——以 25 个省级人大常委会关于检察公益诉讼专项决定为样本》，《国家检察官学院学报》2023 年第 3 期。

等。各地的专项规定明确规定不同主体的义务，包括政府及其各部门应配合调查、及时回复检察建议、按时出庭应诉；公安机关应对调查的案件线索及时移送；财政部门、审计机关、司法行政部门也应及时提供支持与配合。①

行政公益诉讼制度作为一项公益司法保护制度，制度体系还不够完善，各地方专项决定的出台，细化行政公益诉讼制度在相关领域中的适用情形，为行政公益诉讼拓展新领域提供了更广泛的依据，能够提升案件办理的质量与效率，更能够提升公益诉讼制度的影响力，为其他地方立法中增设行政公益诉讼条款增加了可能。

三 检察行政公益诉讼的实践发展

2022 年是公益诉讼全面实施的第 5 年，经过 5 年的发展，不仅其理论层面取得了斐然成绩，实践层面同样取得了长足进步。检察公益诉讼在实践中不断作出相应的调整，不仅案件数量稳定增加，更加注重案件质量提升，充分发挥了制度效能与制度优势。

（一）办案数量稳步上升

公益诉讼全面实施以来，办案数量一直在稳步上升。2018 年检察机关立案 11.3 万余件，2019 年 12.7 万余件，2020 年 15.1 万余件，2021 年 16.9 万余件。2022 年达 19.5 万件，比 2018 年上升 72.6%②，逐年增长比例基本稳定。案件的各领域占比发生了较大改变，新增领域的案件数量大幅增加，占案件总量的比例近 1/3，特别是安全生产与个人信息保护领域的案件数量增长幅度较大。③ 此外，公益诉讼逐步运用于维护国防利益以及维护军

---

① 胡卫列：《检察公益诉讼地方立法研究——以 25 个省级人大常委会关于检察公益诉讼专项决定为样本》，《国家检察官学院学报》2023 年第 3 期。
② 《最高人民检察院工作报告》，2023 年 3 月 7 日第十四届全国人民代表大会第一次会议。
③ 胡卫列、孙森森：《完善公益诉讼制度推动公益诉讼检察高质量发展——2022 年公益诉讼检察研究综述》，《人民检察》2023 年第 2 期。

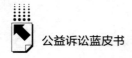

人军属、英雄烈士的合法权益，可见我国公益保护的领域不断拓宽。党的十九届四中全会部署拓展公益诉讼范围，全国人大常委会制定、修改法律，新增九个领域。检察机关高度重视群众密切关注的公益损害问题，办理了各类新领域的案件共 14.8 万件。党的二十大报告也强调要完善公益诉讼制度，针对公益损害问题，我国的特色公益保护之路会越来越宽广[①]，行政公益诉讼制度作为公益诉讼制度的重要组成部分，在公益保护中定能够发挥更大的作用。

（二）办案质量稳步提升

案件数量的上升反映公益诉讼制度在我国愈发受到重视，而注重办案质效的提升更能够体现出公益诉讼制度的高效发展。2022 年最高人民检察院组织开展针对公益诉讼案件质量的评查活动，对 21 个省（区、市）的 36 个市级检察院、75 个县级检察院进行实地评查，现场评查案件 3318 件。[②]从评查结果来看，我国公益诉讼案件的整体质量有了很大提升。2022 年，最高人民检察院公布生态环境领域的公益诉讼主题案件，2 批共 5 个指导性案例，展现出我国在生态环境领域中公益诉讼的新发展与新成果。同年最高人民检察院单独发布或联合其他部门共同发布公益诉讼的典型案例，涵盖领域宽泛，包括生态环境和资源保护、食品药品安全、国有土地、国有财产保护、安全生产、妇女权益保护等多个领域，发布 12 批共 110 件典型案例。[③]通过发布这些典型案例和指导性案例，进一步总结办理公益诉讼案件的实践经验，使办案标准更加统一，法律规则运用更加有序，推动行政公益诉讼稳步发展。

（三）诉前程序发挥关键作用

诉前程序是我国检察公益诉讼制度中独具特色的制度。在诉前达成诉讼

① 《最高人民检察院工作报告》，2023 年 3 月 7 日第十四届全国人民代表大会第一次会议。
② 数据来源：2023 年 2 月 27 日最高人民检察院"做好新时代公益诉讼检察"新闻发布会。
③ 胡卫列、孙森森：《完善公益诉讼制度推动公益诉讼检察高质量发展——2022 年公益诉讼检察研究综述》，《人民检察》2023 年第 2 期。

目的、保护公共利益是检察机关一直追求的最佳司法状态，检察机关在办案时也提出并一直遵从"双赢多赢共赢"的办案理念。为此在办理公益诉讼案件时，针对公益损害的具体事项，与相关职能部门先进行磋商，促请依法履行职责，再提出检察建议督促落实，使绝大部分案件中的公益损害问题在诉前得到解决，体现了中国特色社会主义司法制度的独特优势。[1] 检察建议没有落实的，依法提起行政诉讼案件 4 万件，其中约 99.8% 都获得了裁判支持，切实维护公共利益和法治尊严。

（四）公益司法保护体系逐步构建完善[2]

协同高效的公益司法保护体系的构建完善是公益诉讼实践稳步发展的有力证明。检察机关在实践中推动协同履职，与 32 家行政机关共同制定了 13 个工作意见，办理国有财产保护、国有土地使用权出让领域公益诉讼 5.9 万件，促请追偿受损国有财产、追缴土地出让金 533.7 亿元。全国检察机关持续开展专项监督活动，如"公益诉讼守护美好生活""为民办实事破解老大难""公益诉讼质量提升年"等，聚焦人民群众关切，积极回应公共利益诉求，在部分重点法定领域，如食品药品安全领域取得了良好的成效。在生态环境领域，主动衔接中央生态环境保护督察整改，办理生态环境和资源保护领域公益诉讼 39.5 万件，数量年均上升 12.5%。针对水域治理出现的问题，如多个省份间对水域的上下游、左右岸的治理方式与进度不一致、污染多年的问题，最高人民检察院直接立案，四级检察院合力，助推地方政府联手共同治理。此外，通过立案推动多部门共同解决有关船舶污染的问题；围绕黄河流域的生态保护与高质量发展问题制定 18 项检察规定；六省区的检察机关建立协作机制，共同保护雪域高原；开展"守护海洋"专项监督，山东、海南等地检察机关办理海洋环境保护公益诉讼 4562 件。办理食品药品安全领域中的环境公益诉讼案件 15.4 万件，针对特定产品非法添加化学药物危

---

[1] 《最高人民检察院工作报告》，2023 年 3 月 7 日第十四届全国人民代表大会第一次会议。

[2] 《最高人民检察院工作报告》，2023 年 3 月 7 日第十四届全国人民代表大会第一次会议。

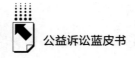
害健康，开展专项监督活动，成功查处 61 万余件涉案产品。加强文物和文化遗产公益保护。27 个省区市党委、政府针对性发文，29 个省区市人大常委会作出专项决定，促进与支持检察机关在行政公益保护中履职尽责。

四 结语

检察行政公益诉讼制度全面实施 5 年来，取得的成绩有目共睹，在各方面均有显著进步。但是行政公益诉讼制度作为一项较新的制度，还有很多需要完善的地方，应持续推动公益诉讼制度由注重办案规模的迅速增长阶段向聚焦办案质效的高质量发展阶段转变，未来也应围绕推动行政公益诉讼高质量发展展开研究。制度的高质量发展离不开理论研究的有力支撑，在接下来的研究中，应更加关注行政公益诉讼制度建设过程中的基础性与关键性问题，注重行政公益诉讼制度的特殊性，结合司法实践完善制度运行的原理和原则。在研究方法上，要更加注重实证研究和比较研究。[1] 实证研究方法能够更深层次地分析实践发展，以便为制度建设提供更准确的指导方向；不仅需要与域外制度进行比较研究，还要加强与国内其他诉讼制度进行比较研究。推动行政公益诉讼的发展还需要加强制度的体系化与整体化研究，将实践与理论紧密结合，增强程序间的衔接。待行政公益诉讼进一步发展完善，探寻其单独立法的现实可能性。若单独立法能够实现，行政公益诉讼制度会向着更加程序化、规范化、体系化的方向平稳发展。

---

[1] 胡卫列、孙森森：《完善公益诉讼制度推动公益诉讼检察高质量发展——2022 年公益诉讼检察研究综述》，《人民检察》2023 年第 2 期。

B.3

中国检察民事公益诉讼发展年度报告

张嘉军*

摘　要：　通过对 2022 年检察民事公益诉讼的实证分析发现，我国检察民事公益诉讼在司法运行中出现案件线索来源较为狭窄、诉前公告程序较为僵化、检察公益诉讼办案领域具有局限性、检察机关在诉讼中提出的诉讼请求不具体、负担较重的举证责任等问题。为此，在检察公益诉讼专门立法的背景下，结合检察民事公益诉讼的独特特点，应拓宽检察民事公益诉讼案件来源机制、优化诉前公告程序、细化公益诉讼的具体规则及程序、提高诉讼请求的精准化、明确诉讼中的证明标准、健全公益诉讼资金管理制度。

关键词：　检察民事公益诉讼　公益诉讼专门立法　诉前程序

2012 年《民事诉讼法》修订正式确立了公益诉讼制度，但并未对能够提起公益诉讼的主体进行明确规定。2017 年《民事诉讼法》修订明确规定了检察机关具有提起公益诉讼的主体资格，正式赋予其民事公益诉讼的诉权。2018 年最高人民法院、最高人民检察院《关于检察公益诉讼案件适用法律若干问题的解释》对检察机关的原告身份进一步明确，将检察机关的称谓规定为"公益诉讼起诉人"，并对检察公益诉讼的诉前程序进行完善。2018 年《人民检察院组织法》修订，第 20 条就检察院的各项职权进行了规定，明确检察机关具有"依照法律规定提起公益诉讼"的职权。相较于其他组织，检察机关在诉讼能力、专业程度等方面均具有一定的优越性，在法

---

*　张嘉军，郑州大学法学院教授，博士生导师。

律规定的机关或者有关组织无法对危害社会公共利益的行为提起诉讼时，检察机关作为公益诉讼起诉人提起公益诉讼，能够发挥保护社会公共利益的作用。但检察民事公益诉讼制度本身也存在一些亟待解决的问题，诸如检察民事公益诉讼诉前程序的完善、诉讼请求提出的精准化、公益诉讼资金的使用与管理等问题，理论界和实务界尚未达成一致。为了从经验层面和理论层面把握检察民事公益诉讼的实践运行情况和学术研究观点，本报告对检察民事公益诉讼的裁判以及有关检察民事公益诉讼的课题立项、期刊发表和专著出版开展实证研究。

一 2022年度检察民事公益诉讼司法裁判现状分析

为使文章更具说服力，本报告将主要以中国裁判文书网公开的2022年检察机关办理的民事公益诉讼案件为研究对象，并将2021年检察机关办理的民事公益诉讼案件作为参考。在中国裁判文书网的高级检索栏中以"公益诉讼起诉人"进行全文检索，以时间（2021－01－01～2021－12－31）、案由（民事案由）作为筛选项，共检索出2021年度含"公益诉讼起诉人"字眼的案件154件[1]，经人工筛选出非公益诉讼案件、移送其他法院审理的案件以及由社会组织和行政机关提起的民事公益诉讼案件，最终选取61件作为本报告的研究对象。以同样的方式对2022年度检察民事公益诉讼案件进行检索，共检索出含"公益诉讼起诉人"字眼的案件66件[2]，用上述相同筛选方式，最终选取28件作为本报告的研究对象。

（一）案件地域及数量分布

2022年检察民事公益诉讼案件的数量呈现缩减趋势（见图1），相较于

---

[1] 中国裁判文书网，https：//wenshu. court. gov. cn/website/wenshu/181029CR4M5A62CH/index. html，最后访问日期：2023年1月25日。

[2] 中国裁判文书网，https：//wenshu. court. gov. cn/website/wenshu/181029CR4M5A62CH/index. html，最后访问日期：2023年1月30日。

2021 年缩减 54.10%。由图 2 可知，2022 年检察民事公益诉讼案件量较少，各地区审理检察机关提起民事公益诉讼案件数均未超过 10 件，且仅分布于 10 个省份，案件的地区分布和上年相比呈现缩减局势。

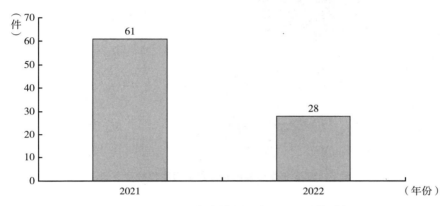

图 1　2021 年、2022 年度检察民事公益诉讼裁判数量

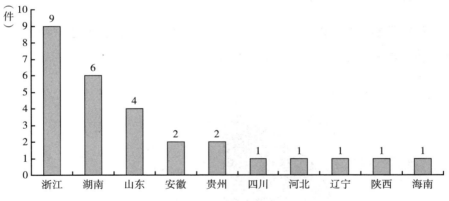

图 2　2022 年度检察民事公益诉讼案件诉讼地区分布

（二）案件线索来源

检察民事公益诉讼的案件线索来源集中于检察机关履职中发现和被告受过刑事处罚后发现（见图 3），占案件总量的 79%。此外，也有少部分案件并未说明线索来源。

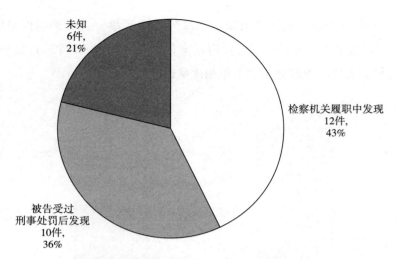

图3 2022年度检察民事公益诉讼案件线索来源

（三）案件公告情况

检察民事公益诉讼诉前公告地点集中于《检察日报》和正义网，部分案件检察机关只写明已公告却未注明具体公告地点（见图4）。

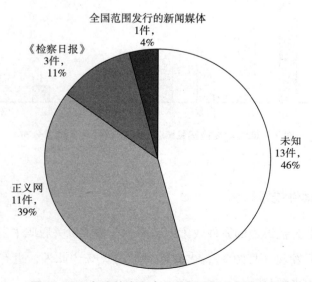

图4 2022年度检察民事公益诉讼诉前公告情况

（四）案件类型

案件类型整体分布呈现集中化的趋势。环境民事公益诉讼为检察机关提起民事公益诉讼案件的主要类型，在 2022 年度总案件数量中占比 68%。数量占比第二多的为消费领域。此外还有 2 件个人信息保护领域的案件，但相较于环境和消费两大领域，个人信息保护检察民事公益诉讼仍处于较为边缘的地位（见图 5）。

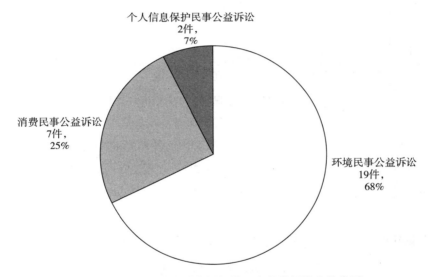

图 5 2022 年度检察机关提起的民事公益诉讼案件类型

（五）诉讼请求

2022 年度检察民事公益诉讼的诉讼请求类型①以赔偿性、合理费用、人

---

① 为便于统计，根据损害救济请求权的不同，将检察民事公益诉讼的诉讼请求分为五类。一是预防性诉讼请求，包括停止侵害、排除妨碍和消除危险。二是恢复性诉讼请求，包括恢复原状、承担修复责任、补种复绿。三是赔偿性诉讼请求，包括补偿性损害赔偿请求和惩罚性赔偿请求。四是人格抚慰性诉讼请求，特指赔礼道歉。五是合理费用诉讼请求，包括鉴定费、环境评估费、危险废物处置费、律师费等因诉讼而产生的合理费用。

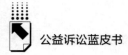

格抚慰性、恢复性诉讼请求为主。其中赔偿性诉讼请求居首位，预防性诉讼请求仅有 1 件（见图 6）。

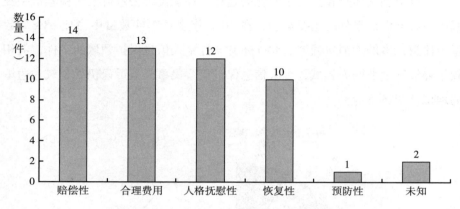

图 6 2022 年度检察民事公益诉讼请求类型

2022 年度检察民事公益诉讼中提出单一诉讼请求的案件有 9 件，而以组合方式①（包含两种、三种、四种组合）提出诉讼请求的案件共有 17 件，占案件总量的 61%（见图 7）。检察机关更倾向于提出组合诉讼请求。

由图 8、图 9 可知，检察民事公益诉讼中提出的诉讼请求的标的额②集中于 1 万~10 万元。2022 年度检察机关提出的诉讼请求标的额为 1 万元以下以及 10 万~50 万元内的案件占比相较于 2021 年度均有所增多，但较高标的额（500 万元以上）的诉讼请求的案件量则仍然较少。

---

① 此处诉讼请求的组合方式是以上文五类诉讼请求为基础的分类，如单一类指检察机关在诉讼中仅提出一种诉讼请求类型，两种组合指检察机关在诉讼中提出两种诉讼请求类型。未知指检察机关因全部诉讼请求实现而申请撤诉、通过裁判文书无法判断检察机关提出的诉讼请求类型等情形。

② 为了更好地检视检察机关在民事公益诉讼中提出的诉讼请求的标的额，这里排除了检察机关因全部诉讼请求实现或者在辩论终结前申请撤诉以及人民法院组织调解并以调解结案的案件，最终选取了 2021 年度的 52 个案件以及 2022 年度的 21 个案件。

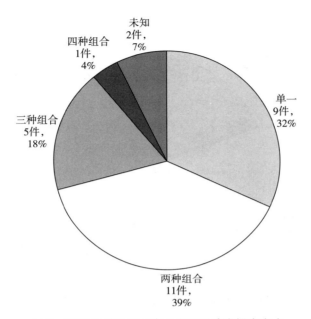

图7　2022 年度检察民事公益诉讼请求提出方式

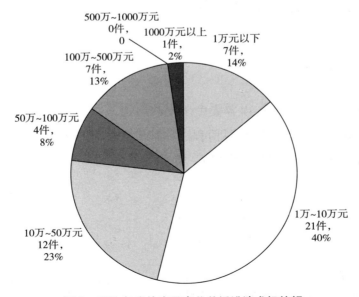

图8　2021 年度检察民事公益诉讼请求标的额

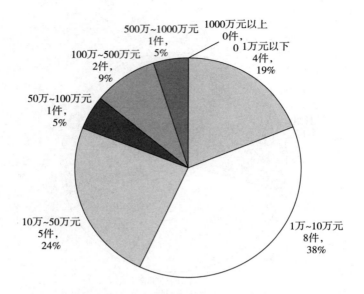

图 9　2022 年度检察民事公益诉讼请求标的额

由图 10 可知，在检察机关提起的民事公益诉讼案件中，多数法院会支持其诉讼请求。2022 年度法院对 18 件案件中检察机关提出的诉讼请求予以全部支持。①

（六）举证情况

检察机关举证证明的内容集中于侵权行为和损害结果，2022 年度检察机关举证证明内容为履行诉前程序、被告主体适格和因果关系的案件比例有所上升（见图 11、图 12）。绝大多数被告在诉讼中未举证（见图 13）。

---

① 为了更好地检视法院对检察机关诉讼请求的支持情况，此处排除检察机关因全部诉讼请求实现在辩论终结前申请撤诉以及调解结案的案件，最终选取 2021 年度的 42 个案件以及 2022 年度的 20 个案件。

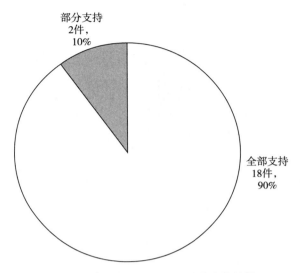

图 10　2022 年度检察机关诉讼请求支持情况

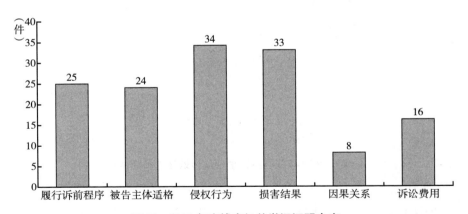

图 11　2021 年度检察机关举证证明内容

（七）法院判令费用的去向

检察机关在检察民事公益诉讼中提出的费用类诉讼请求主要包括三类：修复费用、赔偿费用、因诉讼而产生的合理费用，而对于这些费用的去向，

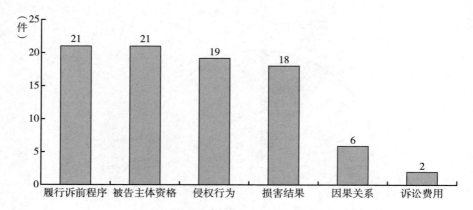

图 12　2022 年度检察机关举证证明内容

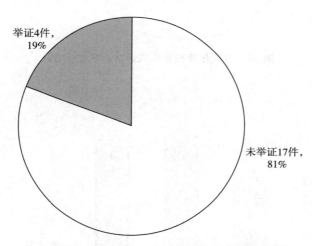

图 13　2022 年度检察民事公益诉讼被告举证情况

不同的法院会有不同的判令。① 由图 14 可知，2022 年度有 40% 的案件法院判令修复或赔偿费用的去向为检察院，另有 40% 的案件法院并未明确判令修复或赔偿费用的去向。

由图 15 可知，法院判令合理费用的归属主体主要是检察院和法院。

---

① 经笔者梳理和统计 2022 年度检察民事公益诉讼的案件，2022 年度法院判令修复或赔偿费用的案件数量为 15 件，2022 年度法院判令合理费用的案件为 14 件。

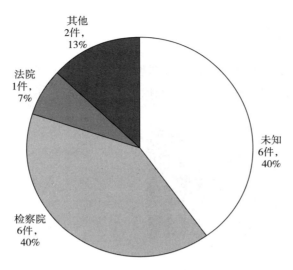

图 14 2022 年度法院判令修复或赔偿费用的去向

2022 年度有部分案件法院并未明确合理费用的归属主体，但法院未明确合理费用去向的案件量已由 2021 年度的 35% 下降至 2022 年度的 21%。

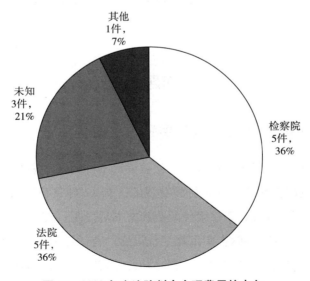

图 15 2022 年度法院判令合理费用的去向

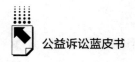

（八）结案方式

法院在审理检察民事公益诉讼案件时主要以判决的方式结案，仅在符合撤诉的法定情形以及法定中止情形时才适用裁定（见图16）。

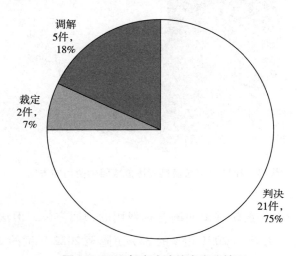

图16　2022年度法院结案方式情况

二　问题和不足

（一）检察民事公益诉讼案件线索来源较为狭窄

以2022年度检察机关提起民事公益诉讼案件的线索来源为例，有10件是检察机关在被告受到刑事处罚后发现的，有12件是检察机关在履行职责中发现的。但在阅读该12件案件的裁判文书后发现，其中有10件案件是检察机关在履行审查起诉职责中发现案件线索，有2件案件是在检察机关履行公益监督职责中发现案件线索。当前检察民事公益诉讼的案件线索来源较为狭窄，不利于社会公共利益的维护。

一方面，检察机关办理民事公益诉讼的案件线索集中于刑事案件，这表明检察机关在线索发现方面存在一定的滞后性，对于尚未达到刑事立案标准的侵害社会公共利益的行为检察机关难以及时发现。而通过检察机关主动履职发现有关民事公益诉讼案件的线索来源也不足，检察机关受限于专业人员人数上的不足，使其能够通过履行公益监督职责主动发现的线索集中于侵害人数广、侵害利益大的案件，难以真正深入基层主动发现案件线索。另一方面，检察民事公益诉讼的案件线索集中于在刑事案件中发现，可能导致对受到损害的社会公共利益的评估不够充分。例如，在2022年度某起检察民事公益诉讼案件中，被告通过非法手段获取公民个人信息后出售并非法获利，但检察机关诉求的损害社会公共利益赔偿款为被告非法获利的数额。① 该案件表明，若仅通过刑事案件发现办理民事公益诉讼案件的线索，则可能会使案件的结果固化于"刑事效果"，忽视某行为真正对社会公共利益造成的损害。

（二）检察民事公益诉讼诉前公告程序较为僵化

由上述数据分析可知，检察机关在提起民事公益诉讼前均能够依照法律的规定履行诉前程序，同时公告地点集中于《检察日报》和正义网，表明检察民事公益诉讼诉前公告程序的适用较为僵化，难以真正对社会公共利益起到维护作用，反而可能使社会公共利益遭受进一步的损害。这主要体现在以下两点。

一是实践中僵化适用的诉前公告程序并未产生理想的效果。诉前公告程序设置的本意是通过检察机关履行诉权公告程序，督促其他适格主体积极主动提起民事公益诉讼。但由前述数据分析可知，现阶段检察机关履行诉权公告程序仅是将相关案件信息发布于《检察日报》和正义网等平台，忽视了其他适格主体是否能够主动及时获取民事公益诉讼案件信息，反而使诉前公告程序空转，造成司法资源的浪费。二是僵化的诉前公告程序可能扩大受损社会公共利益。根据《关于检察公益诉讼案件适用法律若干问题的解释》

---

① 参见河北省献县人民法院民事判决书（2022）冀0929民初1770号。

第 13 条第 1 款和第 2 款的规定，当前诉前公告程序一概适用 30 日的公告期。而未区分案件的具体性质所设置的固定公告期间则使社会公共利益在公告期内仍处于不稳固的状态，尤其是在预防性公益诉讼中，诉前公告期的设置无法及时和充分地对面临重大风险的社会公共利益进行救济，反而可能会造成实际的损害。以 2022 年度某起检察民事公益诉讼案件为例①，检察机关在履行公益监督职责中发现被告侵害社会公共利益的行为，依法履行诉前公告程序，在"公告期满后没有适格主体提起诉讼，社会公共利益仍处于受损害状态"后依法向人民法院提起民事公益诉讼。该案件表明诉前公告程序的僵化适用不仅不能够使社会公共利益得到及时的维护，反而使社会公共利益一直处于受损害状态。

（三）检察公益诉讼办理案件的领域存在局限性

如前所述，2022 年度检察民事公益诉讼案件的领域主要包括环境、消费和个人信息保护领域的公益诉讼，其他领域检察民事公益诉讼未有涉及，反映出检察公益诉讼办理案件的领域存在局限性，这表现在两个方面。一方面，检察机关在办理民事公益诉讼案件时更侧重于办理环境领域和消费领域的案件，对新领域的案件关注程度不高。2017 年修订的《民事诉讼法》第 55 条正式确立了检察民事公益诉讼制度，将其受案范围限定为生态环境和资源保护、食品药品安全领域；2018 年和 2021 年分别有五部实体法规定了检察公益诉讼条款；2022 年度检察公益诉讼的受案范围新增 4 项，分别涉及反垄断、反电信网络诈骗、农产品质量安全和妇女权益保障四个领域。② 但在司法实践中，检察机关更关注"传统"的生态环境保护和消费者权益保护两个领域的公益诉讼，对于 2021 年度新确立的个人信息保护检察民事公益诉讼，2022 年度该领域的案件数量仅有 2 件，仍然是较为边缘的诉讼领域，而对于反垄断领域、英雄烈士权益保护等领域的检察民事公益诉讼则

---

① 参见贵州省榕江县人民法院民事判决书（2021）黔 2632 民初 845 号。

② 参见《反垄断法》第 60 条、《反电信网络诈骗法》第 47 条、《农产品质量安全法》第 79 条、《妇女权益保障法》第 77 条规定。

未有提起。另一方面，从检察民事公益诉讼领域的相应法律法规来看，消费领域和环境领域的公益诉讼分别有《关于审理消费民事公益诉讼案件适用法律若干问题的解释》《关于审理环境民事公益诉讼案件适用法律若干问题的解释》两部司法解释，对两个领域的民事公益诉讼进行了明确规定；其他领域的检察民事公益诉讼通常是在实体法中规定，并未进行细化规定。如《英雄烈士保护法》第 25 条规定英烈保护民事公益诉讼的对象为"侵害英雄烈士的姓名、肖像、名誉、荣誉，损害社会公共利益的行为"，但对于何种程度构成"损害社会公共利益"的标准则并无细化，同时对于诸如诉讼请求、法律责任承担方式等也未进行细化规定，实践中即使发现英烈保护公益诉讼的办案线索，但受限于无具体可操作的细化规则，检察机关通常也不愿提起公益诉讼，检察公益诉讼办理案件的领域呈现明显的局限性。

（四）检察机关在诉讼中提出的诉讼请求不具体

检察机关在民事公益诉讼中所提诉讼请求类型共有 5 类，分别为预防性诉讼请求、恢复性诉讼请求、赔偿性诉讼请求、人格抚慰性诉讼请求以及合理费用诉讼请求。由前述图表可知，2022 年度检察机关仅在 1 件案件中提出预防性诉讼请求，检察机关在民事公益诉讼中所提请求集中于对既有损害的弥补，但其所提诉讼请求并不具体，不仅忽视了民事公益诉讼对于潜在社会公共利益危险的预防作用，同时诉讼请求提出不全面，无法起到应有的损害弥补作用。这主要体现在以下两点。

一是检察机关在民事公益诉讼中较少提出预防性诉讼请求，民事公益诉讼的预防作用较弱。2021 年度和 2022 年度共有 4 件案件检察机关提出预防性诉讼请求[①]，约占案件总量的 4.5%，而在该 4 件案件中，3 件案件涉及个人信息保护，1 件案件涉及生态环境保护。这在一定程度上反映出司法实践

---

① 参见吉林省白城市中级人民法院民事判决书（2021）吉 08 民初 20 号、上海市第三中级人民法院民事判决书（2020）沪 03 民初 333 号、甘肃省兰州新区人民法院民事判决书（2021）甘 0191 民初 3353 号、河北省献县人民法院民事判决书（2022）冀 0929 民初 1770 号。

对于社会公共利益的维护侧重于事后的救济，而非事前的预防。同时，上述数据表明，即使检察机关提出预防性诉讼请求，也主要集中于网络侵权案件而非生态环境侵权案件。但生态环境受损具有不可逆性，事前的预防性保护对社会公共利益的维护作用远高于事后对于受损生态环境的补偿救济。预防性诉讼请求在民事公益诉讼，尤其是在环境公益诉讼中的缺位使民事公益诉讼保护社会公共利益的功能和价值难以得到有效的发挥。另外，检察机关在提出预防性诉讼请求时，较少采取明确具体的救济措施以及效果评价标准，使预防性诉讼请求较为抽象，难以达到应有的效果。在上述 4 件提出预防性诉讼请求的案件中，3 件涉及网络侵权，检察机关提出诸如"彻底消除非法获取的公民信息，消除危险"[1]、"注销涉案 QQ 号码，并永久删除所有非法获取的公民个人信息数据"[2]、"采取删除链接、屏蔽等必要措施"[3] 的救济措施以使预防性诉讼请求具体化，但检察机关均未在诉讼请求中提出履行该预防性诉讼请求的时限以及相应的效果评价标准，在实践中如此较为笼统的诉讼请求不利于判决的执行。检察机关在环境民事公益诉讼中提出的预防性诉讼请求则更为抽象，仅要求被告"立即停止侵害"[4]，如此抽象的诉讼请求不仅难以使法官作出相应的决断，同时也难以真正实现民事公益诉讼对社会公共利益的预防性保护作用。

二是检察机关在民事公益诉讼中提出诉讼请求不全面，无法起到应有的损害弥补作用。2022 年度检察机关提出单一诉讼请求和两种组合诉讼请求的案件数量分别为 9 件和 11 件，共占 2022 年度案件总量的 71%。在 9件检察机关仅提出单一诉讼请求的案件中，同为系列案的 4 件案件检察机关仅诉请被告承担合理费用，即污染物的处置费用。[5] 但检察机关在诉请

① 参见河北省献县人民法院民事判决书（2022）冀 0929 民初 1770 号。
② 参见甘肃省兰州新区人民法院民事判决书（2021）甘 0191 民初 3353 号。
③ 参见上海市第三中级人民法院民事判决书（2020）沪 03 民初 333 号。
④ 参见河北省献县人民法院民事判决书（2022）冀 0929 民初 1770 号。
⑤ 参见山东省高级人民法院民事判决书（2022）鲁民终 28 号、山东省高级人民法院民事判决书（2022）鲁民终 29 号、山东省高级人民法院民事判决书（2022）鲁民终 31 号、山东省高级人民法院民事判决书（2022）鲁民终 60 号。

的事实理由部分，已明确提出"储油罐周边土壤样品受到石油烃污染"，表明被告所实施的侵害行为已经对周边土壤产生危害，此时检察机关仅诉请污染物的处置费用，而忽略了对已受侵害的土壤的维护，显然无法充分维护社会公共利益。同时，检察机关对于人格抚慰性诉讼请求的提出也并无统一标准，存在选择适用"赔礼道歉"这一责任承担方式的情况。在同为侵害生态环境的 2 件民事公益诉讼案件中①，2 件案件的被告均已受到刑事处罚，但仅有 1 件案件检察机关提出了人格抚慰性诉讼请求。赔礼道歉在民事公益诉讼中的适用同在私益诉讼中一样均具有恢复社会关系的作用，但检察机关选择性提出人格抚慰性诉讼请求，难以对损害起到全面的弥补和维护作用。

（五）检察机关在诉讼中负担了较重的举证责任

依据民事诉讼原理，在检察公益诉讼中，作为公益诉讼起诉人的检察机关与侵害社会公共利益的被告均可以就于己有利的事实提供证据加以证明，但从上述数据来看，在检察公益诉讼中，主要由检察机关提交证据材料，绝大多数的检察民事公益诉讼的被告在诉讼中并未举证，因此在检察民事公益诉讼中作为公益诉讼起诉人的检察机关是承担更多举证责任的主体。

2022 年度检察机关在所有的案件中均就"履行诉前程序"和"被告主体适格"提交证据材料，而检察机关提交证据材料拟证明被告的侵权行为和损害结果之间具有"因果关系"的案件数量为 6 件，均涉及环境侵权领域。但根据最高人民法院《关于审理环境侵权责任纠纷案件适用法律若干问题的解释》第 6 条的规定，被侵权人仅需提供证明"污染者排放的污染物或者其次生污染物与损害之间具有关联性"的事实材料。有学者提出在环境民事公益诉讼中原告负担的"关联性"证明的证明标准应低于被告负

---

① 参见安徽省五河县人民法院民事判决书（2022）皖 0322 民初 2789 号、辽宁省锦州市中级人民法院民事判决书（2022）辽 07 民初 160 号。

担的"因果关系"的证明标准,"关联性"乃是侵害行为与损害结果之间具有的某种联系,而非引起与被引起的关系。[1] 但检察机关在诉讼中则是提交检测鉴定意见或者专家评估意见,直接证明了被告的侵权行为与损害结果之间具有因果关系。[2] 这样的证明标准显然高于普通民事环境侵权案件的证明标准,加重了检察机关的举证负担。

上述情况表明,现阶段检察机关在民事公益诉讼中,尤其是在环境民事公益诉讼中,不仅要依据法律要件分类说就"侵权行为"和"损害结果"提交证据材料,还要对满足起诉条件的程序性事实提交证据材料,同时在部分案件中检察机关也提交证据材料以证明"因果关系"而非"关联性"的存在。因此,从检察机关举证证明事项以及证明标准来看,检察机关在现阶段负担了高于普通民事侵权案件的举证责任。

(六)检察民事公益诉讼中相关费用去向不明确

在上述数据分析的基础上,考察相关费用所上交的具体账户。多数法院并未判令具体的账户[3],而判令的账户则包括法院案款账户[4]、温岭市会计

---

[1] 包冰锋:《环境民事公益诉讼中初步证明的理论澄清与规则构建》,《行政法学研究》2023年第3期。

[2] 笔者统计的6件案件均为环境侵权案件。在这些案件中,检察机关均向法院提交了有关检测鉴定意见或者评估意见以证明被告的侵权行为导致了损害结果,如"证明刘刚、袁波侵权行为破坏了嵊泗马鞍列岛海洋特别保护区海洋资源和生态环境的情况"〔参见浙江省宁波海事法院民事判决书(2022)浙72民初2230号〕、"以证实……损害后果与本案倾倒工业污泥的行为因果关系可以确认"〔参见浙江省衢州市中级人民法院民事判决书(2021)浙08民初229号〕。

[3] 在笔者统计的案件中,多数案件均笼统地判令费用的去向主体或者账户。法院作为费用去向主体,如浙江省宁波海事法院民事判决书(2021)浙72民初2315号文书判令被告将相关款项"付至法院账户";检察院作为费用去向主体,如浙江省衢州市中级人民法院民事判决书(2021)浙08民初236号文书判令"被告李桐支付公益诉讼起诉人江山市人民检察院侵权赔偿款";国库作为费用去向账户,如四川省内江市中级人民法院民事判决书(2021)川10民初78号文书判令被告将相关款项"支付至本级国库"。

[4] 参见山东省高级人民法院民事判决书(2022)鲁民终29号、山东省高级人民法院民事判决书(2022)鲁民终31号。

核算中心①、市级公益诉讼资金代管资金专户②等账户。此外，法院对于进入账户的相关费用的用途，绝大多数案件均未说明，仅少量案件法院具体说明了判令费用的用途，如"交付至本级国库，专项用于本案被污染土地的修复"③、"赔偿款用于对生态环境恢复和治理"④。上述情况表明，现阶段在检察民事公益诉讼中相关费用的去向并不明确，账户不统一，而这将会导致资金管理上的困难，难以起到真正的救济作用。法院或检察院作为诉讼相关费用的去向主体，本身受限于案多人少以及绩效考核的压力，难以保证有足够的精力来承担管理大额相关费用的责任。同时，无论法院是否明确上述两类主体内部具体的收款账户，但由于账户名义上与主体存在相当程度的联系，在现阶段缺少资金的管理程序及监督机制的情况下，很难保证上述资金得到合理的使用。而将相关费用汇至国库的实践做法，可能也无法使相关资金的使用落到实处。检察民事公益诉讼中的相关费用一旦交至国库，就意味着其进入财政资金的范围内，需要接受政府部门对该笔资金的统一划拨，该笔资金难以真正用于受损的社会公共利益维护。⑤

三 完善建议

（一）拓宽检察民事公益诉讼案件来源

如前所述，若检察民事公益诉讼的案件来源仅限于刑事案件的发现或者检察机关的主动履职，可能造成公共利益维护的滞后性，难以满足实践的现实需要。《民事诉讼法》第58条规定检察民事公益诉讼的案件线索应当来源于检察机关"履行职责"，有学者将"履行职责"理解为"一般包括履行

---

① 参见浙江省宁波海事法院民事判决书（2022）浙72民初1951号。
② 参见四川省南充市中级人民法院民事调解书（2021）川13民初40号。
③ 参见四川省内江市中级人民法院民事判决书（2021）川10民初78号。
④ 参见安徽省滁州市南谯区人民法院民事判决书（2021）皖1103民初1790号。
⑤ 张陈果：《环境民事公益诉讼损害赔偿金去向的经验归纳与制度构建》，《暨南学报》（哲学社会科学版）2022年第9期。

批准或者决定逮捕、审查起诉、控告检察、诉讼监督、公益监督等职责"①。检察民事公益诉讼乃是检察机关以诉的形式履行法律监督职责，因此只要案件的线索来源涉及公共利益的维护，其都应当属于检察机关"履行职责"的范围内。因此，应当拓宽检察民事公益诉讼案件来源机制，构建多元化的案件线索发现机制。一方面，在检察系统内部建立高效完善的线索移交机制，检察系统内部其他部门在办案过程中发现的有关公益诉讼的线索，应当及时移交公益诉讼部门，实现信息共享。另一方面，在检察系统外部也要建立开放的案件线索移送和举报机制，充分发挥社会力量。一是检察机关与相关行政机关可以建立工作联系机制，就有关侵害社会公共利益的行为和事项进行协调，相关机关发现案件线索后应及时移送检察机关处理。二是构建便捷的公众举报平台，并实施相关激励措施，鼓励公众参与社会监督，积极主动向检察机关举报有关损害社会公共利益行为。

（二）优化检察民事公益诉讼诉前公告程序

现阶段诉前公告程序在公告地点和公告期间的适用方面存在僵化的情况，为使诉前公告程序发挥其应有的实际效用，应当优化检察民事公益诉讼诉前公告程序。一方面，应灵活规定诉前公告程序的适用方式，对于那些具有紧迫性和可能产生较为重大损害结果的案件，允许检察机关直接提起公益诉讼，而不必履行诉前公告程序，及时维护社会公共利益。此外，最高人民法院、最高人民检察院《关于检察公益诉讼案件适用法律若干问题的解释》规定诉前公告期间为 30 日，该期间过长且不可变。为充分和及时维护受损利益，应当缩短履行诉前公告程序的期限，可以考虑设置 10 日的公告期间，该期间既能够给其他适格主体思考时间以决定是否提起诉讼，也不会影响维护社会公共利益的及时性。另一方面，我国诉前公告程序旨在督促其他适格主体及时履行公益诉讼，其关注的主体是起诉对象而非侵害社会公共利益的

---

① 熊文钊、赵莹莹：《检察机关公益诉讼调查核实制度的优化》，《人民检察》2019 年第 8 期。转引自张嘉军《论检察民事公益诉讼的"刑事化"及其消解》，《河南财经政法大学学报》2021 年第 3 期。

行为本身，但域外有关国家的关注重点则是侵害行为，如德国的《反不正当竞争法》规定了团体诉讼原告的诉前警告程序，原告可通过该程序警告违法行为人并可要求其停止侵权行为或者采取补救措施。[①] 因此，优化我国检察民事公益诉讼诉前公告程序可以考虑设置与其理念相似的附加程序，要求检察机关也向被侵权人发出公告，督促被侵权人停止侵权行为并积极采取补救措施，若被侵权人仍然实施危害社会公共利益的行为，检察机关则可提起诉讼。

（三）细化具体领域公益诉讼的规则及程序

当前检察公益诉讼的受案范围不断拓展，但检察民事公益诉讼司法实践的诉讼类型一直存在局限性，其主要原因则是实体法领域的检察公益诉讼条款仅笼统性地规定了检察公益诉讼在相应领域内的公益诉讼诉权，但并未对相应的规则以及程序进行细化。例如，《安全生产法》第 74 条规定安全生产领域的检察民事公益诉讼的被诉行为为"因安全生产违法行为造成重大事故隐患或者导致重大事故，致使国家利益或者社会公共利益受到侵害的"，但对于"重大"的判断标准则尚无相应的司法解释予以细化。《个人信息保护法》第 70 条规定检察机关可以针对"个人信息处理者违反本法规定处理个人信息，侵害众多个人的权益的"行为提起公益诉讼，但理论界对于"众多个人的权益"也存在一定的质疑。[②] 英雄烈士权益保护领域的检察公益诉讼在 2018 年就已确定，并对该类诉讼的诉前程序进行特殊的规定，

---

① 刘学在：《民事公益诉讼制度研究——以团体诉讼制度的构建为中心》，中国政法大学出版社，2015，第 125 页。

② 学者张建文认为虽然《个人信息保护法》第 70 条使用"众多个人的权益"的表述，但在提起公益诉讼时，并不能简单地将权益被侵害的自然人的众多性等同于社会公共利益的损害［参见张建文《个人信息保护民事公益诉讼的规范解读与司法实践》，《郑州大学学报》（哲学社会科学版）2022 年第 3 期］。学者张新宝、赖成宇在考察学界对于消费公益诉讼中"众多"的观点后，提出对于个人信息保护公益诉讼中"众多"的判断可以参考消费者权益保护公益诉讼的启动标准，并非简单从文义上对"众多"进行人数上的理解，而是要"综合考虑各方面客观因素，从是否体现社会公共利益的角度来认定消费者公益诉讼的起诉条件。"（参见张新宝、赖成宇《个人信息保护公益诉讼制度的理解与适用》，《国家检察官学院学报》2021 年第 5 期。）

即允许检察机关征询英雄烈士近亲属的意见后，不必履行诉前公告程序即可提起诉讼，但对于这一征询意见程序的期限、具体行使方式等内容则并未有细化的规定。上述现状表明应当细化具体公益诉讼的规则及程序，但当前检察机关办理民事公益诉讼案件的范围主要通过各类单行实体法进行规定，仍在原有的实体法内规定相应的规则和程序并不现实。因此，可以考虑制定一部体系完备的检察公益诉讼法，对受案范围进行体系化的规定，破除当前检察公益诉讼条款"分散化"的现状，同时基于这一体系完备的检察公益诉讼法，可以将各具体领域提起公益诉讼的条件进行细化，对相应的程序进行明确，促进各领域的检察民事公益诉讼均能发挥实效，全面维护社会公共利益。

（四）提高检察机关提出诉讼请求的精准化水平

检察机关在民事公益诉讼中提出的诉讼请求关系到社会公共利益的维护效果，关系到公益诉讼的本质目的能否实现，面对当前检察机关在诉讼中所提诉讼请求不具体、不全面的困境，应当提高检察机关提出诉讼请求的精准程度，从而实现公益救济的最优效果。事实上，民事公益诉讼所保护的利益具有公益性质，且多数涉及较广的侵害范围和较多的人数，相较于事后的损害填补，事前预防对于公益的维护有更积极的作用。因此，结合我国检察公益诉讼的办案实践，一是建立以预防为主、赔偿为辅的诉讼请求机制，检察机关应结合具体案情，有针对性地首位提出预防性诉讼请求。二是完善检察听证制度，创新提出诉讼请求的组合方式，全面提出诉讼请求。具体而言，检察机关在拟定诉讼请求时，可以通过召开听证会、论证会等形式，邀请相关领域的专家学者和有关行政部门与社会组织，结合案件的有关事实和材料，从专业的角度对拟诉请的内容进行论证，使检察机关能够提出较为全面的诉讼请求。[①] 同时，在提出诉讼请求的组合方式上，检察机关也应结合案

---

① 郑若颖、张和林：《论检察民事公益诉讼请求的精准化》，《华南师范大学学报》（社会科学版）2022 年第 6 期。

件的具体情况，提出多元组合的诉讼请求，体现公益救济的层次性和逻辑性，从而实现公益救济的全面性。

（五）明确检察机关诉讼中适用的证明标准

当前，检察机关在检察民事公益诉讼中所适用的证明标准并不明确，尤其对"关联性"的证明与对"因果关系"要件的证明并无清晰的界限，无形中使检察机关在诉讼中承担较重的证明责任，而其根源在于环境民事公益诉讼中适用"举证责任倒置"这一技术装置。举证责任倒置本是为解决原告举证不能和举证困难的问题，但当前检察机关介入民事公益诉讼，事实上已弥补举证能力和手段方面的不足。对此，在检察环境民事公益诉讼中不应再适用举证责任倒置，而应将因果关系要件的举证责任归于检察机关。与此同时，即使现阶段作为法律监督机关的检察机关已在诉讼中获得一定的优越地位以及举证能力上的补足，但仍不能忽略环境侵权案件中因果关系要件本身证明的困难，仍需考虑原告负担的举证责任的减轻。原告举证证明适用因果关系推定的前提即基础事实与常态关系，对"关联性"进行证明。同时，结合环境侵权诉讼中因果关系的证明容易陷入困境和证据偏在的客观现实，对于关联性的证明标准应当设置"大致确定"的证明度，低于高度盖然性标准。若在原告举证证明基础事实和常态关系达到证明标准后，法官即可推定因果关系成立。①

（六）健全检察民事公益诉讼资金管理制度

为改变当前检察民事公益诉讼的资金去向多样化、使用情况不明晰的情况，应当健全检察民事公益诉讼资金管理制度。一是在资金管理方面，应当明确检察民事公益诉讼的资金管理模式。检察民事公益诉讼的资金具有公益性，且通常数额较大，在资金管理的专业性方面要求较高。因此，笔者认为

---

① 包冰锋：《环境民事公益诉讼中初步证明的理论澄清与规则构建》，《行政法学研究》2023年第3期。

可以探索构建国家机关为主导、第三方社会机构运营的资金管理模式，由国家机关制定资金使用细则并最终考核资金的使用效果，第三方社会机构作为资金的实际运营机构，承担具体的资金使用工作。二是在资金来源和使用方面，应当明确诉讼中有关修复金、赔偿金以及鉴定费用等应当纳入检察民事公益诉讼的资金范围，相应资金应专门用于修复受损的社会关系，多余的资金可用于他案的其他用途。三是在资金监督方面，应当确立以检察院和法院作为监督主体的监督模式，对修复和执行工作的实际效果进行评估，强化司法监督，同时资金管理机构也应及时向社会公示有关信息，接受社会公众的监督。

结　语

通过对 2022 年度有关检察民事公益诉讼的司法裁判进行数据分析，发现检察民事公益诉讼在理论研究和实践运行中仍面临一定的问题和不足，其根源在于检察民事公益诉讼与民事私益诉讼在目的和功能方面存在差异。笔者相信，在党的二十大报告提出的"完善公益诉讼制度"的要求下，检察民事公益诉讼制度的理论研究和实践运行定能更加完善，也必能充分实现检察民事公益诉讼维护社会公共利益的目的。

B.4
中国检察刑事附带民事公益诉讼报告

崔玮 陈佩瑶*

摘 要： 随着中国公益诉讼检察制度的深入实施，检察刑事附带民事公益诉讼在助力国家治理现代化、有效保护公共利益中仍发挥着重要作用。笔者通过对 2022 年 476 件中国检察刑事附带民事公益诉讼案件的汇总分析，发现我国检察刑事附带民事公益诉讼实践中存在裁判文书中对检察机关的称谓不统一、庭前会议制度构建不完善、诉前公告程序延长审前羁押被追诉人的羁押期限、案件审理时审判组织适用不统一、检察机关出庭人数与分工不统一、惩罚性赔偿金计算标准模糊、提起诉讼必要性存在欠缺等问题。通过实证分析结果与成因解读，应当结合制度实践的切实问题，采取有针对性的完善措施，从法律规范、实践操作等层面继续优化中国检察刑事附带民事公益诉讼制度，推动其在中国特色公益诉讼现代化中发挥更加积极的作用。

关键词： 公益诉讼 刑事附带民事公益诉讼 公益诉讼现代化

2018 年 3 月最高人民法院、最高人民检察院出台《关于检察公益诉讼案件适用法律若干问题的解释》（以下简称《检察公益诉讼解释》），正式确立中国检察刑事附带民事公益诉讼类型（以下简称刑事附带民事公益诉讼）。因刑事附带民事公益诉讼在查明案件事实、节约司法资源、调动以及保护社会公益方面具有独特的优越性，其案件数量在早期呈爆发式增

---

* 崔玮，郑州大学法学院讲师，郑州大学检察公益诉讼研究院研究员，郑州大学中国司法案例研究中心研究员；陈佩瑶，郑州大学法学院硕士研究生。

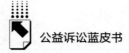
长，占据正式向人民法院起诉公益诉讼案件的绝大多数。[①] 刑事附带民事公益诉讼已成为公益诉讼的重要组成部分和主要诉讼形式。但作为一个相对新兴的司法实践领域，刑事附带民事公益诉讼的相关理论探索与立法完善工作处在成长阶段，制度实践存在困扰。在此背景下，对刑事附带民事公益诉讼进行深入细致的实证分析，探究其未来发展之道具有重要意义。

一 刑事附带民事公益诉讼的整体状况

笔者依据"北大法宝"司法案例数据库，以"案件类型：刑事案件""全文：刑事附带民事公益诉讼""审结日期：2022.01.01-2022.12.31"为检索条件进行检索，获得 488 份裁判文书。[②] 通过人工复核清洗，得到有效裁判文书 476 份。其中一审程序裁判文书 458 份，二审程序裁判文书 15 份，再审程序裁判文书 3 份。一审程序适用速裁程序作出裁判文书 4 份，适用简易程序作出裁判文书 98 份，适用普通程序作出裁判文书 356 份。收集到的裁判文书中，提起刑事附带民事公益诉讼的主体均为检察机关。

通过对案件案由、案发地区、办案机关级别等方面的系统梳理，可以对2022 年我国刑事附带民事公益诉讼总体运行情况进行整体性了解。

（一）案由分布情况

在上述 2022 年全国人民法院审结的 476 件刑事附带民事公益诉讼案件中，罪名主要涉及《刑法》第二编分则中第二章危害公共安全罪，第三章破坏社会主义市场经济秩序罪，第四章侵犯公民人身权利、民主权利罪，第

---

① 有关刑事附带民事公益诉讼案件数量占人民法院受理公益诉讼案件数量的比例情况，详见崔玮《回归理性：刑事附带民事公益诉讼案件范围拓展之省思》，《河北法学》2023 年第11 期。

② 数据来源："北大法宝"官方网站，https：//www.pkulaw.com/，最后访问日期：2023 年 5月 17 日。

六章妨害社会管理秩序罪。由于部分案件涉及多个罪名，故得出的罪名总数是 479 个。其中危害公共安全罪案件 18 个，占比 3.76%；破坏社会主义市场经济秩序罪案件 92 个，占比 19.21%；侵犯公民人身权利、民主权利罪 63 个，占比 13.15%；妨害社会管理秩序罪 306 个，占比 63.88%（见图 1）。

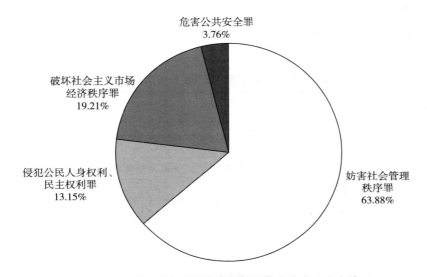

图 1　2022 年中国刑事附带民事公益诉讼案件案由分布情况

与 2021 年度相比较，2022 年刑事附带民事公益诉讼案涉罪名中有两类案件数量占比变化不大，有两类案件数量占比变动较大。其中，危害公共安全罪案件和破坏社会主义市场经济秩序罪案件所占比例与 2021 年基本持平。侵犯公民人身权利、民主权利罪案件数量占比从 4.04% 增长至 13.15%，而妨害社会管理秩序罪案件数量所占比例从 73.30% 下降至 63.88%。①

---

① 2021 年全国人民法院审结的刑事附带民事公益诉讼案件涉及危害公共安全罪 45 件，占罪名总数的 2.84%；破坏社会主义市场经济秩序罪 307 件，占罪名总数的 19.38%；侵犯公民人身权利、民主权利罪 64 件，占罪名总数的 4.04%；侵犯财产罪 7 件，占罪名总数的 0.44%；妨害社会管理秩序罪 1161 件，占罪名总数的 73.30%。罪名总数为 1584 个，案件总数为 1566 件。

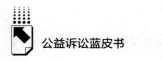

由图 1 可知，2022 年刑事附带民事公益诉讼案件的案由分布仍不均衡。妨害社会管理秩序罪约占案件总数的 2/3；破坏社会主义市场经济秩序罪案件数量排名第二，约占案件总数的 1/5；侵犯公民人身权利、民主权利罪案件数量排名第三，约占案件总数的 1/8。

为进一步了解案由分布情况，笔者对 476 件案件具体涉及罪名情况进行了统计分析（见表 1）。

表 1　2022 年我国刑事附带民事公益诉讼案件涉及罪名情况

一类罪名	次类罪名	具体罪名	数量（个）	所占比例（%）
危害公共安全罪		失火罪	11	2.30
		非法制造、买卖、运输、邮寄、储存枪支、弹药、爆炸物罪	3	0.63
		非法持有、私藏枪支、弹药罪	2	0.42
		危险驾驶罪	1	0.21
		危险作业罪	1	0.21
破坏社会主义市场经济秩序罪	生产、销售伪劣商品罪	生产、销售有毒、有害食品罪	54	11.27
		生产、销售假药罪	3	0.63
		生产、销售不符合安全标准的食品罪	11	2.30
		生产、销售、提供假药罪	3	0.63
		妨害药品管理罪	1	0.21
		生产、销售伪劣产品罪	5	1.04
	走私罪	走私珍贵动物、珍贵动物制品罪	1	0.21
		走私国家禁止进出口的货物、物品罪	11	2.30
	扰乱市场秩序罪	非法经营罪	1	0.21
	侵犯知识产权罪	销售假冒注册商标的商品罪	2	0.42
侵犯公民人身权利、民主权利罪		侵犯公民个人信息罪	63	13.15

续表

一类罪名	次类罪名	具体罪名	数量（个）	所占比例（%）
妨害社会管理秩序罪	妨害文物管理罪	倒卖文物罪	1	0.21
		盗掘古人类化石、古脊椎动物化石罪	2	0.42
	扰乱公共秩序罪	非法利用信息网络罪	1	0.21
		帮助信息网络犯罪活动罪	1	0.21
	妨害司法罪	掩饰、隐瞒犯罪所得、犯罪所得收益罪	2	0.42
	破坏环境资源保护罪	非法捕捞水产品罪	90	18.79
		非法收购、运输、出售珍贵、濒危野生动物、珍贵、濒危野生动物制品罪	3	0.63
		非法狩猎罪	57	11.90
		非法占用农用地罪	44	9.19
		非法采矿罪	18	3.76
		非法收购、运输、加工、出售国家重点保护植物、国家重点保护植物制品罪	1	0.21
		非法收购、运输盗伐、滥伐的林木罪	52	10.86
		污染环境罪	19	4.00
		危害珍贵、濒危野生动物罪	11	2.30
		非法猎捕、收购、运输、出售陆生野生动物罪	2	0.42
		危害国家重点保护植物罪	2	0.42
合计			479	100

经过汇总分析发现，刑事附带民事公益诉讼作为新时期检察机关维护社会公共利益的积极探索方式，其涉及层面已由最初的食品药品安全、自然资源保护、生态环境保护等领域不断扩展覆盖到社会公共利益的其他方面。进一步梳理罪名统计情况，可以发现 476 件案件中共涉及 32 个具体罪名。其中以"生产、销售伪劣商品罪""侵犯公民个人信息罪""破坏环境资源保护罪"案件居多。其他涉及罪名较分散，且大多罪名案件数量仅为个位数。具体的罪名分布情况可以概括如下。

首先，数量在 50 个以上的罪名有 5 个。分别为生产、销售有毒、有害

食品罪（54 个，占比 11.27%），侵犯公民个人信息罪（63 个，占比 13.15%），非法捕捞水产品罪（90 个，占比 18.79%），非法狩猎罪（57 个，占比 11.90%），非法收购、运输盗伐、滥伐的林木罪（52 个，占比 10.86%）。五个罪名案件数量合计为 316 个，占比 65.97%。

由此可以发现，2022 年度刑事附带民事公益诉讼案件多发于妨害社会管理秩序罪的破坏环境资源保护罪领域。2021 年，妨害社会管理秩序罪的破坏环境资源保护罪领域也是刑事附带民事公益诉讼案件的多发区域，其中，非法捕捞水产品罪（385 个，占比 24.31%）、非法狩猎罪（205 个，占比 12.94%）案件数量位居 2021 年度罪名数量的前两位。① 2022 年刑事附带民事公益诉讼案件中非法收购、运输盗伐、滥伐的林木罪罪名相较于 2021 年同类案件（88 个，占比 5.56%）占比增加约 1 倍。

值得强调的是，随着社会对个人信息保护领域的关注与重视，刑事附带民事公益诉讼领域中侵犯公民个人信息罪罪名所占比例显著上升。2021 年刑事附带民事公益诉讼案件中侵犯公民个人信息罪罪名数量占比仅为 4.04%，排名第九。而 2022 年该罪名数量占比已达 13.15%，排名已跃居第二。

其次，数量在 10 个至 50 个之间的罪名有 7 个。分别为失火罪（11 个，占比 2.30%），生产、销售不符合安全标准的食品罪（11 个，占比 2.30%），走私国家禁止进出口的货物、物品罪（11 个，占比 2.30%），非法占用农用地罪（44 个，占比 9.19%），非法采矿罪（18 个，占比 3.76%），污染环境罪（19 个，占比 4.00%），危害珍贵、濒危野生动物罪（11 个，占比 2.30%）。上述案件数量共计 125 个，占比 26.10%。

对比 2021 年相关数据，相关罪名数量的占比变化幅度不一。生产、销售不符合安全标准的食品罪罪名数量占比从 2021 年的 5.87%降至 2.30%。走私国家禁止进出口的货物、物品罪罪名数量占比从 2021 年的 0.13%增至 2022 年的 2.30%。非法采矿罪罪名数量占比从 2021 年的 6.82%降至 2022

---

① 本文 2021 年我国刑事附带民事公益诉讼的相关数据来源于《中国检察公益诉讼发展报告（2023）》。

年的 3.76%。非法占用农用地罪的占比变动幅度较大，从 2021 年的 4.61% 增至 2022 年的 9.19%。

最后，数量在 10 个以下的罪名有 20 个。分别为非法制造、买卖、运输、邮寄、储存枪支、弹药、爆炸物罪（3 个，占比 0.63%），非法持有、私藏枪支、弹药罪（2 个，占比 0.42%），危险驾驶罪（1 个，占比 0.21%），危险作业罪（1 个，占比 0.21%），生产、销售假药罪（3 个，占比 0.63%），生产、销售、提供假药罪（3 个，占比 0.63%），妨害药品管理罪（1 个，占比 0.21%），生产、销售伪劣产品罪（5 个，占比 1.04%），走私珍贵动物、珍贵动物制品罪（1 个，占比 0.21%），非法经营罪（1 个，占比 0.21%），销售假冒注册商标的商品罪（2 个，占比 0.42%），倒卖文物罪（1 个，占比 0.21%），盗掘古人类化石、古脊椎动物化石罪（2 个，占比 0.42%），非法利用信息网络罪（1 个，占比 0.21%），帮助信息网络犯罪活动罪（1 个，占比 0.21%），掩饰、隐瞒犯罪所得、犯罪所得收益罪（2 个，占比 0.42%），非法收购、运输、出售珍贵、濒危野生动物、珍贵、濒危野生动物制品罪（3 个，占比 0.63%），非法收购、运输、加工、出售国家重点保护植物、国家重点保护植物制品罪（1 个，占比 0.21%），非法猎捕、收购、运输、出售陆生野生动物罪（2 个，占比 0.42%），危害国家重点保护植物罪（2 个，占比 0.42%）。上述案件数量共 38 件，占比 7.93%。与 2021 年数据相对比，此类案件罪名所占比例基本保持稳定，只发生小幅度波动。只有非法收购、运输、出售珍贵、濒危野生动物、珍贵、濒危野生动物制品罪相较于 2021 年度同罪名案件降幅相对较大。①

在该部分的案件中，部分罪名的出现反映出检察机关积极响应国家的刑事政策导向，通过适用刑事附带民事公益诉讼程序助力国家刑事领域的专项活动开展。如为应对新时代网络犯罪的严峻形势，惩治"电信诈骗"等上游及下游的违法行为，维护社会公共利益，检察机关针对非

---

① 2021 年、2022 年非法收购、运输、出售珍贵、濒危野生动物、珍贵、濒危野生动物制品罪案件所占比例分别为 3.28% 和 0.63%。

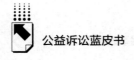

法利用信息网络罪、帮助信息网络活动罪等案件也提起了刑事附带民事公益诉讼。

（二）区域分布情况

如表 2 所示，2022 年审结刑事附带民事公益诉讼案件数量在 50 件以上的地区有湖南省和辽宁省，且前者以审结案件数量 92 件位列全国第一。两地区审结案件共计 146 件，占比 30.67%。

案件数量在 10 件以下的有贵州省、江苏省、浙江省、北京市、内蒙古自治区、福建省、河北省、宁夏回族自治区、湖北省、云南省、山西省、天津市、吉林省、西藏自治区、重庆市、青海省、新疆维吾尔自治区、海南省 18 个省份。共计 55 件案件，占比 11.55%。在上述地区中，除贵州省、江苏省、浙江省、北京市外，其他省份审结相关案件数量均低于 5 件。

样本中未见重庆市、青海省、新疆维吾尔自治区和海南省在 2022 年审结的刑事附带民事公益诉讼案件。据笔者初步了解，各地检察机关对于刑事附带民事公益诉讼案件办理的思想认识不一，这是审结案件区域分布不均衡的原因之一。[①]

相较 2021 年度，四川省、贵州省、江苏省审结案件数量下降幅度最为明显。2021 年度审结刑事附带民事公益诉讼案件数量统计中，四川省审结 149 件，占比 9.51%；贵州省审结 118 件，占比 7.54%；江苏省审结 94 件，占比 6.00%，三者排名分别为第一、第三、第五。2022 年四川省、贵州省、江苏省审结案件数量分别为 13、9、8 件，占比分别下降至 2.73%、1.89%、1.68%。相比之下，2021 年和 2022 年，湖南省审结刑事附带民事公益诉讼案件数量排名始终位居前列，占比从 2021 年的 8.88% 增至 2022 年的 19.33%。

---

① 部分检察机关不再将刑事附带民事公益诉讼作为办案重心，导致刑事附带民事公益诉讼案件数量大幅度下降。

表 2　2022 年我国刑事附带民事公益诉讼案件区域分布情况

序号	地区名称	案件数量(件)	所占比例(%)
1	湖南省	92	19.33
2	辽宁省	54	11.34
3	广西壮族自治区	48	10.08
4	黑龙江省	42	8.82
5	陕西省	41	8.61
6	广东省	25	5.25
7	上海市	25	5.25
8	山东省	23	4.83
9	安徽省	19	3.99
10	河南省	15	3.15
11	江西省	14	2.94
12	四川省	13	2.73
13	甘肃省	10	2.10
14	贵州省	9	1.89
15	江苏省	8	1.68
16	浙江省	8	1.68
17	北京市	7	1.47
18	内蒙古自治区	4	0.84
19	福建省	3	0.63
20	河北省	3	0.63
21	宁夏回族自治区	3	0.63
22	湖北省	2	0.42
23	云南省	2	0.42
24	山西省	2	0.42
25	天津市	2	0.42
26	吉林省	1	0.21
27	西藏自治区	1	0.21
28	重庆市	0	0
29	青海省	0	0
30	新疆维吾尔自治区	0	0
31	海南省	0	0
合计		476	100

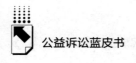

（三）办理案件的司法机关级别和审理程序情况

笔者对办理刑事附带民事公益诉讼案件的司法机关进行调查发现，基层检察相关依旧是办理刑事附带民事公益诉讼案件的主力，共办结案件 458 件，占比超 90%。在审理程序方面，刑事附带民事公益诉讼案件集中适用的是一审程序。少量案件适用了二审程序和再审程序。通过刑事附带民事公益诉讼，充分激活基层司法机关办理民事公益诉讼案件能力的目标得到了较好的实现。

表3　2022 年我国刑事附带民事检察公益诉讼案件办理机关和审理程序情况

类别		案件数量（件）	所占比例（%）
检察机关	基层检察机关	458	96.22
	市级检察机关	18	3.78
	合计	476	100
审理程序	一审程序	458	96.22
	二审程序	15	3.15
	再审程序	3	0.63
	合计	476	100

二　刑事附带民事公益诉讼存在的问题

在对刑事附带民事公益诉讼的宏观适用情况进行分析之后，有必要进一步深入了解刑事附带民事公益诉讼的具体运行，梳理汇总刑事附带民事公益诉讼案件存在的问题。

（一）裁判文书中对检察机关的称谓不统一

虽然司法解释对检察机关在公益诉讼中的诉讼地位予以明确，但是在实践中，人民法院对检察机关诉讼地位的称谓仍未完全统一。目前检察机关在裁判文书中的称谓有"附带民事公益诉讼机关"①、"附带民事诉讼原告人暨

---

① 参见辽宁省沈阳市浑南区人民法院刑事附带民事判决书（2022）辽 0112 刑初 390 号。

公益诉讼起诉人"①、"附带民事公益诉讼起诉人"②、"刑事附带民事公益诉讼起诉人"③、"公益诉讼起诉人"④ 等多种表述方式。人民法院作为重要的司法机关，是公益诉讼中的主要主体。其对于检察机关的多种称谓表述，反映出人民法院对刑事附带民事公益诉讼中检察机关的称谓尚不规范。更为严重的是，部分人民法院对检察机关的称谓仍使用"原告"的表述，也反映出法院系统内对于检察机关在公益诉讼中的地位认识尚未达成一致。

（二）履行诉前公告程序延长被告人的羁押期间

基于检察机关在民事公益诉讼中的诉权谦抑原则，为保障"法律规定的机关和有关组织"有权提起民事公益诉讼，检察机关提起民事公益诉讼前应进行诉前公告程序。2019 年 12 月 6 日施行的最高人民法院、最高人民检察院《关于人民检察院提起刑事附带民事公益诉讼应否履行诉前公告程序问题的批复》进一步明确指出："人民检察院提起刑事附带民事公益诉讼，应履行诉前公告程序。"据此，检察机关提起刑事附带民事公益诉讼也应进行诉前公告程序。

但是在刑事附带民事公益诉讼领域，如果实行诉前公告程序，则很有可能会导致刑事案件诉讼周期的拖延。如果刑事案件被告人处于羁押状态，那么被告人也会因为诉前公告程序而被延长羁押期限。

一般而言，附带民事公益诉讼依附于刑事案件的办理。刑事案件满足事实查明、当事人到案等公诉条件的时间节点往往先于附带民事公益诉讼。因而，刑事公诉一般会先于附带民事公益诉讼提起。而如果实践中出现刑事公诉未先于附带民事公益诉讼提起的现象，则很大概率上意味着刑事公诉因附带民事公益诉讼而延迟提起。此外，虽然刑事公诉先于附带民事公益诉讼提起，但是法院待检察机关进行完诉前公告程序之后才一并开庭审理，也是附

---

① 参见湖南省洪江市人民法院刑事附带民事判决书（2022）湘 1281 刑初 164 号。
② 参见北京市海淀区人民法院刑事附带民事判决书（2022）京 0108 刑初 863 号。
③ 参见湖南省武冈市人民法院刑事附带民事公益诉讼判决书（2022）湘 0581 刑初 399 号。
④ 参见黑龙江省逊克县人民法院刑事附带民事判决书（2022）黑 1123 刑初 99 号。

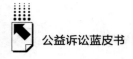

带民事公益诉讼"拖累"刑事公诉的表现。

进一步研究发现，实践中，部分检察机关采取的刑事公诉"等候"附带民事公益诉讼的做法，实质上延长了被追诉人被羁押的时间。第一种情形是刑事公诉提起后"等候"附带民事公益诉讼的诉前公告程序。如贾某生产、销售有毒、有害食品一案，贾某于 2021 年 10 月 21 日被刑事拘留，同年 11 月 26 日被逮捕。检察机关于 2022 年 1 月 10 日向法院提起公诉，并在当天进行诉前公告。公告期内未有法律规定的机关和有关组织提起民事公益诉讼，检察机关于 2022 年 3 月 3 日才向法院提起附带民事公益诉讼。人民法院受理后，一并开庭审理了刑事案件和附带民事公益诉讼案件。① 在此案中，检察机关提起刑事公诉当日才进行诉前公告程序。人民法院等待诉前公告程序结束、检察机关提起附带民事公益诉讼后，才开庭一并审理案件。第二种情形是检察机关在诉前公告程序结束后才提起刑事公诉和附带民事公益诉讼。如余某某非法狩猎一案，余某某于 2022 年 8 月 19 日被逮捕。检察机关于 2022 年 9 月 9 日进行附带民事公益诉讼诉前公告，公告期内未有适格主体提起民事公益诉讼。公告结束后，检察机关于 2022 年 10 月 28 日提起刑事公诉，于 2022 年 10 月 31 日提起附带民事公益诉讼。人民法院依法开庭一并审理此案。② 在此案中，检察机关在进行附带民事公益诉讼的诉前公告程序之后，才提起刑事公诉。刑事公诉的提起因受到附带民事公益诉讼的影响而滞后。

（三）召开庭前会议的规范依据不充分

在刑事附带民事公益诉讼制度实践中，部分人民法院尝试进行了召开庭前会议的探索。如河南省南乐县人民检察院诉吴某坤等人非法采矿刑事附带民事公益诉讼一案中，人民法院围绕损害认定、生态修复等问题召开了庭前会议。有学者 2019 年就提出在刑事附带民事公益诉讼中探索设置庭前会议程序，主张

---

① 参见长春市朝阳区人民法院刑事附带民事判决书（2022）吉 0104 刑初 44 号。
② 参见广东省台山市人民法院刑事附带民事判决书（2022）粤 0781 刑初 422 号。

在庭前会议程序中可以由法院主持对附带民事公益诉讼部分进行调解。① 但时至今日，庭前会议程序只是在民事诉讼和刑事诉讼中有所规定，并未被专门性的公益诉讼法律规范所确认。在民事诉讼程序中，最高人民法院《关于适用〈中华人民共和国民事诉讼法〉的解释》第 224、225 条只是简单提及庭前会议，并未明确民事诉讼庭前会议的具体程序、会议内容等。在刑事诉讼程序中，《人民法院办理刑事案件庭前会议规程（试行）》系统规定了刑事案件庭前会议程序规范，但庭前会议不能处理事实认定等实体性内容，而本案中庭前会议涉及了损害事实认定。公益诉讼领域中庭前会议制度的不完善，未能给司法实践提供清晰的指引，也必然会限制庭前会议制度在公益诉讼实践中的适用。

（四）法院审理案件时适用的审判组织不统一

各地对于刑事附带民事公益诉讼案件审判组织的适用目前仍出现多种方式，部分案件适用七人混合合议庭②，部分案件适用三人合议庭③，还有部分法院采用独任庭形式。④

审判组织适用是否规范是案件审理合法性的重要考量因素之一。审判组织组成不合法为严重违反法定程序之情形，属于重审的法定理由。关于刑事附带民事公益诉讼案件的审判组织形式，《人民陪审员法》第 16 条规定，当法院审判公益诉讼第一审案件时，应当由法官和人民陪审员组成七人合议庭进行。《检察公益诉讼解释》第 20 条规定刑事公诉后提起附带民事公益诉讼案件的，由人民法院同一审判组织审理。⑤ 从效力等级来看，《人民陪审员法》

---

① 张源：《持续发力完善刑事附带民事公益诉讼规则》，《检察日报》2019 年 6 月 2 日，第 3 版。
② 参见广西壮族自治区南宁市武鸣区人民法院刑事附带民事判决书（2022）桂 0110 刑初 483 号，湖南省安化县人民法院刑事附带民事判决书（2022）湘 0923 刑初 449 号。
③ 参见江苏省灌南县人民法院刑事附带民事判决书（2022）苏 0724 刑初 377 号。
④ 参见陕西省白河县人民法院刑事附带民事判决书（2022）陕 0929 刑初 61 号，陕西省靖边县人民法院刑事附带民事判决书（2022）陕 0824 刑初 369 号。
⑤ 《检察公益诉讼解释》第 20 条："人民检察院对破坏生态环境和资源保护，食品药品安全领域侵害众多消费者合法权益，侵害英雄烈士等的姓名、肖像、名誉、荣誉等损害社会公共利益的犯罪行为提起刑事公诉时，可以向人民法院一并提起附带民事公益诉讼，由人民法院同一审判组织审理。"

相对较高，但《检察公益诉讼解释》是新的特别规定，两者的矛盾表述导致实践中法院采用的审判组织形式不同，也引发了学术界与实务界的广泛关注。

鉴于刑事附带民事公益诉讼案件的复杂性，不可采用独任制审判组织已达成共识，因此实务中的争议焦点基本在于刑事附带民事公益诉讼案件的审判组织应适用三人合议庭还是七人合议庭。有学者认为应当按照刑事附带民事公益诉讼"刑主民从"的庭审规则，适用刑事审判规则①；有学者称只有法官认为属于有重大影响的案件才适用七人合议庭，否则不具备现实性和必要性②；另有学者认为最高人民法院印发的《公益诉讼文书样式（试行）》中，一审刑事附带民事判决书样式已列明刑事附带民事公益诉讼案件的审判组织为七人合议庭。因此，审理刑事附带民事环境公益诉讼案件的审判组织均应采用七人合议庭。③ 对此争议尚需在法律中作出明确具体的规定。

（五）出庭检察官的组合不同

刑事附带民事公益诉讼是刑事诉讼和附带民事公益诉讼的"二合一"。检察机关在选派检察官出庭方面出现了两种组合类型。第一种是检察机关分别就支持刑事公诉和提出附带民事公益诉讼职责，指派不同的检察官。④ 第二种是检察机关指派出庭的检察官履行支持刑事公诉和提出附带民事公益诉讼职责。⑤ 前类案件中，负责刑事公诉的检察官突出了"公诉人"的色彩，履行附带民事公益诉讼职责的检察官则更多体现"公益代表人"的身份标志；后类案件中，检察官具有双重身份，兼顾刑事与附带民事公益诉讼的整

① 毋爱斌：《检察院提起刑事附带民事公益诉讼诸问题》，《郑州大学学报》（哲学社会科学版）2020年第4期。
② 汤维建：《刑事附带民事公益诉讼要点简析》，《人民检察》2021年第2期。
③ 《刑事附带民事环境公益诉讼若干问题探讨》，中国法院网，https://www.chinacourt.org/article/detail/2022/02/id/6520466.shtml。
④ 参见湖南省武冈市人民法院刑事附带民事公益诉讼判决书（2022）湘0581刑初399号、北京市海淀区人民法院刑事附带民事判决书（2022）京0108刑初863号，湖南省武冈市人民法院刑事附带民事公益诉讼判决书（2022）湘0581刑初387号等。
⑤ 参见广西壮族自治区梧州市长洲区人民法院刑事附带民事判决书（2022）桂0405刑初167号、陕西省白河县人民法院刑事附带民事判决书（2022）陕0929刑初61号、广东省江门市新会区人民法院刑事附带民事判决书（2022）粤0705刑初567号等。

体审理。两种不同的出庭检察官分工类型虽不影响检察机关履行职责，但是折射出检察机关系统内部尚未就刑事附带民事公益诉讼案件的承办分工达成共识。刑事附带民事公益诉讼案件由刑事部门负责还是由公益诉讼部门负责，仍需进一步的探讨分析。

（六）惩罚性赔偿金制度适用计算基数及倍数标准模糊不清

在刑事附带民事公益诉讼案件中，惩罚性赔偿金不仅可以惩戒公益侵权人，也在全面维护公共利益、威慑警戒其他潜在公益侵害人等方面发挥重要作用。但实践中，由于社会公共利益的损失通常无法精确计算，且相关规定尚未完善，惩罚性赔偿金在刑事附带民事公益诉讼中出现多种问题。

第一，惩罚性赔偿金计算基数标准尚未一致。笔者首先对惩罚性赔偿金制度适用最广泛的"食品药品安全"和"生态环境和资源保护"刑事附带民事公益诉讼案件类型进行分析。经研究发现，在生态环境与资源保护领域中惩罚性赔偿金计算基数标准趋于一致。而在食品安全领域案件中仍存在较大差异。2022 年 1 月 20 日施行的最高人民法院《关于审理生态环境侵权纠纷案件适用惩罚性赔偿的解释》将以环境污染、生态破坏造成的人身损害赔偿金、财产损失数额作为惩罚性赔偿金计算基数。[①] 实践中检察机关提出惩罚性赔偿诉讼请求时的计算基数和人民法院的计算基数一致。[②] 在食品安全领域，在本文搜集的样本案件中，法院以被告人的销售金额作为惩罚性赔

[①] 最高人民法院《关于审理生态环境侵权纠纷案件适用惩罚性赔偿的解释》第 9 条规定："人民法院确定惩罚性赔偿金数额，应当以环境污染、生态破坏造成的人身损害赔偿金、财产损失数额作为计算基数。前款所称人身损害赔偿金、财产损失数额，依照民法典第一千一百七十九条、第一千一百八十四条规定予以确定。法律另有规定的，依照其规定。"第 10 条规定："人民法院确定惩罚性赔偿金数额，应当综合考虑侵权人的恶意程度、侵权后果的严重程度、侵权人因污染环境、破坏生态行为所获得的利益或者侵权人所采取的修复措施及其效果等因素，但一般不超过人身损害赔偿金、财产损失数额的二倍。因同一污染环境、破坏生态行为已经被行政机关给予罚款或者被人民法院判处罚金，侵权人主张免除惩罚性赔偿责任的，人民法院不予支持，但在确定惩罚性赔偿金数额时可以综合考虑。"

[②] 参见江西省黎川县人民法院刑事判决书（2022）赣 1022 刑初 41 号等。

偿金计算基数的案件有 17 件①，以消费者支付价款作为惩罚性赔偿金计算基数的案件有 6 件。② 根据上述案例综合分析发现，因消费者基数大，个体支付价款数额小，交易程序多样且繁杂、消费者实际损失金额难以查明等原因，为避免过度消耗司法资源，实务中大多直接以被告人违法销售的金额作为计算基础。但实际上，绝大多数违法活动中消费者的消费价款与被告人的销售金额并不等同，学术界对于适用惩罚性赔偿金时的计算基数也存在消费者支付价款③和被告人销售金额④两种观点。因此立法规范有待对上述分歧进行规制。

第二，计算倍数标准不一。在食品安全领域，在本文搜集的样本案件中，在以被告人的销售金额作为惩罚性赔偿金计算基数的案件中，法院以被告人销售金额的 10 倍计算惩罚性赔偿金的案件有 15 件⑤，以被告人销售金额的 3 倍计算惩罚性赔偿金的案件有 2 件。⑥ 不可否认的是，关于惩罚性赔偿金数额计算倍数目前尚无明确的法律规定，司法机关在裁判时也未达成统一标准。其他相关领域案件在审理时基本均依据《食品安全法》《药品管理法》中"可以要求支付价款十倍或者损失三倍的惩罚性赔偿金"的规定以及《消费者权益保护法》中针对消费欺诈情形的"价款或者费用的三倍"法律规范进行裁判。但审理的案件出现上述法律中规定的 3 倍与 10 倍惩罚

---

① 参见甘肃省山丹县人民法院刑事附带民事判决书（2022）甘 0725 刑初 121 号、甘肃省华池县人民法院刑事判决书（2022）甘 1023 刑初 124 号、北京市门头沟区人民法院刑事判决书（2022）京 0109 刑初 168 号等。

② 参见黑龙江省拜泉县人民法院刑事附带民事判决书（2022）黑 0231 刑初 33 号、黑龙江省拜泉县人民法院刑事附带民事判决书（2022）黑 0231 刑初 31 号、山东省郯城县人民法院刑事附带民事判决书（2022）鲁 1322 刑初 91 号等。

③ 刘凤月：《食品安全民事公益诉讼惩罚性赔偿金的确定》，《人民检察》2020 年第 23 期。

④ 王勇：《刑附民公益诉讼案件惩罚性赔偿的民事适用及其刑事调和》，《政法论坛》2023 年第 3 期。

⑤ 参见四川省彭州市人民法院刑事附带民事判决书（2022）川 0182 刑初 181 号、陕西省西乡县人民法院刑事附带民事判决书（2022）陕 0724 刑初 32 号、山东省菏泽市牡丹区人民法院刑事附带民事判决书（2021）鲁 1702 刑初 862 号等。

⑥ 参见黑龙江省拜泉县人民法院刑事附带民事判决书（2022）黑 0231 刑初 71 号、湖南省衡阳市石鼓区人民法院刑事附带民事公益诉讼判决书（2022）湘 0407 刑初 104 号。

情形竞合时，司法机关的选择便难以统一。3 倍与 10 倍的悬殊裁判引发不少司法争议，判决畸重或畸轻的弊端悬而未决，尤其当涉案金额较大时，被告人的实际财产难以承担上述责任，此时判决执行可能性难免大打折扣。

（七）部分刑事附带民事公益诉讼案件没有提起必要性

在刑事附带民事公益诉讼类型推广普及的背后，客观存在部分刑事附带民事公益诉讼案件提起必要性欠缺的情况。起诉欠缺必要性体现在以下两点。

一是附带民事公益诉讼的诉讼请求只是要求赔礼道歉。在传统的刑事诉讼中，定罪量刑的结果和诉讼程序过程其实已经对被追诉人施加了精神谴责。在实体方面，对于刑事附带民事公益诉讼案件中的被追诉人，其可能遭受的刑事处罚是最严厉的法律责任方式。被追诉人被宣判为"有罪之身"，遭受人身自由、个人财产限制或剥夺的实体处罚的同时，也实质上承受了精神制裁。在程序方面，随着诉讼程序的进行，被追诉人接受公安司法机关的讯问、庭审等过程也会让被追诉人感受到精神诘问。此外，裁判文书的公开上网和庭审直播进一步增强了被追诉人的精神负担，也对社会民众起到了教育警示作用。

比较而言，刑事诉讼给被追诉人施加的道德责难强度应远高于民事诉讼中的赔礼道歉。在民事诉讼任意性的基础上的赔礼道歉不具有国家强制性，其所能施加给个体的精神责难效果难以保障。而在刑事诉讼的基础上，检察机关提起附带民事公益诉讼的诉讼请求仅仅是要求赔礼道歉，则会引发对于诉讼提起必要性的质疑。另从司法效率角度而言，司法机关在投入了启动附带民事诉讼程序、履行公告程序、组成七人合议庭等较大司法资源的背景下，仅仅获得了被追诉人作出赔礼道歉的结果。[①] 诉讼成本和收益的比例关系明显不符合诉讼经济要求，也会有损公益诉讼制度的公信力。

二是刑事部分本可以不起诉。在部分刑事附带民事公益诉讼案件中，刑

---

① 类似案例详见湖南省衡阳市石鼓区人民法院刑事附带民事公益诉讼判决书（2022）湘 0407 刑初 38 号。

事部分本应该通过酌定不起诉处置，但是检察机关提起刑事公诉和附带民事公益诉讼，法院作出定罪免刑的刑事判决，并支持了附带民事公益诉讼的诉讼请求。根据《刑法》第 37 条，免予刑事处罚对应的是被追诉人的犯罪情节轻微不需要判处刑罚。而根据《刑事诉讼法》第 177 条，检察机关对于犯罪情节轻微不需要判处刑罚或免除刑罚的，可以酌定不起诉。如赵某某非法捕捞水产品一案，赵某某在禁渔期，使用电网非法捕捞的渔获物为 1.51 千克，其中河鱼及河鳅 0.93 千克。检察机关以其行为构成非法捕捞水产品罪提起刑事公诉和附带民事公益诉讼。[①] 法院判处赵某某犯非法捕捞水产品罪，但免予刑事处罚，并支持了附带民事公益诉讼的诉讼请求。

三　刑事附带民事公益诉讼的优化建议

通过前文统计分析，2022 年刑事附带民事公益诉讼的整体情况已基本明晰。作为一项新的公益诉讼类型，刑事附带民事公益诉讼仍面临诸多实践困境与挑战，制度供给、理论研究与该制度发展的实际需求仍存在差距。因此当下亟须关注制度缺陷、积极深入探索并及时采取对策，以填补实践与理论间的罅隙。

（一）统一检察机关称谓，明确其诉讼主体地位

关于检察机关在公益诉讼中的称谓争议，折射出相关主体对于检察机关在公益诉讼中主体地位的认知不统一。早期的《人民检察院提起公益诉讼试点工作实施办法》（以下简称《实施办法》）第 15 条将检察机关称为"公益诉讼人"[②]。"附带民事公益诉讼人"说因其所依据的《实施办法》已

[①] 详情参见广西壮族自治区资源县人民法院刑事附带民事判决书（2022）桂 0329 刑初 11 号。

[②] 《人民检察院提起公益诉讼试点工作实施办法》第 15 条规定："人民检察院以公益诉讼人身份提起民事公益诉讼。民事公益诉讼的被告是实施损害社会公共利益行为的公民、法人或者其他组织。"中国首例刑事附带民事公益诉讼案——董守伟、董守亚污染环境刑事附带民事公益诉讼案中对检察官的称谓为"附带民事公益诉讼人"，详见安徽省五河县人民法院刑事附带民事判决书（2017）皖 0322 刑初 98 号。

废止而自然失效。之后，《检察公益诉讼解释》第 4 条规定"人民检察院以公益诉讼起诉人身份提起公益诉讼"，将检察机关在民事公益诉讼中的称谓改为公益诉讼起诉人。

而正如本文第二部分所述，实践中还存在人民法院以《刑事诉讼法》和最高人民法院《关于适用〈中华人民共和国刑事诉讼法〉的解释》为法律依据，称检察机关为"附带民事公益诉讼原告人"的情形。① 这种称谓实质上是把将检察机关视为原告。例如，最高人民法院《关于生态环境侵权民事诉讼证据的若干规定》规定了生态环境侵权责任纠纷案件中当事人的举证责任等内容。该规定专门明确检察机关提起环境污染民事公益诉讼案件、生态破坏民事公益诉讼案件参照执行。最高人民法院法官撰写的《〈关于生态环境侵权民事诉讼证据的若干规定〉的理解与适用》一文中，更是直接明确检察机关提起的公益诉讼中检察机关"实际上居于原告地位，依法享有、负担原告的诉讼权利义务"②。

刑事附带民事公益诉讼程序构造的复合性决定了检察机关也同样具有双重身份：同一个检察机关既是刑事诉讼的公诉机关，也是附带民事公益诉讼的起诉机关。刑事附带民事公益诉讼作为一种典型的附带性诉讼，其发展根基主要依附于刑事诉讼体系。近年来中国刑事附带民事诉讼制度能够为刑事附带民事公益诉讼制度提供充分的实践经验与较为成熟的架构支撑。但鉴于刑事附带民事公益诉讼制度始终是以刑事附带民事诉讼为基础发展出的新分支，因此检察机关在民事公益诉讼中"附带民事公益诉讼原告人"的称谓能否用于刑事附带民事公益诉讼中需要辩证看待。

笔者认为，当前"附带民事公益诉讼人"和"附带民事公益诉讼原告人"的称谓都不能全面准确概括检察机关在公益诉讼中的地位。检察机关

---

① 参见广西壮族自治区浦北县人民法院刑事附带民事判决书（2022）桂 0722 刑初 137 号、辽宁省岫岩满族自治县人民法院刑事附带民事判决书（2022）辽 0323 刑初 159 号、湖南省攸县人民法院刑事附带民事公益诉讼判决书（2022）湘 0223 刑初 84 号。

② 杨临萍、刘竹梅、宋春雨：《〈关于生态环境侵权民事诉讼证据的若干规定〉的理解与适用》，《人民司法》2023 年第 28 期。

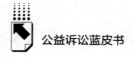

在公益诉讼领域是为了维护国家利益和社会公共利益，与刑事诉讼中的检察机关功能发挥具有高度相似之处。参照刑事诉讼中检察机关的"公诉人"称谓，公益诉讼中检察机关的称谓也可以称为"公诉人"。如此一来，检察机关在刑事领域是刑事公诉人，在公益诉讼领域是公益公诉人。此外，公诉人的称谓可以为检察机关增配调查权等提供更多正当性支持。

（二）规范检察机关提起刑事附带民事公益诉讼的立案标准

立案标准是刑事附带民事公益诉讼工作的源头性问题。检察公益诉讼开展已历经 7 年有余，但关于检察公益诉讼立案标准目前仍未出台明确的法律规定。《检察公益诉讼解释》第 20 条中的条文表述模糊不清。理论上的缺位导致实践中检察机关对刑事附带民事公益诉讼案件的认识和把握也存在分歧。

因此，在立法工作尚未充实的现阶段，各级检察机关应当进一步明确刑事附带民事公益诉讼制度的目标定位，以维护社会公共利益为核心任务，不断突出审查重点。同时，对于刑事部分适用相对不起诉制度或提起附带民事公益诉讼缺乏必要性的案件，检察机关应另行提起民事公益诉讼。

另外，立法工作应当依法履行职责，加快设立规范的刑事附带民事公益诉讼立案标准，以此充分调动司法能动性，各个环节合力协作，共同把握此类案件的审理尺度。只有准确剖析法律规定与社会发展需要，推动刑事附带民事公益诉讼案件立案与受案工作规范化发展，才能满足刑事附带民事公益诉讼制度发展的内在需求，助力制度快速发展。

（三）规范完善诉前公告程序

制度设计者设置诉前公告程序是为了保障法律规定的社会组织、公民等主体的民事公益诉讼中的诉权，要求检察机关对提起民事公益诉讼保持谦抑。而在刑事附带民事公益诉讼领域中，根据相关司法解释，检察机关是否独占附带民事公益诉讼诉权存在争议。实践中，检察机关对于刑事附带民事公益诉讼的诉前公告程序也存在一定的看法。

对此问题，笔者认为与其拘泥于法律规范分析解读来阐释附带民事公益诉讼诉权的归属，不如积极回应现实。理论界和实务界应当跳出对于刑事附带民事公益诉讼诉权的独占或者顺位之争，可以将眼光从诉权领域转向被告人。前文已经披露：在部分刑事附带民事公益诉讼案件的办理过程中，检察机关进行诉前公告程序的周期已经实质上导致了被告人羁押时间的延长，构成了对被告人人身自由权利的侵害。而实践中，刑事附带民事公益诉讼的诉前公告之后，鲜见到有其他适格主体提起附带民事公益诉讼的报道。在此事实面前，诉前公告未取得保障并督促其他适格主体提起公益诉讼的目的，反而导致了被告人羁押时间的延长。因而，笔者建议应取消刑事附带民事公益诉讼的诉前公告程序。检察机关在办理刑事案件过程中，发现被追诉人实施了侵害国家利益和社会公共利益的行为，可以直接提起附带民事公益诉讼，避免被羁押的被追诉人因为诉前公告程序而延长羁押时间。

（四）积极探索刑事附带民事公益诉讼庭前会议制度

庭前会议制度于 2012 年被正式引入《刑事诉讼法》。该制度对符合起诉条件的案件进行进一步加工，并以整理争点、展示证据、整理事实、解决程序性问题为主要内容。[①] 在刑事案件中，适用庭前会议制度可以将有限的司法资源充分投入庭审活动中，为实现快速高效的庭审对抗和集中有效的法庭审理奠定基础。附带民事公益诉讼"依附于"刑事诉讼程序的特性，也使刑事诉讼的庭前会议与附带民事公益诉讼产生了关联。笔者认为，庭前会议制度可在刑事附带民事公益诉讼案件中发挥其积极作用，确保案件审理过程更加顺畅，且充分保障被告人的合法权益，避免附带民事公益诉讼部分的程序性问题。

尤其在积极推动公共利益得到修复方面，庭前会议的开展能够有效推动在法官主持下组织检察机关和被告人就积极修复公共利益进行调解。被告人以积极修复公益损失作为认罪悔罪的表现，通过采取有效措施修复公益或者

---

① 贾志强：《刑事庭前会议制度实施状况研究》，《中国刑事法杂志》2020 年第 6 期。

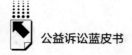

进行替代性的公益修复，争取获得刑事部分的从宽量刑。概而言之，通过庭前会议的调解，可以取得快速全面修复受损公共利益的效果，高度契合检察公益诉讼的制度设计目的。因此，有必要对专门的刑事诉讼庭前会议司法解释进行修改完善，明确刑事附带民事公益诉讼庭前会议的参会主体、讨论内容、具体流程和操作规范，鼓励支持被告人积极修复公益，进而达到公益保护的目的。

（五）规范适用审判组织

刑事附带民事公益诉讼案件的审理模式和审判组织问题，关系到该类案件能否得到公正、及时的审理，如果法院不能采取恰当的审判组织模式，将导致刑事附带民事公益诉讼案件出现程序违法错误，因此有必要对该类案件审判组织进行科学、合理的规范。

《人民陪审员法》与《检察公益诉讼解释》关于刑事附带民事公益诉讼案件审判组织的条文规定冲突，给实践中人民法院审理刑事附带民事公益诉讼带来了审判组织的困局。部分法院因为顾及实行七人合议庭对司法资源的高消耗，而规避了七人合议庭的适用。固然，理论上七人合议庭可以充分凸显人民陪审员参审带来的"群众性"色彩，但是实践中长期存在的"固定陪审""陪而不审"的现象尚未彻底根除，令人对七人合议庭的功能发挥不无疑惑。

笔者认为，刑事附带民事公益诉讼的特点是民事公益诉讼依附于刑事诉讼，借助刑事诉讼程序，一并解决公共利益的保护问题。因而，如果因为附带民事公益诉讼对于审判组织的要求影响了刑事案件的审判组织适用，就逾越了依托刑事程序解决民事纠纷的初衷。进言之，附带民事公益诉讼应由审理刑事案件的同一审判组织审理。如果民事公益诉讼案件的案情复杂或者具有较大社会影响等因素，需要适用七人合议庭的，检察机关另行提起民事公益诉讼更为适宜。

（六）加强检察机关内部协作配合

检察机关内部的协作配合是指在办理刑事附带民事公益诉讼案件过程

中，检察机关内部关于刑事公诉部分和附带民事公益诉讼部分的分工协作。刑事附带民事公益诉讼案件是刑事案件和民事公益诉讼案件的结合，就具体分工而言，涉及刑事公诉部门和公益诉讼部门两个部门。在实践中，附带民事公益诉讼的案件线索往往源自刑事案件，刑事案件的证据材料也是附带民事公益诉讼案件的主要证据来源，因而，由刑事公诉部门一并提起附带民事公益诉讼案件似乎更符合实践现状。但是，公益诉讼案件的诉讼程序、证明标准、责任承担等与刑事公诉案件存在很大不同。长期从事刑事公诉案件办理的检察官难以在短时间内适应公益诉讼案件的办理要求。如果简单地将全部附带民事案件交由刑事公诉部门办理，可能会导致附带民事公益诉讼的"刑事化"，并不利于附带民事公益诉讼制度的适用发展。

笔者建议，各检察机关可以根据本单位实际，探索灵活多样的刑事附带民事公益诉讼案件办理分工模式。基于维护公共利益的共同目的，刑事公诉部门可以办理附带民事公益诉讼案件，公益诉讼部门也可以办理涉及侵害国家利益、社会公共利益的刑事案件。在这一原则的指引下，考虑实际，可以实行"前期由公益诉讼部门牵头负责，后期由公益诉讼部门和刑事公诉部门分工合作"的协调机制模式。

在当地检察机关开展公益诉讼的初期，可以由公益诉讼部门主要负责提起附带民事公益诉讼，刑事公诉部门负责提起刑事公诉。公益诉讼部门与刑事公诉部门畅通案件线索分享机制，由公益诉讼检察部门检察官负责办理民事公益诉讼部分。两部门检察官分别负责，共同参加庭审，推进刑事与附带民事公益诉讼的整体审理。

在公益诉讼制度适用已经较为成熟完善时，充分发挥刑事公诉部门和公益诉讼部门办理附带民事公益诉讼案件的合力。检察机关可以根据本院实际，划分两部门负责的刑事附带民事公益诉讼案件范围。由两部门各司其职，分别负责对应的案件的附带民事公益诉讼部分。刑事公诉部门对于其负责的案件，应在提起刑事公诉时，一并提起附带民事公益诉讼。公益诉讼部门也可以将负责的刑事部分和附带民事公益诉讼部分一并向法院提起诉讼。

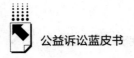
（七）优化惩罚性赔偿金适用

在刑事附带民事公益诉讼领域，优化惩罚性赔偿金集中体现为惩罚性赔偿金与刑事罚金的折抵、惩罚性赔偿金计算标准灵活适用。这二者关涉合理评价行为人的经济性法律责任承担和法院生效判决书的执行问题。经综合分析，笔者建议如下。其一，惩罚性赔偿金与刑事罚金可以相互折抵。惩罚性赔偿金和刑事罚金的法律依据不同，但都属于对行为人给予的经济性处罚措施，且均基于行为人实施的同一行为。加之，刑事诉讼和公益诉讼都是为了维护公共利益，二者在同一具体案件中应避免重复适用，以防加重行为人的法律负担。其二，惩罚性赔偿金的计算标准应灵活适用。在实践中，大部分刑事附带民事公益诉讼案件的被告人不具备支付高额惩罚性赔偿金的条件。如果机械执行较高倍数的惩罚金，既会给被告人带来难以承受的经济负担，也会给法院判决书的执行带来较大阻碍，最终影响司法公信力。建议检察机关和人民法院应当根据具体案件和被告人实际，灵活适用惩罚性赔偿金计算标准。

B.5
中国检察公益诉讼理论研究报告

张嘉军　孟聂凡宇*

摘　要：　检察公益诉讼制度蓬勃发展，具有较高的理论研究热度。通过分别对 2022 年度检察公益诉讼领域的课题研究项目、期刊论文和出版专著三类理论研究成果的现状进行概括梳理，总结归纳 2022 年度中国检察公益诉讼理论研究的热点主要有检察公益诉讼法理阐释、行政公益诉讼被告违法履职判断标准、预防性环境公益诉讼制度的具体设计与推进、生态环境损害赔偿诉讼与检察公益诉讼的衔接、检察公益诉讼受案范围的拓展及相应完善路径、惩罚性赔偿制度在检察公益诉讼中的适用问题等内容，并进一步提出未来中国检察公益诉讼理论研究的总体方向应当是加强检察公益诉讼的专门立法研究，推进整体性视角下的学术研究以及注重司法实践案例和域外经验的研究。

关键词：　检察公益诉讼　公益诉讼专门立法　理论研究

　　党的二十大报告提出"完善公益诉讼制度"，自 2017 年《民事诉讼法》第 55 条明确规定检察公益诉讼以来，检察公益诉讼制度不断蓬勃发展、稳步推进。在立法层面，2022 年度共新增 4 条检察公益诉讼条款，分别涉及反垄断、反电信网络诈骗、农产品质量安全和妇女权益保障四个领域①，检察公益诉讼的办案范围不断拓展。在实践层面，2022 年度全国检察机关共

---

　*　张嘉军，郑州大学法学院教授，博士生导师；孟聂凡宇，郑州大学法学院硕士研究生。
　①　参见《反垄断法》第 60 条、《反电信网络诈骗法》第 47 条、《农产品质量安全法》第 79条、《妇女权益保障法》第 77 条规定。

立案办理公益诉讼案件 19.5 万件，共提起公益诉讼 1.3 万件，① 检察公益诉讼司法运行态势良好。与此同时，检察公益诉讼制度的理论研究在广度和深度方面也不断拓展，并优化检察公益诉讼制度的司法实践运行。本文拟对 2022 年度检察公益诉讼理论研究的情况进行梳理和归纳，概括 2022 年度该领域的研究热点、代表性成果及核心观点，为检察公益诉讼理论研究提供较为全面详实的基础资料。

一　2022年度检察公益诉讼理论研究概况

（一）检察公益诉讼科研项目情况

为使文章更具说服力，本文以 2022 年国家层面立项的四类法学课题②中有关检察公益诉讼的课题为研究对象，并将 2020 年和 2021 年的同类课题作为参考。在四类法学课题的立项名单中输入"公益诉讼"进行检索，并人工筛选出非相关课题，最终选取 2022 年度的 16 项课题。以同样的方式对 2020 年度和 2021 年度相关课题进行检索和筛选，最终选取 2020 年度的 16 项课题和 2021 年度的 20 项课题作为本文的研究对象。

通过对 2020~2022 年度有关检察公益诉讼立项的课题所研究的具体诉讼类型进行梳理，形成图 1。由图 1 可知，2020~2022 年度有关检察公益诉讼立项课题研究的具体诉讼类型包括民事公益诉讼类、行政公益诉讼类和刑事附带民事公益诉讼类，但 2021 年度和 2022 年度研究刑事

---

① 参见最高人民检察院官网，《2022 年全国检察机关主要办案数据》，https：//www.spp.gov.cn/xwfbh/wsfbt/202303/t20230307_ 606553. shtml#1，最后访问日期：2022 年 3 月 18 日。

② 该四类课题为：国家社会科学基金项目（以下简称国家社科项目）、中国法学会部级法学研究课题（以下简称法学会课题）、司法部国家法治与法学理论研究项目课题（以下简称司法部项目）、最高人民检察院检察理论研究课题（以下简称最高检课题）。因 2020~2022 年度教育部人文社会科学研究项目无有关检察公益诉讼的课题，故剔除教育部人文社会科学研究项目。

附带民事公益诉讼类的课题没有立项。此外，部分课题仅通过其名称不能推断诉讼类型，因此将此类课题纳入"未知"。2022 年度"未知"诉讼类型的课题数量为 10 件，相较于 2020 和 2021 年度，这类课题数量并无明显变化，表明目前有关检察公益诉讼立项的课题更倾向于对检察公益诉讼从宏观的视角进行研究，而通常并不明确限定具体研究的诉讼类型。

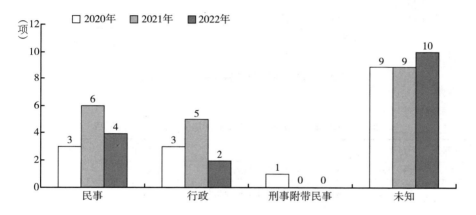

图 1　2020~2022 年度课题研究的诉讼类型

对于检察公益诉讼立项课题的具体研究领域，由图 2 可知，课题研究的具体领域集中于环境领域，2022 年度有 5 项环境领域的有关检察公益诉讼的课题立项，在具体研究领域中占比较高。此外，相较于 2020 年度和 2021 年度，2022 年度有关检察公益诉讼立项课题的具体研究领域则较为分散，既有较为"传统"的环境领域的研究，也新增了"无障碍环境建设""妇女权益保护""反垄断"等新领域的检察公益诉讼研究。

为更好地探视和分析 2022 年度检察民事公益诉讼的课题立项情况，对筛选出的 2022 年度标题出现"公益诉讼"的 16 项国家层面立项的课题进行整理，形成表 1。

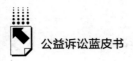

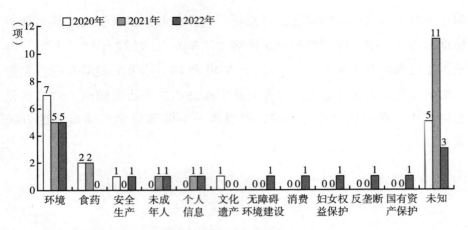

图2　2020~2022年度课题研究的具体领域

表1　2022年度标题包含"公益诉讼"的课题研究项目

序号	项目类别	项目名称	主持人	单位
1	国家社科项目	个人信息保护民事公益诉讼研究	蔡颖雯	青岛大学
2	国家社科项目	碳排放公益诉讼规则体系与运行机制研究	夏云娇	中国地质大学（武汉）
3	国家社科项目	比较政治视域下的公益诉讼"中国方案"研究	王越端	北京大学
4	国家社科项目	全球人权治理视域下我国无障碍公益诉讼制度研究	亓飞	海南大学
5	司法部项目	反垄断实施机制改革背景下检察公益诉讼制度研究	王承堂	扬州大学
6	司法部项目	妇女权益保障公益诉讼制度研究	齐凯悦	山东师范大学
7	司法部项目	海洋生态损害赔偿公益诉讼实践研究	徐峰	上海海事大学
8	司法部项目	个人信息民事公益诉讼基本理论与程序构造研究	宫雪	华东政法大学
9	法学会课题	赔偿性消费民事公益诉讼诉权配置机制研究	吴俊	苏州大学
10	最高检课题	行政公益诉讼引导行政执法研究	高文英	中国人民公安大学
11	最高检课题	公益诉讼检察能动履职研究	黄硕	贵州省人民检察院

序号	项目类别	项目名称	主持人	单位
12	最高检课题	生态环境公益诉讼立法研究	易小斌	最高人民检察院第八检察厅
13	最高检课题	生态环境公益诉讼立法研究	焦洪昌	中国政法大学
14	最高检课题	安全生产检察公益诉讼新问题研究	翟业虎	首都经济贸易大学
15	最高检课题	国有资产保护公益诉讼研究	潘牧天 谢惠	上海政法学院；上海市崇明区人民检察院
16	最高检课题	环境公益诉讼立法中的检察协同问题研究	金利岷 靳匡宇	新疆维吾尔自治区人民检察院；南通大学

从以上 16 项课题的名称来看，第 1、2、3、8、9、10、11、12、13、14、15、16 项这 12 项涉及检察公益诉讼的理论研究；第 4、5、6、7 项这 4 项则涉及检察公益诉讼的制度研究或者实践研究，表明当前检察公益诉讼的有关课题研究仍在一定程度上倾向于理论研究，这源于中国检察公益诉讼制度"实践在前，理论在后"的发展现状，检察公益诉讼制度的发展需要不断的理论供给补齐其发展和实践过程中出现的"短板"。此外，最高人民检察院在 2022 年度立项了两个相同的"生态环境公益诉讼立法研究"课题，该两类课题以公益诉讼的专门立法为出发点，并限定具体研究领域为"生态环境"。第 16 项也涉及专门立法。环境领域作为检察公益诉讼案件规模逐年递增的诉讼领域①，该两项课题立足生态环境领域的公益诉讼，就专门立法问题展开研究，在一定程度上解决了当前环境公益诉讼相关制度碎片化的问题，对于明晰具备高度专业性的环境领域相较其他专业性程度较低的诉讼领域的独特性、完善生态环境公益诉讼的诉讼请求等方面具有一定的现实指导意义。

---

① 参见最高人民检察院官网，《生态环境和资源保护检察白皮书（2018-2022）》，https://www.spp.gov.cn/spp/xwfbh/wsfbh/202306/t20230605_ 616291. shtml，最后访问日期：2023年 4 月 1 日。

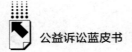

第 4、5、6 项主要以检察公益诉讼的新领域为研究对象，分别涉及无障碍、反垄断、妇女权益保护领域的公益诉讼，对 2022 年修订的《反垄断法》《妇女权益保障法》中规定的检察公益诉讼条款进行回应，同时也有对于立法尚未规定的无障碍领域公益诉讼的探索。第 1、8、14、15 项则立足于既有的公益诉讼受案范围，分别对个人信息、安全生产和国有资产保护领域的检察公益诉讼进行研究，进一步促进此类检察公益诉讼制度的发展和完善。

值得注意的是，表 1 中第 11 项"公益诉讼检察能动履职研究"项目中，检察机关具有法律监督机关和公共利益代表人的双重身份，检察机关在公益诉讼中进行的诸如磋商、听证等活动，均能够体现检察机关的能动履职。同时，侵害公共利益的行为具有一定的隐蔽性，尤其是在侵害生态环境和滥用个人信息领域，检察机关需要通过能动履职从而发现公益诉讼中的案件线索。该课题以"检察能动履职"为研究对象，能够在理论层面为检察机关以诉的方式履行法律监督职能提供一定的指导价值，促进公益诉讼检察高质量发展。

此外，第 3、4 项均为国家社科项目，研究角度涉及"比较政治视域""全球人权治理视域"，该两项课题从其文字表述来看均从比较研究的视角对检察公益诉讼展开研究。目前中国的检察公益诉讼制度呈现一定的"中国特色"①，对检察公益诉讼制度的部分内容开展比较研究，能够从更加宏观的全球视角下审视当前中国检察公益诉讼制度运行中出现的问题，同时也能更好地归纳和提炼检察公益诉讼制度呈现的"中国特色"，不断拓展检察公益诉讼理论研究的广度和深度。

通过以上梳理，可以发现目前课题研究项目更侧重于理论研究，通过理论研究指导检察公益诉讼实践运行，同时也不再偏向传统的"环境"等领域，而是积极拓展检察公益诉讼新领域，并运用比较研究的方法，在较为宏

---

① 王周户、黄世伟：《推动构建中国特色检察公益诉讼法律制度》，《人民检察》2022 年第 5 期。

观的视角下对中国的检察公益诉讼与域外的有关制度进行比较，促使中国检察公益诉讼制度在研究的广度和深度上不断拓展，为完善我国的检察公益诉讼制度提供必要的支撑。

（二）检察公益诉讼期刊论文情况

为使文章更具说服力，本文主要以 2022 年度中国知网收录的期刊来源类型为"核心期刊"和"CSSCI"的有关检察公益诉讼的文章为研究对象，并将 2020 年和 2021 年中国知网收录的期刊来源类型为"核心期刊"和"CSSCI"的有关检察民事公益诉讼的文章作为参考。[①] 在中国知网的高级检索栏中以"检察公益诉讼"进行检索，以发表时间（2020－01－01～2020－12－31）、来源类型（核心期刊、CSSCI）、同义词扩展作为三个筛选项，共检索出 2022 年度主题为"检察公益诉讼"的文章 107 篇，以同样的方法对 2020 年度和 2021 年度有关检察公益诉讼的文章进行检索，分别检索出主题为"检察公益诉讼"的文章 158 篇和 118 篇。

由图 3 可知，2022 年度主题为"检察公益诉讼"的期刊文章的学科类型集中于"诉讼法与司法制度"，"行政法及地方法制"和"环境科学与资源利用"次之。同时，2022 年度"环境科学与资源利用"学科发表的主题为"检察公益诉讼"的期刊文章数量相较于 2020 年度和 2021 年度有明显的下降。

对于期刊文章所涉及的诉讼类型，由图 4 可知，2022 年度标题出现"行政"的期刊文章有 29 篇，结合前两年数据可知，当前检察公益诉讼研究的期刊文章类学术成果更侧重于对"行政公益诉讼"展开研究。此外，2022 年度研究诉讼类型为"附带民事类"期刊文章的数量为 6 篇，一定程度上表明目前附带民事类检察公益诉讼的研究具有的热度。

由图 5 可知，目前期刊文章对于检察公益诉讼的研究仍主要集中于环

---

① 参见中国知网"学术期刊高级检索"，https：//kns. cnki. net/kns8/AdvSearch？ dbcode ＝ CFLQ，最后访问日期：2023 年 3 月 12 日。

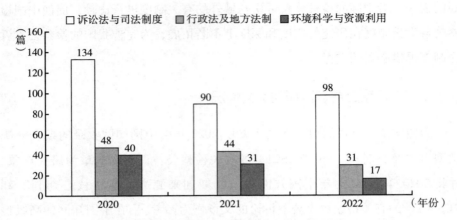

图3　2020~2022年度期刊论文的学科类型

说明：为更直观地呈现2020~2022年度主题为"检察公益诉讼"的期刊文章集中的学科类型，在整理归纳时选择排名前三的学科类型（诉讼法与司法制度、行政法及地方法制、环境科学与资源利用）统计有关的期刊文章数量。

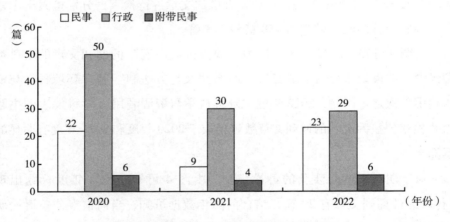

图4　2020~2022年度期刊论文的诉讼类型

说明：为更直观地呈现2020~2022年度主题为"检察公益诉讼"的期刊文章所涉及的诉讼类型，在前述高级检索筛选项的基础上，分别增加篇名"民事""行政""附带"筛选项，并进一步人工区分纯民事公益诉讼和附带民事公益诉讼两种民事公益诉讼类型，对所得数据进行整理形成图4。

境领域，但2022年度研究具体领域为"环境"的期刊文章数量远低于2020年和2021年，在一定程度上反映目前学术界对于环境类检察公益诉讼的研究热度有一定的下降，可能是环境领域的检察公益诉讼研究已经具备一定的规模和数量。另外，2022年度研究具体领域为"消费"的期刊文章数量相较于2020年度和2021年度有明显增长，消费领域检察公益诉讼作为2017年《民事诉讼法》早已规定的检察公益诉讼类型，其学术研究成果在2022年度数量增长明显，可能是在是否适用惩罚性赔偿制度上存在一定的争议。国有资产保护检察公益诉讼同样作为"传统"的检察公益诉讼类型，2020年度和2021年度均无文章研究，2022年度有1篇文章，表明该类诉讼领域也具有一定的热度。值得注意的是，2022年度期刊文章类学术成果也研究诸如个人信息保护、妇女权益保护、反垄断和教育领域的公益诉讼，这些检察公益诉讼新领域的研究成果将进一步夯实检察公益诉讼制度的发展和完善。

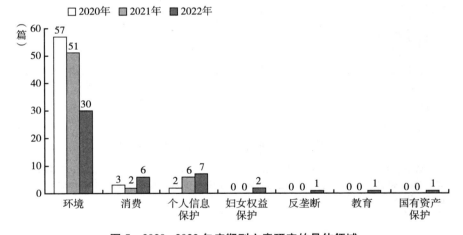

图 5　2020~2022 年度期刊文章研究的具体领域

说明：为更直观地检视期刊文章类学术研究成果具体研究的检察公益诉讼领域，经对2020~2022年度期刊文章进行浏览，以2022年度期刊文章所涉及的具体检察公益诉讼领域为基础，整理有关数据形成图5。

由图6可知，2020~2022年度期刊文章的部分研究内容的热度呈现逐年下降的趋势，例如2020年度具体研究内容为"调查核实"的期刊文章数量为7篇，而2022年度仅为2篇。值得注意的是，部分研究内容的期刊文章数量也在动态变化中，能够在一定程度上反映学术界对于此类具体研究内容的研究热度。例如，2020~2022年度具体研究内容为"诉前程序"和"法律监督"的文章数量先下降后上升，表明2022年度学术界对于这两种研究内容的关注度有一定程度上升，也表明在当前检察公益诉讼制度运行中，检察公益诉讼的"诉前程序"和"法律监督"可能出现了新的问题，需要予以新的关注。

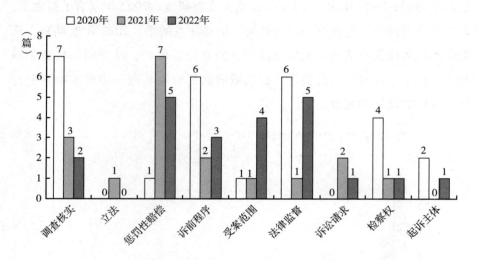

图6　2020~2022年度期刊文章研究的具体内容

说明：为便于统计和整理，通过利用中国知网的"学术可视化"平台，经人工剔除诸如"公益诉讼""检察"等较为宽泛的名称后，选择9项具有一定代表性的具体研究内容，形成本图。

期刊文章相较于课题研究项目和专著而言，具有更强的时效性，能够及时反映学术界研究的热点问题，因此笔者对2022年度有关"检察民事公益诉讼"的期刊文章进行二次筛选，限定筛选条件为"被引5次以上且下载量超过1500次"，共筛选出相关文章31篇，根据文章研究的核心问题，将此31篇文章归纳整理为六大类，详细见表2。

表 2   2022 年度检察公益诉讼核心期刊论文（部分）

类型	题目	期刊
检察公益诉讼基本理论	《公益诉讼的法理基础》	《法制与社会发展》
	《习近平法治思想中有关公益诉讼的重要论述及其展开》	《中国政法大学学报》
	《"双碳"目标下的公益诉讼制度构建》	《政治与法律》
民事公益诉讼	《社会组织提起环境民事公益诉讼的反思与革新》	《江西社会科学》
	《环境民事公益诉讼的检察权定位及运行》	《河北法学》
	《〈民法典〉视域下环境民事公益诉讼的运行困境与出路》	《法商研究》
行政公益诉讼	《独立行政公益诉讼法律规范体系之构建》	《中外法学》
	《行政公益诉讼制度优化的三个转向》	《政法论丛》
	《行政违法行为的检察监督》	《财经法学》
	《环境合作治理中的行政公益诉讼诉前程序》	《中国地质大学学报》（社会科学版）
	《行政公益诉讼中违法行政行为判断标准的实践检视与理论反思——以 1021 起裁判样本为考察对象》	《行政法学研究》
	《行政公益诉讼中被告依法履行职责的判断标准及其程序应对》	《国家检察官学院学报》
	《环境行政公益诉讼中"不依法履行职责"认定的三重维度》	《中国地质大学学报》（社会科学版）
环境公益诉讼	《生态环境修复责任:性质界定与司法适用——以环境刑事附带民事公益诉讼为分析对象》	《南京工业大学学报》（社会科学版）
	《检察环境公益诉讼的理论优化与制度完善》	《中国法学》
	《公益诉讼守护长江生物多样性——王小朋等 59 人非法捕捞、贩卖、收购鳗鱼苗案》	《法律适用》
	《环境公益诉讼模式的重构——基于制度本质的回归》	《河北大学学报》（哲学社会科学版）
	《环境公益诉讼研究的演进、特征与展望——基于 2003—2021 年 CNKI 文献的 Citespace 可视化分析》	《行政法学研究》
	《论预防性检察环境行政公益诉讼的制度确立与具体推进》	《齐鲁学刊》
	《论中国预防性环境公益诉讼的逻辑进路与制度展开》	《中国人口·资源与环境》
	《生态环境损害赔偿诉讼的法理辨析与机制协调》	《理论月刊》

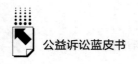
续表

类型	题目	期刊
检察公益诉讼新领域的拓展	《检察机关提起民事公益诉讼之制度空间再探——兼与行政公益诉讼范围比较》	《行政法学研究》
	《妇女权益保障领域检察公益诉讼机制的理论基础与实现路径》	《重庆大学学报》（社会科学版）
	《个人信息保护的行政公益诉讼》	《上海交通大学学报》（哲学社会科学版）
	《个人信息公益诉讼：生成机理、适用困境与路径优化——基于203份裁判文书的实证分析》	《南昌大学学报》（人文社会科学版）
	《个人信息检察公益诉讼重大理论与实务问题研究》	《广西社会科学》
	《儿童个人信息网络保护的司法路径——以公益诉讼为视角》	《法律适用》
	《法理、功能与逻辑：检察机关提起政府信息公开公益诉讼之省思》	《河北法学》
	《个人信息保护民事公益诉讼的原告适格——以〈个人信息保护法〉第70条的解释论为中心》	《吉林大学社会科学学报》
惩罚性赔偿制度的适用	《刑事附带民事公益诉讼惩罚性赔偿之否定与替代方案》	《山东社会科学》
	《论检察机关环境民事公益诉讼适用惩罚性赔偿的正当性》	《河北法学》

　　检察公益诉讼基本理论类论文深入探究我国检察公益诉讼的理论基础和体系，从宏观的视角阐释公益诉讼的法理基础，总结归纳目前检察公益诉讼制度凸显的"中国特色"，并提出具有"中国特色"、符合中国国情的检察公益诉讼制度的完善建议。民事公益诉讼类论文则聚焦公益诉讼的不同起诉主体，进一步研究社会组织与检察机关诉讼关系的相互协调，并对检察民事公益诉讼的理论基础和检察机关在公益诉讼中的"检察权"进行深入研究，对检察民事公益诉讼具体制度内容和民事公益诉讼检察权运行机制的设计提出具体可行的建议。行政公益诉讼类论文包括宏观视角下研究行政公益诉讼，提出当前行政公益诉讼的相关规范嵌套进《行政诉讼法》的做法难以满足行政公益诉讼制度运行和发展的需要，在受案范围、诉前程序等方面也

存在一定的问题，未来应当建立以客观诉讼为基础的独立行政公益诉讼法律规范体系，并完善公益诉讼制度的具体内容。同时，行政公益诉讼类论文还包括对于具体内容的探讨和阐释，如行政公益诉讼被告依法履职的判断标准以及在环境治理合作的视角下研究诉前程序，通过分析具体制度内容目前仍存在的问题，进一步提出完善建议。环境公益诉讼类论文则涵盖理论和实务的众多方面，对环境公益诉讼制度的完善进行研讨，并对生态环境修复责任的适用、预防性环境公益诉讼制度的确立与具体展开、与生态环境损害赔偿诉讼的关系等问题进行细化研究。检察公益诉讼新领域的拓展类论文讨论了检察机关提起公益诉讼的案件范围，并就妇女权益保护、个人信息保护、未成年人保护等新领域的检察公益诉讼展开细致研究，对政府信息公开公益诉讼的法理基础进行探索。惩罚性赔偿制度的适用类论文则对惩罚性赔偿在公益诉讼中适用的正当性进行省思，分别就该制度在刑事附带民事公益诉讼和环境民事公益诉讼中的适用提出不同的观点。

（三）检察公益诉讼专著出版情况

为使文章更具说服力，本文主要以 2022 年度中国国家图书馆官网的中文文献库中收录的有关"检察公益诉讼"的著作为研究对象，并将 2020 年和 2021 年的同类著作作为参考。在中国国家图书馆官网的中文文献库中，以全部字段出现"公益诉讼"，并以格式（专著）、时间（2020~2022）作为两个筛选项，共检索出 2020~2022 年出版的全部字段含"公益诉讼"的专著 46 本。① 经人工阅读引言内容，剔除内容非关涉检察公益诉讼的专著后，最终选取 38 本作为本文的研究对象。其中，2020 年出版专著 10 本，2021 年出版专著 15 本，2022 年出版专著 13 本。

由图 7 可知，大多数有关检察公益诉讼的专著一般不区分具体研究的诉讼类型，2022 年度"未知"研究诉讼类型的专著有 8 本，数量高于 2020 年

---

① 参见中国国家图书馆·中国国家数字图书馆，http：//www.nlc.cn/，最后访问日期：2023年 2 月 12 日。

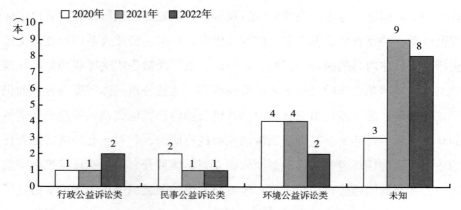

图7　2020~2022 年度出版专著研究的诉讼类型

说明：为便于更直观地探视出版专著研究的诉讼类型，经人工阅读相关专著的题目后，对出现的有关诉讼类型进行整理，形成本图。由于部分专著未明确表明研究的具体诉讼类型或者研究内容为规范的解释，故将其归为"未知"类。

度"未知"诉讼类型的专著，这在一定程度上反映当前对于检察公益诉讼的专著研究更倾向于从宏观的角度开展。值得注意的是，2022 年度"民事公益诉讼类"和"环境公益诉讼类"的专著数量相较于 2020 年度略有下降，而 2022 年度"行政公益诉讼类"的专著数量为 2 本，相较于往年略有上升，上述专著数量的变化在一定程度上也契合了当前检察公益诉讼的运行现状。①

由图 8 可知，2020~2022 年度出版专著的研究类型集中于基本理论类。2022 年度研究类型为"案例研究类"的有关"检察公益诉讼"的专著有 2本，相较 2021 年度有一定的下降，表明 2022 年度学术界对于通过案例研究检察公益诉讼的热度有所下降。值得注意的是，2022 年度研究类型为"其他"的专著数量为 4 本，高于 2020 年度和 2021 年度的专著数量，而该"其他"类专著主要涉及规范的解释或者理解适用，这类专著数量的上升表明

① 参见最高人民检察院官网，《2022 年全国检察机关主要办案数据》，https：//www. spp. gov. cn/xwfbh/wsfbt/202303/t20230307_ 606553. shtml#1，"2022 年，全国检察机关共立案办理公益诉讼案件 19. 5 万件。其中民事公益诉讼类立案 2. 9 万件，行政公益诉讼类立案 16. 6万件"，最后访问日期：2022 年 3 月 18 日。

目前检察公益诉讼领域已经有一系列的法律法规和相应的司法解释，但这也从侧面说明了目前检察公益诉讼尚未形成统一的法律法规体系，有关立法还较为分散，未来需要推动制定专门的检察公益诉讼法，将检察公益诉讼具体制度的有关内容进行细化的统一规定。

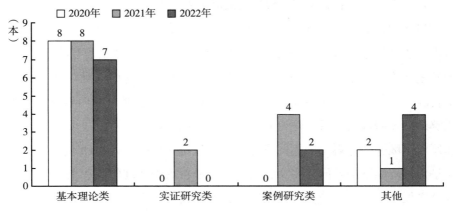

图8　2020~2022年度出版专著的研究类型

二　检察公益诉讼2022年度理论研究热点

2017年修订的《民事诉讼法》第55条正式在立法层面确立了"检察公益诉讼制度"，检察公益诉讼在制度建设方面取得了长足发展。党的二十大报告中明确要求"完善公益诉讼制度"，对于检察公益诉讼的理论研究在广度和深度上也在不断扩张和延伸。通过表2对2022年度有关检察公益诉讼核心期刊论文的归纳可知，2022年度检察公益诉讼的基本理论研究围绕习近平法治思想中有关检察公益诉讼的阐释，对中国特色公益诉讼的法理基础和理论原则进行阐释。同时，2022年度的理论研究不断拓展研究的范围并细化研究的内容，对诸如行政公益诉讼的诉前程序、预防性环境公益诉讼的构建、生态环境损害赔偿诉讼与检察公益诉讼的衔接等内容展开了细致研究，同时聚焦理论界和实务界颇具争议的惩罚性赔偿在公益诉讼中的适用。

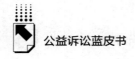
下文拟对检察公益诉讼理论研究的热点问题进行总结回顾，尽量全面地展现2022年度的主要研究成果和学术观点。

（一）检察公益诉讼法理阐释

1. 习近平法治思想中有关检察公益诉讼的论述

当前中国检察公益诉讼的制度运行具有典型的"中国特色"来源于习近平法治思想中有关公益诉讼的重要论述。"习近平法治思想中有关公益诉讼重要论述和中国特色公益诉讼理论、立法与实践是中国对世界诉讼法的新贡献"①，通过对习近平法治思想中有关公益诉讼理论的内容进行阐释，能够进一步明确公益诉讼理论研究应有的方向。同时，对公益诉讼的法理阐释还应当区分公益诉讼的不同具体内容，但是无论是个人程序下的自由主义还是集体程序下的共同体主义，二者在对公益诉讼法理的调和上均存在不相契合之处。结合中国公益诉讼制度的独有特色，以人民为中心的发展思想和人类命运共同体思想已经融入新时代中国公益诉讼制度的价值根据和政治伦理。② 由此可见，2022年度对于检察公益诉讼基本理论的研究更加注重从宏观政治哲学视角厘清检察公益诉讼的基本理论内涵，不断深化中国检察公益诉讼制度鲜明的"中国特色"。

2. "双碳目标"下的检察公益诉讼

2020年9月，中国明确提出"二氧化碳排放力争于2030年前达到峰值，努力争取2060年前实现碳中和"③，即"双碳目标"。目前中国公益诉讼案件数量最多的领域为环境领域，"公益诉讼的整体性要求契合了碳排放基本权利实现和保障的需要"④，公益诉讼制度尤其是环境公益诉讼制度的完善，应当契合"双碳目标"的指引，通过公益诉讼制度的运行，促进

---

① 颜运秋：《习近平法治思想中有关公益诉讼的重要论述及其展开》，《中国政法大学学报》2022年第1期。

② 王福华：《公益诉讼的法理基础》，《法制与社会发展》2022年第2期。

③ 《习近平在第七十五届联合国大会一般性辩论上的讲话》，http://www.qstheory.cn/yaowen/2020-09/22/c_1126527766.htm，最后访问日期：2022年4月1日。

④ 洪冬英：《"双碳"目标下的公益诉讼制度构建》，《政治与法律》2022年第2期。

改善人类的生活环境以及实现"双碳目标"。构建"双碳"公益诉讼的首位具体设计应当是气候变化诉讼,事实上"中国已经具备提起气候变化诉讼的所有关键要素"[①],但哪些主体具有提起该类诉讼的适格原告资格则应当认真思考。社会组织提起环境公益诉讼的需求仍不充足,面对各类关系庞杂的气候诉讼,社会组织能否作为原告提起气候公益诉讼仍需进行探索。与此不同的是,检察机关作为公共利益的代表人,检察环境公益诉讼的司法实践已然表明检察机关对于气候保护公益诉讼具有一定的积极作用。[②]

(二)行政公益诉讼诉前程序及违法履职的判断标准

1. 行政公益诉讼的诉前程序

《人民检察院公益诉讼办案规则》第 81 条[③]规定了检察机关提起行政公益诉讼的条件,即已经履行诉前程序,但行政机关仍未履职,致使国家利益或者社会公共利益仍然处于受侵害的状态,表明检察机关向具有法定职责的行政机关提出检察建议乃是提起行政公益诉讼的前置程序。通过在诉前程序制发检察建议,督促行政机关依法履职能够在一定程度上起到及时保护国家利益和社会公共利益的作用,最高人民检察院也曾提出"诉前实现保护公益目的是最佳司法状态"[④] 的理念。从合作模式的视角下看待行政公益诉讼的诉前程序,检察机关在行政公益诉讼中借助诉前程序发挥法律监督功能,而又以向法院提起的行政公益诉讼作为辅助的救济手段,事实上检察机关、行政机关和法院三者之间已经形成一种合作关系,"无论诉前程序制度设计

---

① 龙迪、蒋博雅:《期待中国检察公益诉讼在应对治理气候变化中更有作为》,《检察日报》2021 年 6 月 4 日。

② 洪冬英:《"双碳"目标下的公益诉讼制度构建》,《政治与法律》2022 年第 2 期。

③ 《人民检察院公益诉讼办案规则》第 81 条规定:"行政机关经检察建议督促仍然没有依法履行职责,国家利益或者社会公共利益处于受侵害状态的,人民检察院应当依法提起行政公益诉讼。"

④ 张军:《最高人民检察院关于开展公益诉讼检察工作情况的报告》,https://www.spp.gov.cn/spp/tt/201910/t20191024_ 435925. shtml,最后访问日期:2023 年 3 月 12 日。

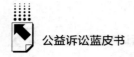

的初心是什么，它在实践中都逐渐演变为一种合作机制，让检察院得以协调各国家机关在环境治理中的行动"①。

2. 行政公益诉讼被告是否履职的判断标准

在行政公益诉讼中，行政机关是否依法履职决定了检察机关在送达检察建议后是否提起公益诉讼，也会影响最终的裁判结果。行政机关是否履行监管职责仅有两种情形，一是依法履行职责，二是不依法履行职责。对于行政机关依法履职的判断需要从正面角度进行评析，具有较高的难度；而判断行政机关是否违法履职具有反向性特征，难度相对较小。② 行政机关依法履职的判断标准应当采用结果标准，因为采用"行为+结果"的判断标准事实上与结果标准在本质上无异，而利用结果标准判断行政机关是否履行法定职责时也必然涉及对行政机关履职行为的审查。因此可以考虑在吸收行为标准的优势的基础上，将履职结果的判断着眼于公益受损状态的"有效消除"，从而更好地促进行政公益诉讼制度效果的实现，同时还应当明确行政公益诉讼中不同阶段的依法履行职责的判断标准应当有所不同，审理阶段的判断标准相较于诉前程序阶段应当更加严格。③ 而对于行政机关不依法履行职责的判断标准，学界对此已有大量的研究成果，但尚无统一的标准，多数学者均认可采用"行为+结果"的双重判断标准。但从司法实践运行状态来看，不依法履职的行为包含作为但违法、完全不作为、未有效作为与未及时作为四种行为状态，而结果标准由于涉及对公共利益损害的判断，涉及具体和抽象两个层面的判定。在不改变现有的"行为+结果"判断标准的基础上，可以通过细化行为标准中主体性因素、追加结果标准中客观性因素，同时厘清行为标准与结果标准的关系，二者并重，合理判断行政公益诉讼中行政机关是否

① 朱明哲、匡俊：《环境合作治理中的行政公益诉讼诉前程序》，《中国地质大学学报》（社会科学版）2022 年第 2 期。

② 刘加良：《行政公益诉讼中被告依法履行职责的判断标准及其程序应对》，《国家检察官学院学报》2022 年第 2 期。

③ 刘加良：《行政公益诉讼中被告依法履行职责的判断标准及其程序应对》，《国家检察官学院学报》2022 年第 2 期。

存在不依法履职的行为。① 此外，有学者提出还可以从行政机关的履职范围、履职期限和履职程度出发，逐步递进判断行政机关是否存在不依法履行职责的行为，同时在履职程度方面，应当适用先结果后行为的顺位对履职程度进行认定。②

（三）预防性环境公益诉讼制度的具体设计与推进

公益诉讼制度设立的初衷即是保护公共利益，而当前中国公益诉讼制度的发展侧重于事后的救济而非事前的预防。在环境公益诉讼领域，由于违法行为侵害的对象是生态环境，具有典型的不可逆性，环境公益诉讼对于事前救济的需要更加迫切。最高人民法院《关于审理环境民事公益诉讼案件适用法律若干问题的解释》第1条对预防性环境公益诉讼进行规定，明确诉讼的对象是"具有损害社会公共利益重大风险的污染环境、破坏生态的行为"，却将这类诉讼的类型限定为民事公益诉讼，排除了预防性环境行政公益诉讼适用的可能性。但事实上在生态环境领域，行政机关行政行为的作出或者是未依法履职也会在一定程度上对环境造成影响。因此，有学者基于"风险预防原则"对确立预防性环境行政公益诉讼的必要性和检察机关在预防性环境行政公益诉讼中的角色定位和职能担当进行阐释，并提出当前这一制度的发展仍存在法律依据空白、未确立预防性公益诉讼理念且有关案件数量少、有关标准不明晰导致救济对象认定困难、预防性责任承担方式匮乏等问题。为此应当明确检察机关提起预防性环境行政公益诉讼的诉讼请求，明确规定检察机关提起该类诉讼的法律依据，并进一步构建程序保障机制和探索预防性责任承担方式。③

但是，无论是预防性环境民事公益诉讼还是预防性环境行政公益诉讼，二者均能从不同层面对公共利益的事前救济发挥作用，孤立地对待两种诉讼

① 张袁：《行政公益诉讼中违法行政行为判断标准的实践检视与理论反思——以1021起裁判样本为考察对象》，《行政法学研究》2022年第2期。
② 谢玲、车恒科：《环境行政公益诉讼中"不依法履行职责"认定的三重维度》，《中国地质大学学报》（社会科学版）2022年第4期。
③ 宋福敏、管金平：《论预防性检察环境行政公益诉讼的制度确立与具体推进》，《齐鲁学刊》2022年第1期。

类型，并不一定能使预防性环境公益诉讼发挥实效。对此，有学者提出，虽然当前理论研究已经意识到环境民事公益诉讼的预防性程度不足的问题，但主要仍是从民事公益诉讼或者行政公益诉讼单一诉讼类型出发对预防性环境公益诉讼进行研究，并未系统性地看待预防性环境公益诉讼制度，导致该制度出现了偏离司法裁判逻辑、忽视预防性责任主体、受限于损害救济范畴等问题。为解决这些问题，应当构建以公法责任为基础的预防性环境公益诉讼，即应当尊重环境风险的行政判断，确立预防性环境行政公益诉讼为主、民事公益诉讼为辅的诉讼模式，同时完善有关诸如明确利益衡量方法的适用等措施，重构预防性环境公益诉讼的有关内容。[①]

（四）生态环境损害赔偿诉讼与检察公益诉讼的衔接

最高人民法院《关于审理生态环境损害赔偿案件的若干规定（试行）》（以下简称《若干规定（试行）》）第1条明确生态环境损害赔偿诉讼的提起条件以及适格原告的范围，同时《若干规定（试行）》第16~18条对生态环境损害赔偿诉讼与环境民事公益诉讼之间的关系进行了规定，但这些条款仅是规范层面的笼统规定，对于生态环境损害赔偿诉讼的性质界定以及其与环境公益诉讼的衔接路径并无清晰的释明。学界对于生态环境损害赔偿诉讼的性质主要存在三种观点。一是私益诉讼说，认为生态环境损害赔偿诉讼与普通民事私益诉讼并无本质上的区别。[②] 二是国益诉讼说，主张国家享有生态环境等自然资源的所有权，因此相关主体基于所有权的管理者的身份提起的诉讼应当属于国益诉讼。[③] 三是混合诉讼说，认为生态环境损害赔偿诉讼兼具公益诉讼和私益诉讼的两种性质。[④] 而有学者则在考察生态环境损害

[①] 李华琪：《论中国预防性环境公益诉讼的逻辑进路与制度展开》，《中国人口·资源与环境》2022年第2期。

[②] 汪劲：《论生态环境损害赔偿诉讼与关联诉讼衔接规则的建立——以德司达公司案和生态环境损害赔偿相关判例为鉴》，《环境保护》2018年第5期。

[③] 肖建国：《利益交错中的环境公益诉讼原理》，《中国人民大学学报》2016年第2期。

[④] 宋丽容：《生态环境损害赔偿与社会组织公益诉讼之衔接》，《中国环境管理干部学院学报》2018年第5期。

赔偿诉讼与环境公益诉讼的制度基础、价值功能和规范构造后，提出前者的法理基础应当是我国宪法规定的国家环保责任，与环境公益诉讼存在一定的差异，因此导致两诉在诉讼管辖和诉讼衔接等方面存在一定的冲突。[①]为此，在合理配置行政权与司法权的基础上，应当建立行政机制为主导、司法索赔兜底的环境损害救济机制，完善行政损害赔偿诉讼与社会组织和检察机关提起的环境民事公益诉讼的"三层递进"生态损害诉讼赔偿机制。[②]

（五）检察公益诉讼受案范围的拓展及相应完善路径

2022 年度检察公益诉讼的理论研究既包含对既有办案领域和新领域的制度完善，也包含对尚无立法规定的办案领域的探索。

2021 年，《个人信息保护法》第 70 条确立了检察公益诉讼条款，检察机关在个人信息保护领域可以提起公益诉讼以保护公共利益。有学者对个人信息保护公益诉讼的保护对象进行界定，提出其保护的应当是个人信息公共利益，而非众多个人信息被侵权人个体利益的集合，其内涵应当是社会中大多数人的共同利益。同时基于个人信息保护公益诉讼保护的对象为社会公共利益，检察机关提起的诉讼不应当适用当事人主义模式，而应为职权主义模式，从而在自认规则、法院释明等方面与个人信息保护私益诉讼存在一定的区别。[③] 此外，《个人信息保护法》第 70 条仅笼统性地规定检察机关可就违反规定处理个人信息、侵害众多个人权益的行为提起公益诉讼，但对于诉讼的具体类型是否包括民事公益诉讼和行政公益诉讼并不明晰。有学者提出，从《个人信息保护法》的规定来看，行政公益诉讼并未被排除，同时在该类诉讼的主体资格、适用领域、启动和程序要件方面，也有行政公益诉讼制度运行的空间，因此个人信息保护检察公益诉讼

---

① 黄胜开：《生态环境损害赔偿诉讼的法理辨析与机制协调》，《理论月刊》2022 年第 1 期。
② 黄胜开：《生态环境损害赔偿诉讼的法理辨析与机制协调》，《理论月刊》2022 年第 1 期。
③ 王杏飞、陈娟：《个人信息检察公益诉讼重大理论与实务问题研究》，《广西社会科学》2022 年第 2 期。

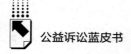
应当包括行政公益诉讼和民事公益诉讼两类。① 而对于个人信息保护公益诉讼的制度运行的优化问题，有学者通过对有关裁判文书进行实证分析，提出首先在功能定位方面理顺各类诉讼的起诉顺序，在主体定位方面根据诉讼类型对涉诉主体进行不同的规定，在责任定位方面突出公益责任的威慑功能。②

2022 年《妇女权益保障法》第 77 条就妇女权益保障领域的检察公益诉讼进行了规定，作为 2022 年新确定的办案领域，学界对这一领域的研究主要侧重于理论基础与实现路径。有学者提出妇女权益保障公益诉讼的理论基础在于该诉讼保护的对象具有社会性、公共性和客观性的价值，检察公益诉讼的介入具有必要性和优势，同时提出当前妇女权益保障的相应机制还存在不足，应当不断完善公益诉讼手段、刑事手段、行政违法行为检察监督手段的多元救济机制。③ 此外，也有学者基于公众的知情权提出检察机关提起政府信息公开公益诉讼具有一定的现实必要性，此类诉讼具有监督行政机关公开信息和保护公益的双重功能，但后者实质上仅是间接功能，为此应当从政府信息公开公益诉讼的必要性、现实性及可行性建构该制度。④ 若从较为宏观的视角研究检察公益诉讼的受案范围，则应从检察民事公益诉讼和行政公益诉讼两种诉讼类型入手。有学者提出，针对某一侵权行为同时可以提起检察民事公益诉讼和行政公益诉讼，出于维护公益及时性的考虑，相较于检察民事公益诉讼而言，行政公益诉讼具有一定的优势。因此，在公共利益救济中首要行使的权力应当是行政权，仅在立法并未规定行政机关的监管职责或者无有效监管职责时，检察民事公益诉讼才有起诉的空间。而根据现有立

---

① 蒋红珍：《个人信息保护的行政公益诉讼》，《上海交通大学学报》（哲学社会科学版）2022 年第 5 期。

② 陈奇伟、聂琳峰：《个人信息公益诉讼：生成机理、适用困境与路径优化——基于 203 份裁判文书的实证分析》，《南昌大学学报》（人文社会科学版）2022 年第 3 期。

③ 刘艺：《妇女权益保障领域检察公益诉讼机制的理论基础与实现路径》，《重庆大学学报》（社会科学版）2022 年第 2 期。

④ 杨严炎、苏和生：《法理、功能与逻辑：检察机关提起政府信息公开公益诉讼之省思》，《河北法学》2022 年第 3 期。

法，适用检察民事公益诉讼起诉的限于认定国有资产转让行为无效、宣告婚姻无效、撤销监护未成年人的监护人资格三类案件。①

（六）惩罚性赔偿制度在检察公益诉讼中的适用问题

《民法典》第1232条规定："侵权人违反法律规定故意污染环境、破坏生态造成严重后果的，被侵权人有权请求相应的惩罚性赔偿。"最高人民法院也公布了《关于审理生态环境侵权纠纷案件适用惩罚性赔偿的解释》（以下简称《环境惩罚性赔偿的解释》），但对于环境民事公益诉讼是否可以适用惩罚性赔偿则并无明确规定。有学者在对学界有关惩罚性赔偿适用于检察环境民事公益诉讼的观点进行阐释后，提出检察环境民事公益诉讼适用惩罚性赔偿具有正当性，此种正当性分别体现在经验维度、功能维度和理论维度上。在经验维度上，检察环境民事公益诉讼适用惩罚性赔偿具备《民法典》第1232条和《环境惩罚性赔偿的解释》的规范基础，同时部分司法案例也认可了惩罚性赔偿的适用。在功能维度上，惩罚性赔偿具有赔偿、制裁和威慑功能。在理论维度上，检察权理论、环境权理论以及诉的利益理论均能在学理上解释检察环境民事公益诉讼适用惩罚性赔偿的合理性。② 对于惩罚性赔偿的性质究竟是公法责任还是私法责任，学界一直存在一定的争议，但无争议的一点是，惩罚性赔偿具有一定的惩罚或者威慑的功能。③ 有学者据此提出，惩罚性赔偿在公益诉讼中实质是替代公法措施发挥惩罚功能的手段，其实体功能与刑罚存在重复，同时公益诉讼中惩

---

① 林莉红：《检察机关提起民事公益诉讼之制度空间再探——兼与行政公益诉讼范围比较》，《行政法学研究》2022年第2期。

② 孟穗、柯阳友：《论检察机关环境民事公益诉讼适用惩罚性赔偿的正当性》，《河北法学》2022年第7期。

③ 学者黄忠顺提出个别诉讼中被侵权人提出惩罚性赔偿难以对经营者形成足够的威慑力，惩罚性赔偿应在消费公益诉讼中得到适用，以对经营者产生有效威慑。（参见黄忠顺《惩罚性赔偿消费公益诉讼研究》，《中国法学》2020年第1期。）学者刘水林提出："只有公益惩罚性赔偿，才具有真正的惩罚功能，可用于威慑遏制此类违法行为的发生，才能真正实现预防其发生之目的。"（参见刘水林《消费者公益诉讼中的惩罚性赔偿问题》，《法学》2019年第8期。）学者杨会新提出"惩罚与威慑是公益诉讼惩罚性赔偿的预设功能"。（参见杨会新《公益诉讼惩罚性赔偿问题研究》，《比较法研究》2021年第4期。）

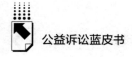

罚性赔偿的去向通常是国库或者专用，其激励起诉的功能难以实现。此外由于惩罚性赔偿的认定具有较为严苛的结果要件，其在刑事附带民事公益诉讼中的适用难以高效解决纠纷，因此认为其不应在刑事附带民事公益诉讼中得到适用。①

三　检察公益诉讼理论研究发展趋势及展望

（一）加强检察公益诉讼专门立法研究

不少学者在进行理论研究时已经认识到民事公益诉讼与普通民事私益诉讼、行政公益诉讼与普通行政诉讼之间存在不同，旨在维护社会公共利益的公益诉讼嵌套进维护私益的《民事诉讼法》和《行政诉讼法》难免有不相契合的地方。同时，检察机关作为法律监督机关，其作为原告提起的公益诉讼实质上是以诉的方式行使法律监督职责，与社会组织和行政机关提起的公益诉讼存在本质不同。此外，2022 年新增的四项公益诉讼条款均规定了检察机关是提起公益诉讼的唯一适格主体，表明检察公益诉讼的受案范围在不断拓展，而由于其乃是该四类领域公益诉讼中的唯一适格主体，因此其可以不再受限于《人民检察院公益诉讼办案规则》第 91 条规定的诉前公告程序的要求，而可径直提起公益诉讼，表明检察机关在公益诉讼中呈现"主导性"的地位。值得注意的是，除《民事诉讼法》第 58 条和《行政诉讼法》第 25 条分别对公益诉讼的受案范围进行"列举＋兜底式"的规定外，检察公益诉讼的各条款散见于各类实体法规范中，反映当前检察公益诉讼条款呈现"分散式"的特征。

因此，无论是检察公益诉讼具有的独特特征，还是检察机关在公益诉讼中的主导性地位，抑或是检察公益诉讼条款的高度分散化，都表明现阶段检

---

① 蔡虹、王瑞祺：《刑事附带民事公益诉讼惩罚性赔偿之否定与替代方案》，《山东社会科学》2022 年第 1 期。

察公益诉讼需要一部专门的立法对诸如受案范围、诉前程序等内容进行统一的规定，而这些内容显然是当下既有的《人民检察院公益诉讼办案规则》难以涵盖的。不过，从上述对于理论研究的梳理来看，学界对于检察公益诉讼专门立法问题并未进行大量研究，虽有部分课题立项，但也仅限于生态环境领域，仍未从宏观视角把握检察公益诉讼专门立法问题。加强公益诉讼专门立法问题的理论研究，首先需要考虑立法模式的选取，公益诉讼专门立法存在两种类型，一是"统一模式"，二是"单行模式"，而后者又包含"主体型单行模式""案件型单行模式""诉讼领域型单行模式"三个亚模式。就当前的立法技术而言，采取"主体型单行模式"较为适宜，即根据不同的公益诉讼提起主体单独立法，但考虑到当前检察公益诉讼案件的办案数量、检察机关的法律监督职责，目前中国公益诉讼专门立法的优先模式应当是制定一部《检察公益诉讼法》。① 其次加强检察公益诉讼专门立法问题的理论研究，厘清检察机关在公益诉讼中的地位，立足检察公益诉讼区别于私益诉讼以及其他适格主体提起的公益诉讼的独特特点，重点关注公益诉讼的管辖、受案范围以及调查核实等方面的内容，制定一部体系统一、内容完备的《检察公益诉讼法》。

（二）推进整体性视角下公益诉讼学术研究

检察机关作为法律监督机关，行使法律监督职能，其权力属性具有公权力的特征，仅在现行程序法的视角下对检察公益诉讼展开研究，背离了公益诉讼保护公益的目的，同时会与实践情况相背离，因此，应当推进整体性视角下检察民事公益诉讼学术研究。一是在研究主体方面，加强研究主体的学术研究协作，不同地域、不同领域的研究学者进行深层合作，同时加强理论和实务两个部门之间的研究学者的学术合作，促进理论和实践的融合，消除可能存在的学术壁垒。② 二是在研究视角方面，紧扣检察公益诉讼与普通公

---

① 张嘉军：《检察公益诉讼可先行单独立法》，《检察日报》2022年8月9日，第3版。
② 方印、李杰：《环境公益诉讼研究的知识图谱与未来展望——基于CiteSpace的文献计量分析》，《贵州大学学报》（社会科学版）2023年第1期。

益诉讼的关键区别，证成检察公益诉讼单独立法的必要性和可行性，并围绕完善检察民事公益诉讼制度，夯实诉前程序、调查核实权等内容的理论基础和实现路径，从整体性视角下构建中国特色公益诉讼的话语体系。三是在研究内容方面，立足检察公益诉讼的前沿问题，结合传统法律要素的有益经验，持续研究诸如案件范围、诉讼请求、惩罚性赔偿等相关问题，深入开展检察公益诉讼专门立法的研究工作，为检察民事公益诉讼制度的发展提供有力的智识保障。[1]

（三）注重司法实践案例和域外经验的研究

从前述理论研究成果的分析来看，2022 年度案例研究类的专著和期刊论文仅占全部专著和期刊论文的一小部分，同时 2022 年度国家社科项目立项两项涉及域外比较研究类的课题占 2022 年度有关检察公益诉讼的国家社科项目的 50%，但涉及域外比较研究类的期刊论文数量则较少。由于检察机关具备法律监督者的身份，以及在诉讼中充分行使检察权，目前中国检察公益诉讼制度的运行已表现出鲜明的区别于域外公益诉讼制度的特征，具有一定的"中国特色"。

完善和发展具有中国特色的检察公益诉讼制度，一方面要保持学术理论和司法实践的融合，注重检察公益诉讼的案例研究工作，实现以理论指导实践运行、以实践检验理论正当性的循环研究。2014 年 10 月，党的十八届四中全会审议通过《中共中央关于全面推进依法治国若干重大问题的决定》，提出"探索建立检察机关提起公益诉讼制度"[2]。2017 年修订的《民事诉讼法》第 55 条正式确立了检察公益诉讼制度，中国检察公益诉讼制度的发展是"实践在前，立法在后"，检察公益诉讼实践由此蓬勃发展，受案范围不断扩大，办案数量稳步提升，而理论研究存在成果数量少、与司法实践贴合

---

[1] 崔玮：《深入推进检察公益诉讼专门立法》，《检察日报》2022 年 9 月 5 日，第 3 版。

[2] 参见最高人民检察院官网，《聚焦"四大检察" | 做好公益诉讼，为了谁?》，https://www.spp.gov.cn/spp/zdgz/202002/t20200228_455449.shtml，最后访问日期：2023 年 4 月 13 日。

度低的问题，难以为指导实践运行提供有效供给。因此，未来在进行检察公益诉讼理论研究时，应当高度重视司法实践案例的重要性，"运用实证方法对实践发展和制度建设进行深描和分析"①，为制度建设和实践发展提供有效的理论供给。

另一方面，要积极进行比较研究，借鉴吸收域外有关公益诉讼制度理论的优势，开阔检察公益诉讼制度理论研究的视野。1997 年，河南省方城县人民检察院就该县工商局擅自出售房地产致使国有资产流失向人民法院提起诉讼，这是我国改革开放以来由检察机关提起的第一起具有公益诉讼性质的案件。② 而 2017 年，《民事诉讼法》第 55 条才正式将检察公益诉讼写入立法。从域外有关公益诉讼制度的经验来看，早在 20 世纪 70 年代，美国就已经设立了公益诉讼。③ 在巴西，1988 年的《联邦宪法》对检察机关的角色定位进一步明确，强调其身份乃是"公共利益维护者"，同时赋予检察机关调查、提起公益诉讼等职责。④ 我国检察公益诉讼制度确立的时间较晚，但实践发展却已走在世界的前列，仅从检察公益诉讼的办案数量就可见一斑。因此，未来开展理论研究工作时，要注重学习吸收域外有关国家公益诉讼制度，尤其是检察公益诉讼方面的相关理论经验，对域外有关理论成果进行翻译、评析，结合中国检察公益诉讼制度的发展现状和趋势，合理借鉴和吸收域外的有益经验成果。

---

① 胡卫列、孙森森：《完善公益诉讼制度推动公益诉讼检察高质量发展》，《检察日报》2023 年 1 月 13 日，第 3 版。

② 参见最高人民检察院官网《检察机关公益诉讼总动员之一：公益诉讼的前世历程》，https：//www.spp.gov.cn/spp/zdgz/201802/t20180207_ 365297.shtml，最后访问日期：2023 年 4 月 13 日。

③ 梁鸿飞：《检察公益诉讼：法理检视与改革前瞻》，《法制与社会发展》2019 年第 5 期。

④ 高杰：《检察公益诉讼制度若干问题思考》，《法治研究》2021 年第 1 期。

地 方 篇 ▷

B.6
湖北省检察公益诉讼发展年度报告

谭铁军　刘洋　郑波*

摘　要：　五年来，湖北省公益诉讼检察工作办案规模稳步增长，办案质效稳步提升，办案领域逐步拓展。但检察公益诉讼在实践中仍存在对检察机关称谓不够贴切、以检察公益诉讼为主体的公益诉讼体系有待完善、现行法律制度不够完善、与其他检察工作衔接配合不够顺畅、保障措施与配套机制不健全、检察机关办案能力不适应高质量发展的要求等问题。为此，以"完善公益诉讼制度检察体系"的改革工作规划为基础，结合上述问题，在未来工作发展中应当将"公益诉讼检察"更名为"公益检察"，同时注重完善以检察公益诉讼为主体的公益诉讼体系，强化法律制度供给，强化与其他检察工作的衔接协作，完善保障措施与配套机制，坚持不懈狠抓能力提升。

关键词：　检察公益诉讼　办案质效　公益诉讼体系　公益诉讼专门立法

---

* 谭铁军，湖北省人民检察院第八检察部主任；刘洋，湖北省人民检察院第八检察部副主任；郑波，湖北省人民检察院第八检察部二级检察官助理。

为推动公益诉讼检察工作高质量发展，根据最高检新一轮检察改革调研部署和省院党组工作要求，第八检察部成立了调研组，认真开展调研。现将相关情况报告如下。

一 主要成效

5 年来，在最高检和省院党组的正确领导下，湖北公益诉讼检察工作蓬勃发展，取得了良好成效。一是办案规模稳步增长。全省共立办公益诉讼案件 2.79 万件，先后 16 次在全国交流经验，29 件案件入选"两高"指导性案例、典型案例。二是办案质效稳步提升。[1] 紧紧围绕推进国家治理体系和治理能力现代化谋篇布局，紧盯损害公共利益的突出问题加大办案力度，督促行政机关复垦耕地 1.19 万亩，治理水域 3.47 万亩，清理固废 23.86 万吨，查处制售假冒伪劣食品 6.7 万公斤、假药 550 公斤，追回国有财产 7.4 亿元。三是办案领域逐步拓展。抓好法定领域办案的同时，在安全生产、文物和文化遗产保护、公民个人信息保护等新领域积极探索，立办案件 6525 件，取得了良好成效。如省院督促整治互联网小微型客车租赁行业安全隐患行政公益诉讼案，入选最高检典型案例。四是制度效能充分发挥。坚持双赢多赢共赢，加强沟通协调，推动建立"河湖长（林长）+检察长"、检察公益诉讼与生态环境损害赔偿衔接等 30 余项机制，形成公益诉讼检察监督的聚合效应。以"益心为公"平台为载体，推进社会治理共建共治共享，相关经验和案例多次被最高检采用。

二 主要问题

5 年来，湖北公益诉讼检察工作取得了长足发展，但仍存在一些问题需要研究解决，主要表现在以下几个方面。

---

① 如无特别说明，本报告数据均来自湖北省人民检察院公益诉讼部门。

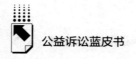

（一）对检察机关称谓不够贴切

从制度定位看，公益诉讼检察的出发点和落脚点是保护国家利益和社会公共利益，提起公益诉讼只是检察机关的一种监督方式。从工作实践看，湖北省有98.52%的检察公益诉讼案件在诉前阶段解决，以"公益诉讼"称谓对此项职能予以限定，难以全面概括和体现检察机关办理的大量诉前程序案件。从社会认知看，公益诉讼检察中的"诉讼"容易造成人民群众和被监督行政机关的误解，办案和宣传中往往需要花费大量精力解释。

（二）以检察公益诉讼为主体的公益诉讼体系有待完善

近年来检察公益诉讼蓬勃发展，检察公益诉讼在维护公益、促进依法行政方面的作用不断彰显，形成了保护国家利益和公共利益的"中国方案"。但检察公益诉讼在公益诉讼体系中的定位还不明确，检察机关在公益诉讼体系中的重要地位未能完全凸显。检察公益诉讼与其他公益诉讼之间的关系尚未厘清。公益诉讼体系中，检察机关与社会组织的诉讼顺位和关系、检察公益诉讼与生态环境损害赔偿诉讼的关系等还不够清晰，不能充分发挥公益诉讼制度效能。

（三）现行法律制度不够完善

一是公益诉讼法律规范缺位。公益诉讼调查取证、诉前程序、保全、执行等法律依据和保障不足，相关工作开展遇到瓶颈。比如诉前程序的诉讼性、司法性不强，诉前听证、诉前和解等未从程序上予以规制，跨流域管辖尚未制度化，惩罚性赔偿与罚金、罚款并用等问题影响其作为诉讼方式、法治方式督促依法行政的公信力。二是与现行民事、行政诉讼法存在"冲突"。现有检察公益诉讼制度是以《民事诉讼法》和《行政诉讼法》为基础构建的，但检察公益诉讼与民事、行政两大诉讼框架体系，在制度性质和目标价值等方面还存在不少差异，许多特殊程序和实体问题难以适用普通的诉讼法。如公益诉讼在起诉主体、起诉期限、预防性诉讼、受案范围、类案起诉模式、诉前程序、证明规则、调解和解、二审再审、执行等方面，与现行诉讼法存在不适应甚至"冲突"。三是公益诉讼与私益诉讼、代表人诉讼如何区分和衔接，民事公益诉讼与行政公益诉讼的关系等问题法律规定不明，需要逐步厘清。

（四）与其他检察工作衔接配合不够顺畅

一是行政违法监督与行政公益诉讼的界限不明。二者均为党的十八届四中全会赋予检察机关监督行政权的具体职能，具有同源属性，因起步较晚、后续法律化进程不同步，二者边界交叉，界限尚未区分廓清。二是按办案规则相关规定，民事公益诉讼案件由负责民事检察的部门或者办案组织履行诉讼监督的职能，但目前民事检察部门尚未开展相关工作。三是涉未成年人权益保护公益诉讼案件办理归口问题，是由未成年人检察部门单独办理，还是与公益诉讼检察部门联合办理，实践做法并不统一。四是刑事附带民事公益诉讼相关问题。关于办案期限，刑事速裁程序对办案期限要求高，实践中，在办理刑事附带民事公益诉讼案件时容易出现脱节现象。关于审理顺序，刑事案件和公益诉讼案件是并行不悖还是"先刑后民"，也有争议。

（五）保障措施与配套机制不健全

一是起诉管辖问题。对于环境单独民事公益诉讼和部分地区行政诉讼案件，法院实行分片集中管辖。之前部分检察机关采取跨地域起诉模式应对，但按现行办案规则，提起诉讼的检察机关必须与法院相对应，导致立案和起诉的检察机关不一致，影响办案效率。二是检察机关调查核实手段有限、调查核实保障制度存在不足，部分案件取证难，影响案件办理。如行政公益诉讼中，检察机关不能向金融机构查询资金往来，影响国有财产保护、国有土地出让领域案件办理。三是最高检与司法部在全国范围内明确了58家"先鉴定、后付费"的环境损害司法鉴定机构，对解决鉴定难问题发挥了一定

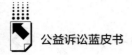

作用，但检察机关的鉴定需求随着办案规模的提升和监督范围的拓展不断增长，鉴定难问题一直未得到彻底解决。四是赔偿金管理、使用机制不健全，严重制约民事公益诉讼工作开展。

（六）办案能力不适应高质量发展的要求

一是办案规范必须常抓不懈。公益诉讼案件规模不断扩大，从2018年的3448件，增长到2022年的6961件，仅仅五年时间就翻了一番。公益诉讼检察监督范围不断拓展，而人员配置、资源投入等没有实质性变化，办案数量增长过快，可能出现凑数监督、拆分监督、磋商程序变形走样等不规范问题。二是案件结构失衡。湖北省行政与民事公益诉讼发展不均衡，民事公益诉讼相对薄弱，主要表现为单独民事公益诉讼案件占比低、数量少、标的小且呈逐年下降趋势。三是队伍素能不够。检察公益诉讼是检察机关近年来新增业务，要求越来越高，工作日益繁重，但检察机关的机构编制并未随着公益诉讼发展相应增加，导致人员力量不足，绝大部分基层院机构不能单设。同时，具备环境资源保护、食品药品监管、财务审计等方面专业知识和实践经验的人员相对缺乏，不能适应工作需求。四是考评指标不够科学。诉前整改率的计算方式无法体现行政公益诉讼整体案件质量，也难以调动起诉案件办理的积极性。到期未整改起诉率提取数据不够精确，导致很多地方远超100%。提起公益诉讼后法院支持率的计算公式将一审未生效裁判纳入计算基数，未考虑到法院一审裁判不支持，但检察机关上诉后得到二审生效裁判支持的案件。

三 建议

根据最高检新一轮检察改革调研中"完善公益诉讼制度"和最高检《2023—2027年检察改革工作规划》关于"完善公益诉讼制度检察体系"的内容要求，结合发现的问题，特提出建议如下。

（一）将"公益诉讼检察"更名为"公益检察"

建议最高检结合调研情况，根据工作实际适时调整称谓，形成刑事、民事、行政、公益等"四大检察"全面协调充分发展的新时代法律监督新格局。

（二）完善以检察公益诉讼为主体的公益诉讼体系

一是构建以检察公益诉讼为主体的公益诉讼体系，是由我国检察机关政治特色、宪法定位以及公益检察的人民属性、检察公益诉讼在国家治理体系中的地位所决定的，是完善公益诉讼制度的必由之路。建议最高检积极争取社会各界支持，深化研究论证，凝聚理论共识，明确以检察公益诉讼为主体模式下公益诉讼制度发展完善的具体思路、方向和重点。二是强化检察机关在公益诉讼办案实践中的主体作用。在抓好自办公益诉讼案件的同时，一方面，加大对社会组织提起民事公益诉讼的支持和监督力度，既支持社会组织依法行使公益诉权，又防止其利用诉讼牟取不当利益，确保公益诉讼始终在法治轨道上运行；另一方面，通过提供法律咨询、向法院提交支持起诉意见书、协助调查取证、出席法庭等方式，加大对行政机关生态环境损害赔偿工作的支持力度。

（三）强化法律制度供给

一是针对公益诉讼制度发展面临的立法不足问题，重点通过检校合作联合展开调研，深化对公益检察基本理论和特殊规律的认识，为专门立法提供智力支撑。二是推动加快公益诉讼专门立法进程，促进制定检察公益诉讼法；围绕社会组织民事公益诉讼、调查核实方式手段等深入调研，适时提出起诉顺位调整、健全监督制约体系、完善调查核实方式手段等立法建议，推动解决公益诉讼法律规范供给不足和缺位等问题。三是推动立法部门加快新领域立法工作，同时通过立法解释、司法解释等方式，为新领域案件办理提供更加明确全面的法律依据。四是加强顶层设计，深化对流域治理专业化机构的理论实践研究，对标流域综合治理的"底图单元"，研究出台开展流域

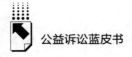

交叉、巡回公益检察的实施意见或办法，尤其是研究完善长江、黄河、淮河、珠江、汉江等重点流域跨区域生态环境案件办理机制。

（四）强化与其他检察工作的衔接协作

一是针对行政违法监督与行政公益诉讼职能交叉部分，研究出台明确的指引性意见，廓清两者界限。二是研究出台公益检察案件审判、执行活动违法线索移送机制以及移送线索办理反馈机制，弥补公益诉讼"回头看"的相对疲软，促进解决民事、行政公益诉讼监督不到位的问题。三是公益检察与刑事检察部门加强沟通，对涉刑事速裁、认罪认罚从宽的刑事附带民事公益诉讼案件办理提供指引，明确对通过认罪认罚、速裁程序处理的轻微刑事案件，原则上不提起刑事附带民事公益诉讼。明确刑附民公益诉讼案件办理提前介入机制，将民事部分的初步调查、立案调查提前到审查逮捕阶段。四是对涉未成年人权益保护公益检察案件办理出台明确的办案规程或者操作指引。

（五）完善保障措施与配套机制

一是推动最高法下放民事公益诉讼管辖权，改变单独民事公益诉讼分片集中管辖制度，除某些特定领域案件集中管辖外，明确由当地法院管辖，争取将大部分争议解决在当地。二是推动制定统一的调查核实权法律规则，明确有关单位、个人协助调查义务，赋予检察机关在紧急情况下采取查封、扣押、冻结等强制性措施的权力；同时在调查核实权的强制性保障上，可以借鉴法院的司法惩戒权，赋予检察机关对拒绝、阻碍调查核实的人员予以司法惩戒的权力。三是争取财政部等部委支持，将公益检察鉴定经费作为必要的司法办案经费纳入财政保障，或者建立财政垫付机制，充分调动鉴定机构的积极性；联合相关部委建立专家库，明确专家意见等特殊证据形式的证明力，规范专家意见的司法适用。四是提请全国人大常委会适时组织"两高"和国务院相关部门，围绕实践中的分歧问题深入沟通，促进各方达成共识，条件成熟时出台司法解释、规章等予以明确。五是推动国务院相关部门探索升级全国范围内行政执法与刑事司法信息共享平台，实现行政机关与检察机关非涉密工作网络互联互通，提升监督合力。六是争取最高法、财政部等支持，在全国范围内建立统一的公益检察赔偿金管理账户。

（六）坚持不懈狠抓能力提升

一是继续坚持"稳中求进"总基调，通过常态化开展质量年建设、案件评查和"回头看"等活动，控制办案数量过快增长，提升办案质量，确保办案效果。二是注重强化公益检察队伍专业化、职业化建设，适时争取增添人员机构编制，努力实现基层院公益检察部门单设，调优配强办案队伍，因地制宜优化专门业务机构和办案组织建设。三是通过常态化组织培训、实案调训等多种方式，探索与行政机关联合培训、建立专家咨询等机制，持续提升基层院办案水平和加强办案规范化建设。四是持续加大典型案例选树力度，规范选树程序，在办案中充分发挥典型案例的指导引领作用。五是优化设置考核指标和计算方式，树立和坚持正确的业绩导向。

B.7
河南省检察公益诉讼发展年度报告

河南省人民检察院课题组*

摘　要：　检察公益诉讼制度，是习近平法治思想在公益保护领域的生动实践和原创性成果。2022 年 10 月，党的二十大报告强调"完善公益诉讼制度"，对检察工作提出了更高要求，也为新时期检察工作高质量发展指明了方向。河南检察机关深入贯彻党的二十大精神，依法能动履行检察公益诉讼职责，以检察公益诉讼工作现代化服务河南现代化建设，办案质效不断提升，办案领域逐步拓展，社会认同不断提高。

关键词：　河南检察公益诉讼　能动检察　河南现代化建设

2022 年，河南检察机关公益诉讼部门坚持以习近平新时代中国特色社会主义思想为指导，紧紧围绕中共中央及中共河南省委、最高人民检察院重大决策部署，锚定河南省人民检察院党组"争先进、创一流"工作目标，以"能力作风建设年""质量建设年""基层院建设深化年"活动为抓手，紧盯人民群众急难愁盼，聚焦重点领域狠抓办案，依法能动履职，提升办案质效，推进规范建设，河南省公益诉讼检察工作取得新成效、实现新发展。河南省市县两级院全部实现生态环境和资源保护领域、食品药品安全领域办案全覆盖；河南省各市分院全部实现国有财产保护领域和国有土地使用权出让领域办案全覆盖。18 件案件入选最高人民检察院典型案例。

＊　课题组成员：罗瑞，河南省人民检察院第八检察部主任，三级高级检察官；王会军，河南省人民检察院第八检察部副主任，四级高级检察官；秦鹏鹏，河南省人民检察院第八检察部检察官助理。

一　河南检察机关公益诉讼工作开展情况

2022 年，河南省检察机关共立案办理公益诉讼案件 9109 件（行政 8215 件，民事 894 件），同比上升 60%。诉前案件 7511 件（发出诉前检察建议 6763 件，民事公告 748 件），同比上升 71.3%。提起诉讼 498 件（行政起诉案件 33 件，民事直接起诉案件 40 件，刑事附带民事起诉案件 425 件），同比上升 6.6%。[①]

（一）河南省案件线索发现情况

2022 年共发现案件线索 10040 件（行政 9025 件，民事 1015 件），较上年同比上升 37.2%，居全国第 9 位。其中环资领域案件线索 5625 件，食药领域案件线索 1043 件。

（二）河南省立案情况

共立案 9109 件（行政 8215 件，民事 894 件），较上年同比上升 60%，居全国第 10 位。其中环资领域案件 5322 件，食药领域案件 602 件。

（三）河南省诉前案件办理情况

共办理诉前案件 7511 件（发出诉前检察建议 6763 件，民事公告 748 件），较上年同比上升 71.3%，居全国第 12 位。其中环资领域案件 4317 件，食药领域案件 516 件。

（四）河南省诉讼情况

共提起诉讼 498 件（行政起诉案件 33 件，民事直接起诉案件 40 件，刑事附带民事起诉案件 425 件），较上年同比上升 6.6%，居全国第 9 位。其中

---

① 如无特别说明，本报告数据均来自河南省人民检察院公益诉讼部门。

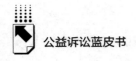

环资领域案件 136 件，食药领域案件 85 件。行政起诉案件量较上年同比上升 17.9%。

（五）解决最高人民检察院要求消灭办案空白情况

一是生态环境和资源保护领域市县两级院实现办案全覆盖，河南省 165 个基层院及 18 个市分院已全部解决该领域立案空白。二是食品药品安全领域市县两级院实现办案全覆盖，河南省 165 个基层院及 18 个市分院已全部解决该领域立案空白。三是国有财产保护领域市级院实现办案全覆盖，河南省 18 个市分院已全部解决该领域立案空白。四是国有土地使用权出让领域市级院实现办案全覆盖，河南省 18 个市分院已全部解决该领域立案空白。

（六）办案效果情况

河南省挽回、复垦被非法改变用途的耕地 1112 亩，督促回收和清理生产类固体废物 148720 吨，督促保护、收回国家财产和权益价值 2.15 亿元。

二 河南检察公益诉讼工作开展的主要特点

（一）坚持党委领导、人大监督和政府支持，检察公益诉讼保障坚强有力

检察公益诉讼工作的全面开展，离不开党委领导、人大监督、政府和社会各界的关心与支持。河南省各级检察机关党组主动争取党委、人大对公益诉讼工作的领导与支持，积极汇报活动部署、重大案件进展及工作实效，依靠党委统一思想、排除干扰，为公益诉讼工作开展营造良好的外部环境。继"河长+检察长"制，河南省各地市全面建立"林长+检察长"制。河南省人民检察院向河南省委专文报送河南检察公益诉讼服务保障黄河流域生态保护和高质量发展工作情况及典型案例，得到河南省"四大班子"领导批示肯定。各地市公益诉讼检察工作多次受到当地党委、政府领导批示表扬。开

封市鼓楼区人民检察院办理督促整治"飞线充电"案件，得到开封市政协高度重视，市政协专门听取工作汇报，集体提案讨论，开展专题调研，探索建立政协民主监督和检察机关法律监督双向衔接机制。濮阳市人民检察院向当地党委、人大、政府、政协汇报 5 年来濮阳公益诉讼检察工作，获得"四大班子"主要领导批示。

（二）主动融入党和国家工作大局，服务经济社会高质量发展

紧紧围绕国家重大战略和省委"十大战略"，坚持服务大局、服务人民，积极实现与河南经济社会高质量发展同频共振、同音共律。

1. 服务保障黄河流域生态保护和高质量发展

开展"黄河千里大巡查活动"，加大对非法采砂、矿山治理、违法养殖等危害黄河生态突出问题的办案力度，依法推动妨碍河道行洪突出问题清理整治，办理公益诉讼案件 261 件。探索办理涉黄河工程遗迹、古渡口、古镇古村等文化遗产和文物保护，非物质文化遗产保护，红色文化保护等领域公益诉讼案件，依法保障和促进黄河流域生态保护与经济社会发展。河南省人民检察院在督促解决某企业于黄河干流河南、山东跨省界所建浮桥拆除后大型浮舟仍然多年侵占黄河主河道岸线问题过程中，主动与沿黄省区开展省际跨区划协作，依法督促当地政府全面履职，彻底消除长期存在的跨省界黄河河道行洪安全隐患，有效保障黄河安澜，得到最高人民检察院、黄河水利委员会、河南黄河河务局及水利部门的高度肯定，黄河水利委员会专门致信感谢，河南省委楼阳生书记批示肯定。河南省人民检察院济源分院办理的"河南省太行步道济源十里河段生态环境受损民事公益诉讼案"，为保护黄河湿地和饮用水水源地环境安全作出积极贡献，被评为河南省公益诉讼十大优秀案件和最高人民检察院微视频展播案例，相关经验做法被《河南日报》《检察日报》等主流媒体刊发。

2. 积极服务乡村振兴战略

始终坚持大局思维，围绕乡村振兴战略，以涉农检察扛稳农业大省检察重任。紧盯农村人居环境整治、耕地资源保护、传统村落、粮食安全等领域

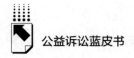
问题，持续开展公益诉讼服务乡村振兴、涉农专项监督活动，为脱贫攻坚衔接乡村振兴贡献检察力量。郑州市人民检察院针对项目建设中挖方取土严重损害国家耕地资源及当地生态环境问题，适时提起民事公益诉讼，以全面修复和惩罚性赔偿等民事责任诉求督促行为人及时修复被破坏耕地，有效保护珍贵的耕地资源和国家粮食安全，该案入选最高人民检察院耕地保护典型案例专刊。新密市人民检察院针对农村污水直接排入河流污染环境问题能动履职，在发出诉前检察建议后，问题仍然没有得到有效解决的情况下，依法提起行政公益诉讼，督促行政机关全面履行职责有效解决环境污染问题，助推乡村人居环境整治。

3. 依法护航林草湿生态资源绿色发展

认真贯彻落实习近平总书记关于林草湿资源保护的重要指示，充分发挥检察机关法律监督职能作用，主动对接河南省林长办公室，认真研究，联合印发《河南省全面推行"林长+检察长"制工作方案》，加快推进"林长+检察长"在河南省全面建章立制。部署开展涉林自然保护地公益诉讼专项监督活动，持续加大办案力度，强化林草湿等生态资源的协同保护合力，共办理案件237件。河南省人民检察院郑州铁路运输分院办理的"黄河湿地国家级自然保护区生态环境行政公益诉讼案"入选最高人民检察院湿地保护公益诉讼典型案例，在《湿地公约》第十四届缔约方大会开幕之际予以发布，赢得多方关注。原阳县人民检察院依托"林长+检察长"工作机制，针对国有林场林区被违法损毁、占用情况，充分发挥公益诉讼监督职能，通过数据分析、技术辅助办案，准确查明被侵占林地面积，以检察建议督促林业主管部门履行国有林场管理职责，有效保护森林资源。灵宝市人民检察院针对缺乏有效管护造成的千年古树群长势衰弱、濒临死亡等问题，督促林业部门及时抢救复壮，以点带面对辖区古树名木进行系统排查，推动实现辖区古树名木全面保护，并推动建立"林长+检察长"工作机制，形成林草湿资源行政执法与检察监督工作合力。

4. 担当维护国防利益强军使命

认真学习贯彻习近平强军思想，在常态化推进军地协作公益诉讼检察工作的同时，联合军事检察院在河南省部署开展国防教育领域公益诉讼专项监督活动，构建三级联动、全面覆盖的军地协作新模式，形成共管、共治、共护国防军事利益的良好工作格局。卢氏县人民检察院针对辖区内战备公路受损存在军事失泄密风险问题，与公路管理部门充分沟通磋商，形成整治合力，最终筹集资金890余万元，系统治理受损战备公路35处，有效维护国防军事安全，部队专门致信感谢。淇县人民检察院积极构建国防教育公益保护机制，集聚多方力量合力保护"一山一林一校一馆一园"等地域特色国防教育资源，推动淇县"国防教育示范县"创建，相关做法被《国防时报》《检察日报》等军地媒体报道。开封市禹王台区人民检察院针对辖区部队驻点多、军人军属多、涉军案件多等特点，成立"绿橄榄工作室"，成为本地检察工作特色品牌。

（三）着力做优做精四大传统法定领域，不断提升公益诉讼办案质效和影响力

树立质效优先导向，对四大传统法定领域持续发力，久久为功，着力在推进法治中国建设、增进民生福祉、促进人与自然和谐共生中更好发挥作用。

1. 深耕细作生态环境和资源保护领域

紧盯土壤污染、水体污染、非法采矿等突出问题，助力深入打好污染防治攻坚战。全年共办理案件5322件，挽回、复垦被非法改变用途的耕地1112亩，督促回收和清理生产类固体废物148720吨。积极助力河南省4号总河长令落实，围绕妨碍河道行洪突出问题部署开展专项行动，立案784件，为保障河道行洪通畅、提升河湖生态保护治理彰显检察担当。持续开展南水北调中线工程公益保护专项监督活动，将水源地保护作为重中之重，立案52件，发出检察建议52件，守护"一渠碧水永续北送"。开封市祥符区人民检察院紧盯黄河湿地生态破坏问题，督促各行政机关联动执法，清退保护区内67个鱼塘，解决鱼塘养殖破坏黄河湿地生态问题。同时推动相关职能部门研究制定补偿办法，最大限度解决人民群众的生活问题，实现"三

个效果"统一，该行动入选最高人民检察院黄河流域生态环境警示片专刊。南乐县人民检察院对破坏矿产资源刑事犯罪行为依法提起刑事附带民事公益诉讼，客观认定矿产资源损害事实，科学评估矿产资源破坏价值及生态环境修复费用，要求违法行为人依法承担环境修复责任，法院判决对诉讼请求全部予以支持，充分发挥了公益诉讼检察在资源保护领域的独特作用，该案入选最高人民检察院督促整治非法采矿公益诉讼典型案例。

2. 落实"四个最严"守护食品药品安全

积极回应民生关切，聚焦食品药品安全领域突出问题，以法治方式促进食品药品安全协同治理，同时加大食品药品民事公益诉讼惩罚性赔偿实践探索，有效震慑和警示危害食药安全的违法者，用心用情守护人民群众"舌尖上的安全"，共办理案件 602 件。部署开展"消"字号抗（抑）菌制剂非法添加问题公益诉讼专项监督活动，撰写的《科学谋划 周密部署 全力推动专项监督活动走向深入》经验材料被最高人民检察院公益诉讼工作情况"消"字号公益诉讼案件办理工作专刊转发。安阳市北关区人民检察院针对辖区药店销售"消"字号抗（抑）菌制剂产品非法添加化学药物成分问题，通过行政公益诉讼诉前程序，督促安阳市北关区卫健委加强监督管理，下架违法产品，并溯本追源，责令生产企业停产整顿、查封、召回问题产品，彻底消除问题产品安全隐患。鹤壁市淇滨区人民检察院对违法销售病残猪肉提出销售价款 10 倍的惩罚性赔偿，警示、引导食品生产者、销售者依法规范经营，同时推动溯源治理，督促农业农村局开展行业整治，促进生猪市场规范监管，从源头上阻断病残死猪流入市场，维护人民群众"舌尖上的安全"。

3. 组织开展"国财国土"领域专项行动

聚焦国有财产流失和扰乱土地出让秩序等突出问题，准确把握领域职能特点和办案规律，开展"国财国土"领域公益诉讼专项监督活动，以专项活动带动工作全面发展，助力国财国土治理能力和治理水平提升。共办理案件 346 件，督促保护、收回国家财产和权益价值 2.15 亿元。漯河市人民检察院积极构建"检审税"品牌项目，先后与漯河市审计局、漯河市税务局建立公益诉讼办案协作机制，着力推动公益诉讼与审计监督、税务监督有机融合。依托该协作机制，审计、税务部门向漯河市人民检察院移送案件线索17件，协作办案10件，有效拓宽检察机关发现公益诉讼案件线索渠道。针对临颍县国有土地出让金欠缴问题，漯河市人民检察院向该县政府公开送达检察建议，促使其积极履行整改责任，并征缴国有土地出让金1400余万元。焦作市中站区院针对水利、税务监管部门在推进国家水资源费改税新政策实施中，对企业利用自备井违规用水、未依法缴纳水资源税的情况，督促行政机关共同落实监管职责，建立完善水资源保护和国家水资源税征收长效机制，保障国家税收，助力提升社会治理能力和治理水平，该案入选最高人民检察院国财国土领域行政公益诉讼典型案例。

（四）着力做实做强新增法定领域，构建河南公益诉讼保护新格局

结合河南实际，研究探索新的办案领域，在保证质效基础上稳步提升数量。积极稳妥、做实做强《英雄烈士保护法》《未成年人保护法》《军人地位和权益保障法》《安全生产法》《个人信息保护法》等新增法定领域公益诉讼。

1.大力推进安全生产领域公益诉讼

安全生产关系人民福祉、经济发展、社会稳定。河南省各级检察机关坚持人民至上、安全至上，充分发挥公益诉讼检察职能作用，以建筑安全、交通安全、特种设备安全等领域重大风险隐患为监督重点，推进安全生产领域源头治理，依法办理了一批安全生产公益诉讼案件，助力营造经济社会发展良好安全环境。河南省人民检察院郑州铁路运输分院积极发挥专门检察机关优势，服务保障郑济高铁河南段开通和京广高铁350公里提速两件大事，依法能动履职，做好高铁和普速铁路环境安全隐患排除常态化公益诉讼检察工作。持续深化与铁路郑州局集团公司、武汉铁路监管局等协调配合机制，联合签发文件，开展移送线索和协作办案工作，凝聚维护铁路公共安全保护合力，密织铁路运行安全网，共立行政公益诉讼案件27件，消除重大安全隐患30处。针对电梯等特种设备运营期间存在的安全隐患，新乡市卫滨区人

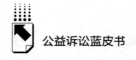
民检察院通过公开听证、制发诉前检察建议等方式，督促相关职能部门依法履职尽责，开展专项活动全面整治，提升辖区电梯安全管理水平，切实保障人民群众出行安全。

2. 扎实开展个人信息保护领域公益诉讼

按照最高人民检察院相关指导意见，河南省各地聚焦严重侵犯个人信息损害社会公共利益的问题，发挥公益诉讼制度在个人信息安全溯源治理方面的优势，积极履职，取得了良好效果，为筑牢个人信息保护的法治屏障贡献公益诉讼检察力量。焦作市县两级院针对网络小程序"校园投票宝"违法收集未成年人个人信息情形，督促相关部门线上、线下协同发力，对辖区内同类问题集中整治，彻底消除网络安全隐患，规范网络运营秩序，助力营造未成年人权益保护良好氛围。清丰县人民检察院针对公安机关工作人员利用职务便利非法获取公民个人信息并出售的行为，依法提起刑事附带民事公益诉讼，并针对暴露出的公安机关对信息安全保护监管不力问题，向公安机关发出检察建议，提升全体民警个人信息安全保护意识，切实维护公民合法权益。

（五）稳慎推进"等外"新领域探索，为未来立法格局贡献实践力量

稳妥审慎、做好做优公共服务行业、文物和文化遗产保护、特定群体权益保护等新领域公益诉讼。

1. 稳步推进公共服务行业领域公益诉讼

物业管理、电力保障、供气、供暖、供油工作是重要民生工程，直接关系老百姓生活质量和切身利益。自河南省人民检察院部署开展公共服务行业专项监督活动以来，各地聚焦人民群众"急难愁盼"问题，加大办案力度，切实维护人民群众合法权益，不断提升人民群众的获得感、幸福感、安全感，工作取得新进展新成效。光山县人民检察院针对燃气行业充装、配送、使用等环节存在的安全隐患，召开公开听证会，使负有不同监管重点的行政机关达成共识。通过有针对性的检察建议，督促行政机关形成监管合力消除安全隐患，推动燃气行业科技化、系统化、规范化的综合治理。长葛市人民

检察院立足检察大数据，有效发现侵害群众利益的燃气安全隐患问题线索，通过行政公益诉讼诉前程序，从源头防范化解重大社会安全隐患，推动当地深入开展专项排查整治，对燃气安全隐患进行系统治理，以"我管"促"都管"，提升行业安全管理能力，保障人民群众生命财产安全。

2. 积极推进文物和文化遗产保护领域公益诉讼

贯彻落实最高人民检察院文物保护要求，积极推进文物和文化遗产保护领域公益诉讼，督促负有文物保护监管职责的行政机关全面履行职责，扎实推动红色文化、非物质文化遗产、重点文物及周边生态环境保护案件的办理。郑州市人民检察院与郑州市文物局会签文件，通过建立线索移送、培训交流和专项行动等，进一步增强文物保护力度。栾川县人民检察院采取部门协作形成联动保护、无人机"3D"建模提供详细数据、公开听证促进积极履职"三步走"工作法，助力提升全国重点文物保护工作成效。宝丰县人民检察院把握地域特色，强化沟通协作，分步实施、稳妥推进公益诉讼助力非遗文化保护，逐步打造"公益诉讼+非物质文化遗产保护"特色品牌，助力非物质文化遗产的保护与传承。泌阳县人民检察院针对辖区革命烈士故居纪念馆被损坏的情况强化履职，公开发出检察建议，相关部门修复重建后，督促建设红色文化教育纪念广场，作为当地红色文化主题教育活动基地。

3. 审慎探索特定群体权益保障公益诉讼

高度重视特殊群体权益保障，围绕残疾人、老年人、伤病人等特殊群体交通出行、日常生活、出门办事等无障碍环境建设，部署开展无障碍环境建设常态化专项监督活动，提升特殊群体幸福指数，维护社会公共利益，共办理案件186件。平顶山市人民检察院与平顶山市残疾人联合会加强沟通联系，建立无障碍案件线索移交、会商研判、联合督办等机制。林州市人民检察院针对医疗卫生系统无障碍环境建设方面存在的突出问题，通过发挥公益诉讼检察职能作用，公开听证、公开送达检察建议，督促相关行政部门及时整改，提升医疗卫生系统无障碍环境建设水平，方便特殊群体就医看病，助推社会治理现代化。洛阳市瀍河区人民检察院针对辖区养生馆、健康馆虚假宣传诈骗老年人乱象，督促部署专项整治活动，切实保护老年人群体合法权益。

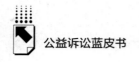

（六）着力凝聚公益保护共识，公益诉讼检察"朋友圈"不断扩大

坚持依法能动履职，践行双赢多赢共赢理念，既抓末端、治已病，也抓前端、治未病，以"我管"促"都管"，积极发挥部门协同作用，凝聚公益保护合力，推动形成共建共治共享公益保护格局。

1. 深化与行政机关协同协作

各地检察机关主动对接协调，深化落实与有关行政机关协作意见，联合开展专项活动。濮阳、三门峡等地主动对接审计、税务等部门会签"国土国财"协作文件，建立信息共享、线索移送、证据收集机制。鹤壁、开封与教育部门、武装部门建立协作机制，将国防教育列入当地中学的工作和教学内容。安阳市人民检察院与公安、法院、文物等部门建立殷墟保护行政与司法联动公益诉讼协作机制，持续打击文物违法犯罪，系统提升殷墟世界文化遗产管理水平。

2. 深化跨区域协作机制

根据实际建立多领域、多层次跨区划协作机制，加强与相邻省份、地市协作配合，服务办案效能不断凸显。信阳市固始县人民检察院与安徽省三县一区建立淮河及其支流生态环境保护跨区域战略协作机制，成功解决大莲渔业养殖场非法养殖污染豫皖两省周边 22 万居民饮水安全问题，得到安徽省临水镇政府特别来信感谢。南阳市人民检察院充分发挥两省六市桐柏山淮河源生态环境保护跨区域协作机制作用，联合办理案件 20 余件，有力促进淮河水源保护。安阳市人民检察院协同山西省长治市人民检察院建立"红旗渠及其源头保护"协作机制，构建红旗渠源头及其沿线生态保护治理格局，助力推进红旗渠治理体系和治理能力现代化。

3. 加强检校合作研究

为加强公益诉讼专业人才培养，河南省人民检察院与郑州大学共建检察公益诉讼研究院，合力推动郑州大学在全国第一个开设公益诉讼法学本科课程，参与编写第一个公益诉讼法律本科教材，在全国第一个设立公益诉讼法学硕士点、博士点。公益诉讼法学作为本科、研究生专业方向，在学科建设和人才培养方面已取得突破性进展。河南省人民检察院与郑州大学共同承办"公益诉讼专门立法与中国特色公益诉讼学术体系建设研讨会"并做主题发言，为加快推进公益诉讼专门立法工作总结实践经验，引起全国学术界和实务界的广泛关注。

4. 进一步健全公众参与机制

注重法治宣传，增强公众公益保护意识，提高公益诉讼检察工作社会知晓度、认可度和参与度。新乡、漯河等地探索聘请公益顾问、听证员、公益观察员、社区"网格员"等，参与、支持公益诉讼检察工作。郑州、鹤壁等地通过建立或依托本地公众举报平台、"随手拍"小程序，畅通线索举报渠道，增强群众公益保护参与动力。焦作、三门峡、平顶山、开封等地以举办检察开放日、拍摄专题片、建立公益诉讼联络站、开展理论研究等形式，讲好公益诉讼检察好故事。

（七）狠抓科学管理，公益诉讼规范化专业化数字化建设步伐加快

坚持以制度机制建设为保障，不断完善业务制度，健全办案规范，优化工作机制，以精益求精、止于至善的要求，提升队伍业务素能，为公益诉讼检察工作提供强有力的人才和智力支撑。

1. 进一步夯实案件质量

为推进公益诉讼检察工作规范化运行，河南省人民检察院制定《公益诉讼检察案卷规范化管理办法》，下发《河南省检察机关 2022 年度公益诉讼案件质量评查活动工作方案》《河南省检察机关持续开展公益诉讼"回头看"专项活动工作方案》，组建工作专班，对部分办结案件进行个案质量评查，跟进监督落实效果，将河南省人民检察院党组"质效工程"落到实处。鹤壁、焦作、商丘、三门峡等地积极响应，开展本地区案件质量评查，进一步提高办案能力和水平。周口市人民检察院在涉河湖案件中，探索建立将检察建议整改落实情况引入三级河长办等第三方现场评估机制，经常性对已办案件开展"回头看"，防止整改落实不彻底、监督问题反弹回潮等，切实提升诉前检察建议刚性和监督质量。

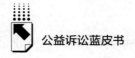
2. 进一步发挥业务考评作用

为充分发挥考评"指挥棒""风向标"作用，突出质效优先工作主线，推动河南省公益诉讼检察工作高质量发展，河南省人民检察院下发《河南省人民检察院对市人民检察院工作考评办法》《河南省人民检察院对市人民检察院工作考评方案》，定期对各地市案件办理、典型案例、工作情况编发、理论调研等各个方面进行通报，激励出精品、育亮点、强队伍，"后进赶先进、先进更先进"的百舸争流局面逐步形成，将河南省人民检察院党组"百院提升"工程落到实处。

3. 强化人才培养锻炼

按照河南省人民检察院党组"大学习大研讨大培训大练兵"活动要求，不断丰富条线培训形式和方法，加强人才梯队建设。河南省人民检察院组织河南省第一届公益诉讼业务竞赛，经初赛、复赛、决赛三个环节，业务笔试、文书制作、案件审查和模拟法庭辩论等程序，从 172 名选手中选拔出 30 名能力过硬、业绩突出的公益诉讼检察业务标兵和能手，推动公益诉讼检察队伍专业化建设。制定实施《全省检察机关公益诉讼检察人才库管理办法》，选拔 90 人充实公益诉讼检察人才库，切实发挥业务专家、领军人才示范带动作用。信阳、铁检等地依托一体化办案机制，建立跟班办案学习模式，跟案学习、以案代训。漯河、濮阳等地探索特邀检察官参与办案机制，改善知识结构，提升专业能力。

4. 推动数字革命赋能转型

以数字革命赋能公益诉讼监督全过程。一方面深化实施"检察大数据战略"，着力把大数据运用充分融入履职全过程，在线索收集、调查取证、指挥调度、分析研判等功能上下真功夫、深功夫；另一方面加大与技术、法警等部门的配合，强化对公益诉讼部门人员科技素能的培训和指导，以科技优势不断提升监督效能，聚力检察管理现代化。信阳检察机关积极探索建设公益诉讼数字化中枢，构建公益诉讼办案"外部联合、内部联动、数字联通"一体化办案"三联"工作创新机制，成效显著。唐河县人民检察院深入推进"公益诉讼+技术+法警"一体化工作模式，切实提高公益诉讼案件办理质效。

三 检察公益诉讼工作存在的问题和困难

2022 年，河南省公益诉讼检察工作取得长足进步和显著成效。同时，仍然存在一些不容忽视的问题。一是办案结构不够优化。从案件结构上看，生态环境和资源保护领域案件数量占比依然最高，食品药品安全领域案件增幅不明显，国财国土领域占比仍然偏低。从起诉数量上看，与全国先进地区相比偏少，刑事附带民事公益诉讼数量占比大，提起行政、单独民事公益诉讼数量占比偏小。二是新增法定领域办案效果不够明显。新增法定领域范围拓展不够，观念不新，办理的社会影响力较大的新增法定领域案件较少。三是办案规范性仍有待提高。有的检察建议书和起诉书等文书质量不高，对违法事实、证据支撑和法律适用阐述不严谨、不充分，说理性不足，可操作性不强。有的发出检察建议后仅关注是否得到回复，对整改效果跟进监督不够，提起行政公益诉讼不及时，影响办案质效。四是公益诉讼发展存在不平衡。突出表现在各地区立案数量、司法理念、办案能力、市院带头作用等方面存在差距。

四 检察公益诉讼工作进一步开展完善的对策建议

河南省检察公益诉讼工作将根据中共中央、河南省委、最高人民检察院工作部署，围绕河南省人民检察院党组"1234"总体思路，以质效优先为工作主线，以"重规范、提质效、强素质、严作风"为基本要求，以"办案出精品、工作出亮点、队伍严管理"为基本目标，推动河南省公益诉讼持续高质量发展。

（一）心怀"国之大者"，情系"为民情怀"，助力现代化河南建设

服务黄河生态保护和高质量发展。以《黄河保护法》实施为契机，持续加大办案力度。扛稳河南粮食大省肩负的重大政治责任，开展粮食安全公

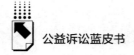

益诉讼专项监督活动，重点做好耕地保护、种子安全、农产品质量、农业基础设施等领域公益诉讼工作，持续做深做实农业面源污染治理等生态环境领域公益诉讼工作。开展"安商惠企""促就业、惠民生"公益诉讼探索，从战略全局为河南"拼经济"创造良好营商环境。对妇女、老年人、残障人等特殊群体，以权益保护、社会保障、社会救助等内容为重点，切实维护特殊群体合法权益。

（二）以办案为中心，以质效优先为主线，确保办案工作高质量发展

坚定不移走"稳中求进、规模适度、质效优先、务实规范"的内涵式发展道路，不追求办案数量过快增长。坚决避免追求办案数量带来的监督重点不突出、质效不高等问题。河南省市两级院要持续加大自办案件力度，带头办理一批有重大影响、行政机关层级较高、具有跨区划和跨流域特点的"硬骨头案"和"大要案"。进一步深耕细作，丰富细分领域办案实践，围绕林草湿资源、大气污染等生态环境领域、食品药品领域、国财国土领域，持续加大办案力度。深化"消"字号抗（抑）菌制剂非法添加药物公益诉讼专项活动，持续推进该领域惩罚性赔偿制度实践。做实做深法定新定领域，以个人信息保护、安全生产等快速发展领域为监督重点，加大电信网络诈骗、反垄断领域公益诉讼案件办理，精准办理一批质效突出案件，争取做到首案成例。积极探索"等外"新领域检察公益诉讼工作。

（三）探索制度创新，围绕"一横一纵三片区"，打造河南公益诉讼工作新亮点新品牌

与黄河水利委员会密切配合，制定出台《黄河流域水行政执法与检察公益诉讼协作机制实施细则》，开展水行政执法与检察公益诉讼专项监督活动。加强与检察公益诉讼研究基地合作，持续深入开展公益诉讼专门立法研究工作。聚焦南太行林业资源保护、南水北调中线工程保护、淮河流域生态保护等"三片区"，深化省际公益诉讼检察协作机制，联合办理一批效果

好、有影响的省际跨区划案件。持续深化"河长＋检察长"制，推动"林长＋检察长"制，探索建立"田长＋检察长"制，不断强化行政执法与检察公益诉讼协同保护合力。探索开展"益心为公"检察云平台建设、"检媒协作"机制，强化协同民主监督与检察监督。

（四）强化业务管理和大队伍建设，提升素质素能，推动检察公益诉讼现代化

实行"案件评查＋实地评查"双评查制度，发现行政机关存在虚假整改、表面整改、整改落实不到位问题的，依法提起诉讼，提高法律监督刚性。开展河南省"十大精品案件"评选活动，完善典型案例选取储备、适时推介、关注跟进的良性循环模式，推动其更多入选最高人民检察院典型案例、力争成为指导性案例。加强"三典型"即典型机制、典型人物、典型案例建设，强化大数据建设，以"数字革命"赋能公益诉讼工作，助力河南省不断提高公益诉讼检察监督能力。

B.8
广东省中山市检察公益诉讼
发展年度报告

中山市人民检察院课题组*

摘　要：　坚持以习近平新时代中国特色社会主义思想为指导，以高度政治自觉、法治自觉、检察自觉，扩大中山检察公益诉讼"朋友圈"，同向发力法定领域取得新实效。健全完善公益诉讼检察监督体系、质量标准体系、公益诉讼助力协同体系，积极回应群众关切，对妇女、儿童、老年人以及"外卖骑手"等特殊群体权益加大保护力度，围绕"国之大者"，厚植检察公益诉讼为民情怀。立足粤港澳大湾区发展实际，聚焦湾区海洋生态环境保护，推动乡村振兴和美丽湾区生态文明建设。

关键词：　检察公益诉讼　预防性司法　诉源治理　能动检察

广东省中山市（以下简称中山市）地处珠江三角洲中南部，珠江口西岸，是全国少数不设区县的地级市之一，下辖 8 个街道，15 个镇，另辖 1 个国家级开发区和 1 个经济协作区。中山市人民检察院的前身是中山县人民检察署和石岐市人民检察署，始建于 1954 年，"文革"期间被撤销。1978 年 7 月，中山县人民检察院重建。1984 年 2 月，因中山撤县建市，改称中山市人民检察院。1988 年中山升格为地级市，中山市人民检察院也随之升

---

* 课题组成员：陈莉，中山市第一市区人民检察院第五检察部主任，四级高级检察官；周子茹，中山市第一市区人民检察院第五检察部三级检察官；罗宇森，中山市第一市区人民检察院第五检察部五级检察官助理；周怡，中山市第二市区人民检察院第四检察部三级检察官；刘兴月，中山市人民检察院第五检察部五级检察官助理。

格为地市级院。目前，中山市人民检察院设立两个派出基层院，分别为第一市区人民检察院和第二市区人民检察院。

一 中山市检察机关公益诉讼总体情况

（一）全市检察公益诉讼受案情况

2022 年 1 月 1 日至 2022 年 12 月 31 日，中山市检察机关共受理公益诉讼案件线索 512 条，其中民事公益诉讼线索 109 条，占比 21.29%；行政公益诉讼线索 403 条，占比 78.71%。立案 558 件，其中民事公益诉讼 60 件，占比 10.75%；行政公益诉讼 498 件，占比 89.25%（见图 1）。①

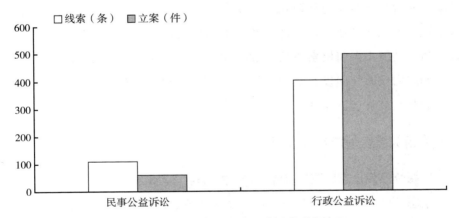

图 1　2022 年度全市检察公益诉讼受案情况

（二）案件类型的分布情况

中山市检察机关受理案件类型覆盖面较全面，从公益诉讼制度建立之初的生态环境和资源保护、食品药品安全、国有财产保护、国有土地使用权出

---

① 如无特别说明，本报告数据来自广东省中山市人民检察院公益诉讼部门。

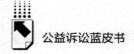

让四个领域，到未成年人保护、安全生产、个人信息保护、妇女权益保障、无障碍环境建设、文物保护等新领域均有涉猎。其中，生态环境和资源保护领域 427 件，占比 76.52%；安全生产领域 45 件，占比 8.06%；文物保护领域 37 件，占比 6.63%；个人信息保护 17 件，占比 3.05%；未成年人保护 10 件，占比 1.79%；妇女权益保护 5 件，占比 0.90%；国有财产保护领域 4 件，占比 0.72%；无障碍环境建设领域 9 件，占比 1.61%；国有土地使用权领域 2 件，占比 0.36%；食品药品安全领域 2 件，占比 0.36%。

（三）行政公益诉讼诉前解决情况

中山市检察机关牢固树立"诉前实现保护公益目的是最佳司法状态"的理念，以磋商、检察建议等非诉方式诉前程序督促协同行政机关开展前端治理，实现检察监督与行政机关内部纠错机制有效衔接，推进法治政府建设。绝大多数案件通过诉前磋商和诉前检察建议推动解决。2022 年中山市检察机关共发出诉前检察建议 16 件，诉前磋商 318 件，行政机关均能够在合理期限内整改并回复。由于行政机关的积极履职，未出现因逾期未整改而产生的行政公益起诉案件。

（四）重点领域办案情况

1. 持续聚焦生态环境和资源保护，护航青山绿水

生态环境和资源保护公益诉讼制度作为公益诉讼制度法定领域的重要组成部分，是践行习近平生态文明思想的重要制度安排，在污染防治攻坚战中发挥着积极作用。中山市检察机关始终坚持全市治水一盘棋，主动会同环保、水务等相关部门走访问题河涌，对 459 条劣 V 类河涌及水环境功能区内 126 条未达标河涌进行系统摸排治理，建立"一河一策"专门治理方案。办理中央环保督察督导的"洪奇沥水道洗泥淘砂"系列案，探索"刑事检察+民事行政检察+公益诉讼检察"融合履职办案思路，依法能动履职，先后完成民事公益诉讼案立案 3 件，行政公益诉讼案立案 1 件，监督公安机关刑事立案 1 件，主动发现并移送有组织犯罪线索和职务犯罪线索各 1 条。推动开

展垃圾清理和土地修复工作,督促清理建筑类固体废物及生活垃圾 4782 吨,修复被毁种植土壤 3700 平方米。

2. 同向发力安全生产,助推发展安全

树牢"人民至上,生命至上"的安全发展理念,针对多家企业在安全生产过程中发生的人员伤亡案(事)件,对安全生产制度不完善、安全生产措施落实不到位等问题开展专项监督,共办理相关领域案件 45 件。如中山市第二市区人民检察院办理的小榄镇某餐饮企业燃气爆炸案中,不仅督促行政机关依法履职,还助推开展全镇安全生产大排查专项活动,通过排查,共 1100 余项安全隐患问题得以解决。再如,中山市第一市区人民检察院办理的坦洲镇安全生产系列案中,督促行政机关监管责任和企业主体责任双落实,在发出检察建议之后,坚持"持续跟进监督"理念,注重检察建议"回头看"工作,推动企业在制度建设、人员配置、安全台账等方面持续规范,既"堵"又"疏",帮助企业筑牢安全防线,实现安全生产问题溯源治理。

3. 切实关注特殊群体权益,兜牢民生底线

"一老一小一残"工作关系民生、连着民心,是和谐社会、文明社会建设的兜底性、基础性工作。2022 年,中山市检察机关紧紧围绕特殊群体权益保护,办理多宗侵害妇女、儿童、老人、残疾人权益的公益诉讼案件,妇女职工权益保障更加有力,未成年人保护水平显著提升,人民群众的获得感、幸福感、安全感不断提升。一是以解决基础设施建设问题为抓手,着力解决残疾人等有无障碍环境建设需求的人士出行难的问题。中山市检察机关对辖区内无障碍环境、人行道安全隐患立案 9 件,就人行道被侵占、破损,盲道缺失等困扰残疾人出行的问题,与行政机关进行有效磋商,督促行政机关重点整改。同时开展"回头看",对行政机关回复已整改的人行道、盲道逐一实地调查,确保整改效果到位。二是排查公园儿童游乐设施隐患,护航未成年人健康成长。全面摸排中山市现有的 100 余个公园,重点针对儿童游乐设施破损带来的安全隐患等问题,与未成年人检察部门一体办案,充分利用未检部门在未成年人保护领域的专业优势,成

功办理行政公益诉讼案件 10 件。同时，在中山市紫马岭公园设置"公益诉讼未成年人保护基地"，通过"检察+志愿者"联动模式，借助和凝聚社会力量，引导公民自觉维护公共设施，保护未成年人身体健康，护航未成年人快乐成长。三是积极参与养老诈骗专项整治活动，以"检察蓝"守护"夕阳红"。针对老年人保健品市场乱象，中山市检察机关开展"防止养老诈骗专项行动"，办理了某频谱设备公司对众多老年人实施虚假宣传、以高价售卖相关产品侵犯老年消费者的知情权和公平交易权等案件。为了防患于未然，中山市检察机关向市工信局发函，建议工信部门组织中国移动、电信和联通三大运营商检查是否存在向老年人违规营销的行为，从源头上遏制对老年群体的电信诈骗风险。

二　中山市检察机关公益诉讼成效与经验

中山市检察机关深入贯彻习近平法治思想，围绕"美丽中山、卓越中检"的目标，不断强化公益诉讼职能作用，依法能动履职，实现跨越式发展。

（一）理念先行抓落实

1. 突出"预防性司法、诉源治理"的办案理念

按照习近平总书记提出的"既要抓末端、治已病，更要抓前端、治未病"① 的要求，推动系统化社会治理、源头治理，督促行政机关履行监管职责，跟踪落实情况，实现办理一案、治理一片的社会效果。中山市检察机关立足于中山市小微企业众多的实际特点，以服务高质量发展为目标，督促行政机关积极履职。利用专家智库帮助企业开展安全生产专项合规整改，同时通过公益诉讼进行企业合规指导，"治已病""防未然"，保障民营经济健康

---

① 习近平：《坚定不移走中国特色社会主义法治道路　为全面建设社会主义现代化国家提供有力法治保障》，《求是》2021 年第 5 期。

发展。针对在走访中发现建筑施工领域事故高发、小微企业整改普遍不到位、安全生产合规建设不到位不规范的实际情况，及时督促镇街政府依法履职，相关政府职能部门在之后的事故治理中，邀请市安全专家人才库专业人员协助开展安全大检查，并为企业提供安全指导。中山市检察机关还专门成立安全生产巡讲团，走进工业园区、生产企业，根据企业类型和生产作业的不同特点开展法治宣讲，增强企业责任意识，提高企业员工安全风险防范意识和防范能力。中山市检察机关还针对生产安全问题高发、易发的"风险点"，协助企业研究制定对策，提供检察法律服务。

2. 贯彻"诉前实现保护公益目的是最佳司法状态"的工作理念

积极运用检察建议、多方磋商等形式，用好诉前程序，督促行政机关履职尽责，实现检察监督与行政机关内部纠错机制有效衔接，推进法治政府建设。绝大多数问题通过诉前磋商及检察建议推动解决。从实践情况来看，大多数行政机关在诉前程序积极履职整改，既保证案件公正处理效果，又保证行政机关整改效率，节约了行政成本和司法资源。中山市第二市区人民检察院办理的南头镇 3.2 火灾行政公益诉讼案中，经过磋商督促行政机关责令违建当事人拆除火灾现场的违章建筑，并在全镇开展集中整治废品收购和堆放点行动，共发放限期清理搬迁告知书 239 份，督促 248 个废品收购和堆放点完成整治，立案处理无证经营废品收购站 2 宗、擅自变更经营范围收购站 1宗，引导 13 个废品收购站办理营业执照，有效整治了废品收购行业，消除了消防安全隐患。

3. 坚持"持续跟进监督、深化监督效果"的办案理念

坚持问题导向、目标导向，强化监督力度，提高监督刚性。对于整改周期长、整改难度大的问题，持续监督推动问题解决。经磋商后整改仍不到位的，跟进监督后通过制发检察建议的方式督促、推动行政机关履职。中山市第一市区人民检察院办理的无障碍环境建设及人行道等行政公益诉讼系列案，磋商后发现相关职能部门整改仍不彻底，人行道仍存在较多安全隐患，制发检察建议书后引起地方党委、政府高度重视，推动党政办、综治办、城管、交警等多部门召开协调会，制定专门人行盲道迁改方案，完善长效机

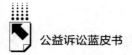

制。镇政府先后投入约 15 万元资金，对部分盲道进行改造、修复，重新设置摩托车、电动车等车辆停车区域，加强人行道占道经营的巡查，强化违规停放车辆惩处宣教，共查处人行道盲道等违停 594 宗，推动问题全面解决。

（二）体系支撑促发展

坚持系统观念，聚焦资源整合，依托制度保障，加强宣传引导，构建公益诉讼三大支持体系，提升监督质效，实现公益诉讼高质量发展。

1. 构建以检察公益诉讼为主的公益保护体系

以"府检联动"为依托，实现公益诉讼全覆盖。着力整合资源，与多家单位联合签署公益诉讼协作机制，探索生态环境损害赔偿与检察+审计监督、水行政执法+检察、军地公益诉讼、检察+消防、林长制+检察、消费公益金管理、妇女权益保障等一批在全省乃至全国创新的合作机制，构建公益保护大格局。

2. 构建检察一体化制度保障支持体系

建立中山市检察机关公益诉讼指挥中心，推动完善区域协调和一体化办案机制，优化基层院和检察室职能设置，对全市公益诉讼案件线索管理、监督标准、案件管辖、信息发布等实施统一管理。一体化调配全市办案力量和办案资源，推动镇区检察室发挥地缘优势和监督触角作用，深入镇街广泛收集线索。健全一体化办案模式和案件运行监督，实时掌握全市公益诉讼案件办理情况及各项办案数据，对重大疑难或有阻力的案件，及时通过交办、提办、督办、领办等方式推动办理。两级检察机关保持上下联动，加强请示汇报，协同配合形成保护合力。针对中山市重大民生基础工程坦洲快线及 105 国道南段改扩建项目建设过程中带来的行车安全隐患和噪声扰民等问题，镇区检察室主动到相关镇街政府了解情况，并将公益诉讼线索移送上级院。在市检察院的统筹指挥下，市区两级院形成办案合力，多次召集业主单位、工程施工方和镇街政府座谈磋商，督促职能部门及时整改，坦洲快线沿线部分路段已安装防噪声屏障 754 米，修复受损道路和村居民房，沿线交通、排水设施等影响居民生产生活问题均得到解决。中山市检察机关通过上下一体化联动，积极作为，解决社会公共利益突出问题，及时回应了群众关切。

3. 构建公益诉讼宣传支持体系

积极邀请人大代表、政协委员、专家学者等参与监督、听证活动，为案件办理提供各类专业意见，凝聚公益保护共识。同时开展专题宣传，营造良好氛围。创新开展公益诉讼宣传周活动，在中山检察"两微一端"发布公益诉讼宣传视频和普法案例，宣传党建业务融合经验做法，不断增强群众对公益诉讼检察的知晓度、参与度和获得感。创新宣传方式，提升社会影响力。在沙溪镇凤凰山建成全省首个公益诉讼普法园，通过公益诉讼知识长廊、典型案例介绍、生态修复展示、环保法律知识宣传等方式，让群众在游览公园的同时，切实感受到"绿水青山就是金山银山"的环保理念，自觉成为公益诉讼、生态环境保护的参与者、践行者和推广者。

（三）科技助力供支撑

适应新时代检察工作的新要求，探索科技融入公益诉讼办案新模式。通过卫星遥感、无人机航拍、快速检测、电子证据恢复、大数据分析、三维建模等新技术手段多渠道取证，破解取证难、鉴定难等办案难题。建立公益诉讼检测基地，全面加强全市检察机关公益诉讼技术支撑力量，更好地服务保障生态文明建设和食品药品安全。中山市第二市区人民检察院建成多功能公益诉讼快检实验室，配备食品安全快速分析仪、多参数水质分析仪、土壤监测仪、气体检测仪、数字声级计、精密电子天平、固相萃取装置等仪器，可用于检测食品中的非法添加物、农药残留、水质、土壤环境质量、空气质量等数据，以快速甄别线索、准确判定性质，切实发挥技术支撑办案的积极作用。中山市检察院电子物证实验室引进 RTK 厘米级定位测绘无人机，实现高精度的距离、面积、体积测量，结合 GIS 遥感卫星信息办案系统获取时序卫星影像图，还原历史时期地貌变化情况，已初步搭建成"天空地"一体化办案技术支持体系。实验室近年来共参与办理各类公益诉讼案件 215 宗，采集检测水样 87 个，出具水质分析报告 19 份，进行无人机现场勘查 52 次，运用 GIS 遥感卫星技术办理案件 25 宗，出具勘验笔录 15 份，有效提升办案质效和司法公信力。同时，设计研发"中山公益随手拍"小程序，2022 年共计收到市民举报线索 155 条，其中符合公益诉讼线索立案条件的 18 条，通过《广东省中山市人民检察院公益诉讼案件线索举报奖励办法（试行）》奖励举报人 14 名，发放奖金金额4000 元。

（四）调研提炼固成果

中山市检察机关坚持以检察公益诉讼履职服务保障全市中心工作，以专项报告的形式主动将公益诉讼工作情况向市委、市人大汇报，争取支持。中山市人大专门召开常委会审议有关议题，对公益诉讼工作给予高度肯定和认可。针对海洋沙洲被盗挖案、洪奇沥水道非法洗砂案中调研发现的系统性、普遍性问题，撰写报告分别提出立法建议，及时报市人大研究立法保护。在火灾防范、固废管理等地方性法规中率先引入检察公益诉讼条款。深化理论研究搭建长效机制。中山市检察机关与市水务局在调查取证、技术指导、支持起诉等方面开展了广泛的合作，并对合作经验总结整理，形成《中山市水行政执法与检察公益诉讼协作机制实施办法》，进一步提升水环境领域公益诉讼诉源治理效能。在翠亨新区国财案件中，加强与深圳市检察院的协作，并将合作成果纳入《互学互鉴共同服务大湾区法治建设合作框架协议》，为跨区域检察协作共同守护美丽大湾区建设打下坚实基础。

（五）淬炼队伍强能力

中山市检察机关坚持把队伍建设作为战略基础性工作来抓，补齐短板弱项，提升业务素能，着力提升公益诉讼队伍专业能力建设。探索"党建+公益"发展模式。充分发挥党建工作引领、激励和支撑作用，探索党建、业务发展，带队伍建设一体谋划，推动党建工作、公益诉讼工作和队伍建设同向发力、同频共振。以党建促业务能力提升，以中山检察公益诉讼指挥中心为平台，将上下两级院公益诉讼检察办案人员进行整合，极大扩充了公益诉讼党员队伍力量；以深入推进"我为群众办实事"实践活动为抓手，探索"检察公益诉讼助力乡村振兴"品牌创建，将党建与业务工作深度融合。建立公益诉讼办案人才库，保障公益诉讼队伍强有力的人才和智力支撑。通过业务培训、跟班学习提升业务能力。强化比学赶超氛围，提升队伍素能。培养和选拔公益诉讼专业人才，组织干警到最高检、省检跟班学习挂职锻炼，组织参加全省公益诉讼业务竞赛，两名干警分别获"业务标兵"和"业务能手"称号。举办"双导师培训计划"，由经验丰富的、业务能力强的干警结对培养，实现业务专业知识、思政理论水平双提升，构建"学、练、赛"一体化岗位练兵机制；通过参与"检察故事汇""读书分享会"和辩论赛活动，以赛促训，强化自身综合素质，提升履职尽责能力，匹配公益诉讼岗位不断提高的素能要求。

三 中山市检察机关公益诉讼发展建议

从 2017 年开始，中山检察公益诉讼一直紧跟党中央和最高人民检察院的步伐，注重法定领域案件的办理，积极稳妥推进新领域探索，未来将不断深化办案理念与工作机制，力争作出新成绩。

（一）持续推进法定领域固根本

1. 继续开展生态环境和资源保护领域、食品药品安全领域的常态化公益诉讼监督

生态环境和资源保护领域、食品药品安全领域是最早开展公益诉讼监督的领域，也是问题比较突出的领域，生态环境、食品药品安全与民生紧密相连，对这两个传统领域的监督工作要常做常新。现阶段，我国的主要矛盾是人民日益增长的美好生活需要和不平衡不充分的发展之间的矛盾。美好的生态环境是对人民群众美好生活的基本保障，但是粗放型的经济增长方式仍然存在，以生态换经济的情况依然屡见不鲜，这不符合党中央提出的新发展理念。同时，由于进入了网络时代，线上购物已经成为大趋势，线上经营的行为给行政监管带来了很大的困难，导致网络一度成为"法外之地"，生态环境和资源保护、食品药品安全领域侵犯法益的现象与互联网夹杂在一起，乱象频生，更需要公益诉讼常做常新，发挥推动社会治理的作用，保护生态环境与老百姓"舌尖上的安全"。

2. 加大国有土地使用权出让、国有财产保护领域的监督力度

国有土地使用权出让和国有财产保护领域是中山市检察机关公益诉讼工作的弱项，主要存在线索获取难、调查取证难、获得监督成效难的三大难点，主要原因在于两大领域专业性强、涉及面广，又与经济犯罪、职务犯罪密切相关，具有很强的隐蔽性，还夹杂着法律法规修改、机构改革等历史因素，错综复杂。结合其他省市的典型经验做法，中山市检察机关将通过与监察机关、公安机关、人大、政协等有关机关加强协作，建立线索移送机制与调查取证协作机制，与上述机关共同发挥保护国有土地、国有财产作用。

3. 结合区域特点增强其他法定领域案件办理力度

中山市地处珠三角，是粤港澳大湾区的几何中心和重要节点城市，其产业呈现"4+'4+6+4'+'2+3+4'"的布局体系。4大农业包括水产、花卉苗木、蔬菜、特色水果。"4+6+4"制造业包括4大战略性支柱产业：智能家居、电子信息、装备制造、健康医药；6大战略性新兴产业：半导体及集成电路、激光与增材制造、新能源、智能机器人、精密仪器设备、数字创意；4大特色优势产业：纺织服装、光电、美妆、板式家具。"2+3+4"现代服务业包括2大支柱型现代服务业：现代金融、商贸流通；3大领域：商务会展、文化旅游、现代物流；4大成长性服务业：科技服务、信息服务、健康服务、商务服务。其中制造业与服务业多数是劳动密集型产业，尤其是纺织服装业、美妆业、健康服务业、商务服务业的女职工较多，如何通过开展公益诉讼与行政机关、行业自治组织等建立保障妇女权益的机制是中山市检察机关接下来的着力点。同时中山市的寄递与物流行业较为繁荣，如何确保寄递安全、公民个人信息的安全也是公益诉讼高质量发展新的增长点。随着近年来新能源汽车的普及，充气、充电设施在中山的建设方兴未艾，安全

生产问题也浮出水面，发现新能源汽车安全生产领域的监管漏洞，促进该领域的社会治理也是中山市检察机关公益诉讼履职义不容辞的责任。

（二）围绕服务大局保民生

1. 紧紧围绕党的二十大报告及中央"一号文件"，大力开展耕地保护领域公益诉讼工作

加大与中山市自然资源局协作力度，针对全市存在的占用耕地违建、养殖等行为，以三资平台上耕地的招拍挂为切入点，靠前开展耕地保护公益诉讼监督工作。同时，在开展耕地保护公益诉讼工作时更加注重政治效果与社会效果，尝试推动破除"恢复原状"的传统理念，努力推动"生态环境修复理念"，争取违法行为人更有意愿履行修复义务，实现双赢多赢共赢。

2. 回应群众关切，加大"外卖骑手"等新业态从业人员劳动权益保障力度

针对党的二十大报告明确指出要加强新就业形态劳动者权益保障和近两年两会期间代表、委员的建议提案提及的"外卖骑手"等新业态从业人员权益保障问题，中山市检察机关致力于积极回应群众关切，探索积极稳妥的新业态劳动者权益保护路径，促使相关劳动者群体与用工单位订立劳动合同，督促用人单位为劳动者购买社保，并探索为"外卖骑手"购买职业伤害保险，让每一位"外卖骑手"能够有尊严、无后顾之忧地工作。

3. 探索个人信息保护案件的惩罚性赔偿运用

中山市检察机关发现非法收集、购买、出售公民个人信息的手段与内容多种多样，行业监管存在漏洞，快递公司未使用隐私面单导致快递单上的个人信息被快递从业人员偷拍后用于非法销售牟利的现象频发，且快递公司发现公民个人信息泄露后未及时采取有效措施并向主管部门报告，导致已售的个人信息仍存在再次被泄露的危险，还有更多的公民个人信息处于可能被泄露的危险之中，邮政主管部门存在履职不到位的情况。通信运营商对工作人员的管理可能存在漏洞，从业人员存在利用职务或工作便利非法获取公民的手机卡及验证码并将上述个人信息出售牟利，电信行业主管部门存在履职不到位的情况。中山市检察机关加大公民个人信息司法保护力度，开展一案三查，既严厉打击侵犯

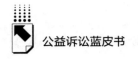
公民个人信息的犯罪行为，也注重从民事公益诉讼、行政公益诉讼角度进行溯源治理，并针对情节严重的公民个人信息案件探索适用惩罚性赔偿。

（三）立足湾区融发展

中山市处于粤港澳大湾区的几何中心，中山市检察机关围绕省委"环珠江口100公里黄金内湾"建设，紧抓大湾区检察公益诉讼合作战略机制发展和深中融合互动发展，与珠海、江门、佛山、广州南沙、深圳前海等检察机关探索建立跨区域公益诉讼协作机制。聚焦大湾区海洋生态环境保护，联合开展区域协作海洋生态环境公益诉讼监督，实现对"两个主体"的全覆盖法律监督和溯源治理，推动乡村振兴和美丽湾区生态文明建设。同时以"个案"为契机，加强大湾区海洋生态环境的品牌建立，开展学术研究与人才培养共育发展。

1. 落实现有协作机制，办理一批有影响力的跨区域公益诉讼典型案件

建立机制是前提，落实机制是关键，目前中山市已与珠海、江门两地检察机关建立跨区域生态环境公益诉讼协作机制，着力就跨区域倾倒固体废物、污染海洋、非法捕捞等污染环境、破坏生态等案件协同发力，共同推进生态环境的保护，通过办理典型案件体现协作机制力量。

2. 共同推进跨区域公益诉讼协作理论研究，形成一批跨区域治理的理论成果

理论来源于实践，又引领实践发展。中山市检察机关将与大湾区城市群检察机关在办理跨区域公益诉讼案件尤其是跨区域生态环境公益诉讼案件中的实践总结，共同推进跨区域公益诉讼协作的理论研究，形成理论成果，并通过湾区共学形式交流研究成果，让理论成果转化为实践效能。

3. 探索建立更广泛领域的公益诉讼协作机制

目前的区域协作主要集中于生态环境保护领域。珠江三角洲城市密集，交通便利，经济融合度高，城市间危化品的运输、储存、经营、物流、快递等安全生产领域亦存在跨区域特点，网络发展使得侵犯公民个人信息具备明显的跨时空特点，因此安全生产和个人信息保护领域同样可以探索跨区域协作机制。

（四）数字检察连未来

加快公益诉讼检察数字化建设。检察大数据战略是法律监督质效飞跃的关键变量和科技翅膀，是检察机关服务大局、为民司法的新引擎、新驱动，目前中山市检察机关数字化平台建设正在探索阶段，应多措并举补齐短板，积极与执法部门对接，打破"数据壁垒"，促进公权力部门之间信息数据的互联互通，建立信息共享制度。建设"中山公益诉讼检察大数据法律监督平台"，综合集成数据、算法、模型、算力等要素，形成以数据计算分析、知识集成运用、逻辑判断推理为核心的智能化系统，以"数字革命"驱动新时代公益诉讼法律监督提质增效。

1. 以常用监督模型为抓手

公益诉讼检察大数据法律监督平台的建立并非一朝一夕能完成，可以先从建立几个常用领域的监督模型入手，以"数字赋能监督，监督促进治理"，由传统的"数量驱动"向"数据赋能"转变，实现"个案办理—类案监督—社会治理"的法律监督路径，提供更加优质高效的检察产品，推动国家治理能力现代化。坚持线上与线下有机融合的思维方式，形成线上、线下相互辅助、共同推进态势。同时，中山市检察机关力争实现有线与无线的相互融通。随着互联网技术的发展，各类 App 及微信小程序等为人们的生活带来了诸多便利，也为数字检察的发展提供了一种全新的思路，利用无线终端的便捷性提供更加优质的检察服务亦成为新的刚需。

2. 深入挖掘检察监督"数据池"

数据是建立公益诉讼检察大数据法律监督平台的重要基础，目前中山市检察机关仅有市生态环境局水质监测系统的数据来源。下一步将搭建大数据平台，在职能部门之间建立信息数据库联网或数据交换平台，逐步将市场监管、税务、环保、城管等部门行政执法处罚数据信息纳入大数据平台，且将12345 举报投诉平台、12309 检察服务中心平台数据对接，通过各单位进行专题会商，就数据共享的条件、程序、方式等予以明确，设立专人专岗定期将相关数据上传平台，打通信息数据交换通道。

B.9
河南省濮阳市检察公益诉讼发展年度报告

濮阳市人民检察院课题组 *

摘　要：　通过对河南省濮阳市 2018 年 1 月至 2023 年 4 月检察机关办理的公益诉讼案件进行实证分析，详述民事、行政诉讼法规定的传统领域办案情况、单行法授权的领域办案情况及其他领域案件办理情况、起诉案件办理情况，并对获评省级以上典型案例情况作细节说明。在此背景下，笔者认为应当通过完善立法为检察公益诉讼法治实践提供制度保障，通过规范办案为检察公益诉讼融入产品思维，通过锻造队伍为检察公益诉讼提供人才支撑。

关键词：　检察公益诉讼　办案成效　公益诉讼办案领域

　　习近平总书记指出，由检察机关提起公益诉讼，有利于优化司法职权配置、完善行政诉讼制度，也有利于推进法治政府建设。检察公益诉讼制度是在习近平法治思想指引下孕育诞生的、以法治思维和法治方式助推国家治理体系和治理能力现代化的重大改革举措。2022 年 10 月，党的二十大报告首次提出"加强检察机关法律监督工作""完善公益诉讼制度"，充分体现了党中央对公益诉讼制度设计和检察实践的高度重视，同时也说明检察公益诉讼制度仍有待发展完善。2023 年是全面贯彻党的二十大精神的开局之年，也是公益诉讼检察走过全面推开五周年重要时间节点进入转型

---

　　* 课题组成员：牛全瑞，河南省濮阳市人民检察院党组书记、检察长，二级高级检察官；王令宝，河南省濮阳市人民检察院党组成员、副检察长，二级高级检察官；王振涛，河南省濮阳市人民检察院第七检察部主任，一级检察官；朱来宾，河南省濮阳市人民检察院第七检察部副主任，四级检察官助理；秦胜男，河南省濮阳市人民检察院第七检察部五级检察官助理。

升级、迈向高质量发展的重要一年。现将近年来全市检察公益诉讼办案情况报告如下。

一　案件办理情况

（一）办案情况概述

全市两级院专设公益诉讼检察部门或办案组织，深化一体化办案机制，构建以市级为"枢纽"、基层为"支点"的办案模式，建立市检察院公益诉讼调查指挥中心，实行重大案件统一调度、集中攻坚，健全完善案件质效评查机制，确保依法规范履职，综合运用检察建议、提起诉讼、督促支持符合法律规定的机关和组织以及其他主体提起民事公益诉讼等方式开展工作。

自 2018 年 1 月至 2023 年 4 月，濮阳检察机关认真履职，落实好公共利益代表神圣职责，共办理公益诉讼案件 1389 件，办理生态环境和资源保护、食品药品安全、国有财产保护、国有土地使用权出让等传统法定领域案件 1109 件，占全部案件的 80%；办理英烈权益保护、未成年人保护、个人信息保护、安全生产、军人地位和权益保障、妇女权益保障、反垄断、农产品质量安全、反电信网络诈骗等 9 个单行法授权领域案件 132 件，占总案件数的 9%；省人大常委会授权的产品质量安全、公共交通安全、文物和文化遗产保护等领域办理 57 件，占总案件数的 4%；国防教育、校外培训机构监督等其他专项监督领域 91 件，占总案件数的 7%。①

（二）民事、行政诉讼法规定的传统领域办案情况

濮阳检察机关深耕主业，树立数量为基、质效优先导向，聚焦传统法定领域强化履职，持续发力，久久为功，着力在推进法治社会建设、增进民生

---

① 如无特别说明，本报告数据均来自河南省濮阳市人民检察院公益诉讼部门。

福祉、促进人与自然和谐共生中更好地发挥作用。共办理生态环境和资源保护领域 825 件，食品和药品安全领域 260 件，国有财产保护领域 18 件，国有土地使用权出让领域 6 件，分别占总案件数的 59.4%、18.7%、1.3%、0.4%。

生态环境和资源保护领域 825 件中，生态环境领域项下细分为大气污染类 155 件，水污染类 213 件，土壤污染类 135 件；资源保护领域项下耕地资源保护类 197 件，野生动物资源保护类 52 件，林业资源保护类 25 件，水资源保护类 23 件，矿产资源保护类 25 件。食品和药品安全领域，其中食品安全类 182 件，药品安全类 78 件。

（三）英烈权益保护、安全生产、个人信息保护等单行法授权的领域办案情况

在"党委领导、人大主导、政府依托、各方参与"的立法工作格局下，全国人大常委会通过单行法律的制定和修改，授权检察机关在英烈权益保护、未成年人保护、军人地位和权益保障、安全生产、个人信息保护、反垄断、反电信网络诈骗、农产品质量安全、妇女权益保障、无障碍环境建设等领域开展公益诉讼，法定领域不断拓展。自 2018 年 5 月 1 日，全市检察机关共办理单行法授权领域案件 174 件，其中安全生产领域 93 件，英烈权益保护领域 36 件，个人信息保护领域 27 件，未成年人保护领域 8 件，军人地位和权益保护领域 7 件，农产品质量安全领域 2 件，妇女权益保障领域 1 件，反垄断、反电信网络诈骗领域均为 0 件。

（四）其他领域案件办理情况

濮阳市县两级院共办理省人大常委会授权领域案件 57 件，其中文物和文化遗产保护领域 45 件，产品质量安全领域 12 件。共办理上级院部署的专项监督活动 49 件，其中无障碍环境建设专项监督活动案件 39 件，校外培训专项监督活动案件 5 件，国防教育专项监督活动案件 5 件。

（五）起诉案件办理情况

濮阳市县两级院共办理起诉案件 120 件，其中行政公益诉讼起诉案件 4 件，均为文物和文化遗产保护领域案件；民事公益诉讼案件 4 件，其中 1 件为支持环境组织提起诉讼，环境保护领域、英烈权益保护领域、个人信息保护领域案件各 1 件；刑事附带民事公益诉讼案件 112 件，涵盖生态环境和资源保护领域、食品安全领域及个人信息保护领域。

二 办案成效

濮阳检察机关依法能动履职，推动公益诉讼更好地服务大局、保障民生。把准"党委政府法治助手"定位，助力重大战略实施和高质量发展。

一是践行主动服务理念。聚焦黄河保护、乡村振兴、污染防治等中心工作，以及食药安全、安全生产、个人信息保护等人民群众关切的现实问题，找准结合点、发力点，加大办案力度。紧盯环保督察反映问题开展监督，督促恢复耕地、林地 2450 余亩，督促清理垃圾 39.5 万吨，索赔公益损害赔偿金 3950 万元，督促追缴土地出让金、国有财产等 1.13 亿元。南乐县检察院通过依法履职，督促无偿收回价值 6570 万元的土地使用权。

二是践行重点服务理念。将专项活动作为推动重点领域治理、重点问题解决的有力抓手，积极推进黄河清四乱、河道行洪安全、农村人居环境整治、大气污染防治等专项监督活动，取得了较好成效。针对违法占用黄河滩地建设砖窑厂的行为，市检察院持续跟进监督，督促消除黄河防汛安全隐患，有效保护黄河生态环境。

三是践行创新服务理念。不断创新办案方式方法，推动公益诉讼更好融入大局、服务发展。市检察院办理的某公司污染环境民事公益诉讼案，协同法院积极探索分期赔付，并同意购买环境责任险、以技改升级费用等折抵赔偿款，既依法保护受损公益，又落实"六稳""六保"要求、帮助企业解决实际困难，被"两高"评为典型案例。

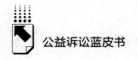

三　获评省级以上典型案例情况

（一）省级以上典型案例年度分布情况

自 2019 年以来，濮阳检察机关持续深入开展学习研究，探索总结，提高能力水平，积极培育典型案例，创新办案实践，共获评省级以上检察系统典型案例 39 件，其中获评最高检典型案例 12 件，获评省院典型案例 27 件。各年度获评省级以上典型案例情况为 2019 年 1 件，2020 年 2 件，2021 年 13 件，2022 年 15 件，2023 年 8 件。

（二）市院及各县（区）院获评省级以上典型案例情况

濮阳县院 6 件，清丰县院 6 件，南乐县院 3 件，范县院 3 件，台前县院 10 件，华龙区院 4 件，市院 7 件。

（三）法定领域获评省级以上典型案例情况

在获评的 39 件典型案例当中，生态环境和资源保护、食品药品安全、国有财产保护、国有土地使用权出让等传统法定领域共计获评省级以上典型案例 30 件，单行法授权的领域获评省级以上典型案例 5 件，其他领域典型案例 4 件。

生态环境和资源保护领域获评省级以上典型案例 23 件，其中大气污染 2 件、水污染 6 件、土壤污染 2 件；耕地资源 9 件、野生动物资源 1 件、林业资源 1 件和矿产资源 2 件。食品和药品安全领域获评省级以上典型案例 7 件，其中食品安全 4 件，药品安全 3 件。英烈权益保护 1 件，未成年人保护 1 件，个人信息保护 3 件。

四　综合分析

5 年来，濮阳检察机关公益诉讼检察部门聚焦公益保护重点积极履职，在做优做深传统法定领域的基础上，稳步做实做强新增法定领域，及时回应社会关切、群众关注，公益诉讼治理效能逐渐显现，办案质效不断提升，有效推动了检察公益诉讼进位升级，提升了濮阳检察公益诉讼工作的整体影响力。

濮阳检察机关深化职能发挥，推动公益诉讼助力社会治理。一是市院加强领导、精准指导、示范引领，基本实现办案领域全覆盖。濮阳市院办理的督促台前黄河滩区拆除违建案，检察建议书被评为全国优秀公益诉讼检察建议；办理的诉山东巨野锦晨精细化工有限公司等环境民事公益诉讼案被最高检、最高法评为典型案例，并入选最高检公益诉讼检察大事记。濮阳市院强化"一线指挥部"作用，围绕案件办理、工作创新、案例培育、专项推进等方面持续做细做实对下指导，推动公益诉讼检察一体发展。二是突出办案重点，强化生态环境和资源保护领域案件办理，围绕大气、水、土壤、矿藏、森林等环境因素做精法定领域。濮阳检察机关重点排查土壤污染、固体废物污染、危险废物等物质污染案件线索，指导基层院办理了一批整治农药包装废弃物回收不规范案件，督促建立县乡村三级回收体系，消除农业面源污染。积极排查研判噪声、振动、光等能量污染案件线索，寻找新的办案增长点，南乐县院办理了整治噪声污染系列案件，切实守护人民群众美好生活。将生态环境延伸为生物多样性保护，清丰县院办理的宋某某等 13 人非法捕捞水产品刑附民公益诉讼案被最高检生物多样性保护专刊刊发。濮阳县检察院在濮阳金堤河国家湿地公园成立濮阳检察生物多样性保护公益诉讼基地，秉持共赢理念，坚持主动履职、协同保护，做好生物多样性保护工作。三是深入开展专项监督活动，更深层次融入社会治理。持续落实食品药品"四个最严"要求，深入开展抗（抑）菌制剂非法添加案件办理工作，在履职中防止就案办案，统筹市县两级院围绕非法添加药品成分问题、消毒产品与药品混合摆放问题集中立案办理，厘清卫健委、市场监管局各自工作职责，以"我管"促"都管"，切实保护人民群众用药安全。四是落实持续跟进监督理念，做精公益诉讼起诉案件。从诉前程序到提起诉讼再到裁判执行，把"回头看"嵌入公益诉讼常规办案流程，一个环节一个环节持续跟进，确保每个环节都求规范，每起案件都有实效，并对已办结重点案件再次抽样进行整改效果评估，对于反弹回潮情况，通过诉的方式、诉的形态解决问题，把公益保护做实、落实，确保监督刚性。五是持续优化机制建设，积极开展协同办案，不断拓展履职能力。积极推行"办案+培训+研究"立体化机制，坚持精细化办案，打好基础；坚持案例化培训，突出质效；坚持渗透式研究，提升水平。推动建立豫鲁两省沿黄检察公益诉讼协作机制，促进黄河流域协同治理、系统治理，在最高检检察公益诉讼五周年"五好"宣传中获评"好机制"。

濮阳检察公益诉讼工作取得长足进步和显著成效的同时，仍然存在一些不容忽视的短板弱项。一是办案结构有待进一步优化。在案件领域方面，食品药品安全领域案件占比偏低，国有财产保护和国有土地出让领域案件办案进展无明显改观，新领域案件探索力度不足。在案件结构方面，起诉案件数量少，单独提起行政、民事公益诉讼案件比例偏低。二是办案质效有待进一步提升。案件存在监督层次较浅、效果不够突出的问题；办案时需进一步提升调查取证、事实分析、法律适用及文书制作等各方面工作标准；大数据监督思维欠缺、智慧借助不足，以数字检察赋能促进诉源治理的能力亟待提升。三是理论学习有待进一步加强。理论学习研究工作比较薄弱，就案办案较多、调查研究较少，重实践探索、轻理论研究的现象还比较突出。需进一步在办案实践中总结经验，围绕公益损害事项、行政违法行为、适格诉讼主体、法律明确授权等方面加强研究，推动实践与理论深度融合、发展互促。

五　制度完善建议

我们将坚持问题导向，健全体制机制，积极稳妥推进，交好以检察工作现代化服务中国式现代化的"必答卷"，使公益诉讼检察更好地发挥保护国家利益和社会公共利益的作用。

首先，完善立法，为检察公益诉讼法治实践提供制度保障。公益诉讼是检察机关的法定职责，检察机关在行使公益诉讼检察权时必须严格遵守宪法和法律的规定，依法监督、规范监督。检察公益诉讼开展以来，相关制度规范不断完善，形成了基本法律、单行法律、司法解释、地方性法规、规范性文件等多层次规范体系。同时，也应当看到，当前立法层面的制度供给多限于公益诉讼办案领域的授权性、概括性规定，对公益诉讼制度实施的细节规定不够明晰，公益诉讼的起诉条件、诉讼请求、责任方式、证据规则、诉讼处分、胜诉利益支配等具体内容难以照搬传统诉讼规则，远不能满足司法实践需求。良法善治是现代法治的核心，公益诉讼在现代法治体系中具有重大变革意义，是涉及多重权力关系的综合性制度机制，其良好实施需要完整规范的法律规则体系，专门立法势在必行。需进一步理顺检察公益诉讼与行政执法、检察机关与社会组织提起诉讼、行政公益诉讼与民事公益诉讼的关系，合力齐抓共管，避免重叠交叉；强化公众参与，注重在公益损害认定、公益修复方案制定、裁判执行等关键环节更广泛、更直接地听取、征求利益相关方意见；类型化构建公益诉讼制度体系，根据所在领域、针对不同问题设计不同的具体规则。

其次，规范办案，为检察公益诉讼融入产品思维。新时代人民群众需要更优质的法治产品。检察公益诉讼是以法治思维和法治方式推进国家治理体系和治理能力现代化的重要制度设计，必须牢牢守住高质效办好每一起案件这一生命线。办好案件是公益诉讼质量建设的核心，程序、文书规范是基础，纠正违法行为、恢复公益损害是关键，类案办理和诉源治理是办案效果的延伸。一要规范监督。严格遵循《人民检察院公益诉讼办案规则》，准确把握立案调查、检察建议、诉讼请求等关键环节，将"提高办案效率、提升治理效能"作为重要价值追求贯穿于办案各个阶段，以监督办案促各方履职，激活现有公益保护机制，形成公益保护合力。二要持续监督。把"回头看"嵌入公益诉讼常规办案流程，针对个别假整改、易反复等突出问题，对检察建议落实情况常态化开展"回头看"，从诉前程序到提起诉讼再到裁判执行，持续跟进，闭环管理，真落地、见实效。三要能动监督。在办好个案的同时能动履职，深刻分析公益受损原因，解决个案背后隐藏的普遍性问题，以类案监督推进诉源治理，努力实现办理一案、警示一片、治理一

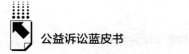

域的良好办案效果。在深耕传统法定领域的基础上，积极稳妥拓展公益诉讼案件范围，既要有勇于担当作为的精神状态，又应当秉持理性谦抑的法治精神，立足公益诉讼职能定位，依法规范办案，确保办案质效，为人民群众提供更加优质的公益诉讼检察产品。

最后，锻造队伍，为检察公益诉讼提供人才支撑。以深化法律监督为核心，以推动"四大检察"全面协调充分发展为目标，优化内设机构设置，完善检察职能配置，合理配备检力资源。实行由专门部门集中受理和统一办理公益诉讼案件模式，在基层院探索公益诉讼检察机构单设，将业务骨干充实到公益诉讼办案一线。针对检察人员素质能力与公益诉讼业务需要不相适应的问题，检察机关需建立健全公益诉讼理论研究与实践紧密结合的机制，在实践中发现问题、提炼问题，用理论研究解释问题、回应问题，实践与理论互动反哺。进一步推广适用"培训+办案+研究"立体化精准化培养模式，以案代训、以训促研、以研提质，形成人员素质与工作质量双提升格局。抓好人才这一关键变量，大力加强复合型人才培养、年轻干部培养、数字检察等领域特色人才培养，加快锻造一支引领现代化建设、堪当民族复兴重任的高素质专业化检察公益诉讼队伍。

B.10
贵州省余庆县检察公益诉讼发展年度报告

卢国涛　陈朝伟　陈晓洪*

摘　要：　通过对贵州省余庆县检察院公益诉讼工作开展情况进行概括梳理，归纳其聚焦传统重点领域能动履职、积极稳妥逐步拓宽监督领域、协同共治增强保护公益合力、坚持守正创新提升办案质效等工作特色。针对余庆县检察院公益诉讼检察工作存在的诸多问题，未来将通过服务保障中心大局、提升法律监督质效、凝聚公益保护共识、提升队伍整体素能等方式作为工作思路，推动公益诉讼检察工作高质量发展。

关键词：　检察公益诉讼　办案质效　公益合力

党的二十大报告强调"加强检察机关法律监督工作""完善公益诉讼制度"。公益诉讼检察是满足新时代人民群众对美好生活需要的重要制度设计，也是运用法治思维和法治方式助推国家治理体系和治理能力现代化的重要制度安排。位于历史名城遵义市西南部的余庆县是"四在农家"发源地，2022 年贵州省余庆县人民检察院（以下简称余庆县检察院）立足公益诉讼检察职能，紧紧围绕党中央加强生态文明建设、乡村振兴、长江经济带发展等重大战略部署，不断加强办案力度，及时回应人民群众对美好生活的新期待和新要求。

---

* 卢国涛，贵州省余庆县人民检察院党组书记、检察长；陈朝伟，贵州省余庆县人民检察院党组成员、副检察长；陈晓洪，贵州省余庆县人民检察院第二检察部主任。

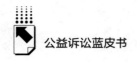
一　工作概况

余庆县检察院立足"公益之诉、督促之诉、协同之诉"的职能定位，更新并牢固树立"双赢多赢共赢""诉前实现保护公益目的是最佳司法状态""持续跟进监督"等办案理念，严把案件立案、诉前、起诉、结案关，做细调查核实、做实跟进监督、做精审查起诉，严禁检察建议滥发乱发，监督刚性、精准性持续提升，办案政治效果、社会效果和法律效果日益彰显。

从绿水青山到蓝天白云，从"舌尖安全"到"脚下安全"，从古树珍禽到文物文化遗产，从英雄烈士保护到老年人等特殊群体保护……2022年，余庆县检察院履职调查公益诉讼案件线索67条，立案办理行政公益诉讼案件37件，其中发出诉前检察建议17件，诉前磋商20件，均得到行政机关采纳并整改；办理民事公益诉讼案件27件，已办结23件，其中民事公益诉讼起诉8件（起诉2件，申请司法确认6件），刑事附带民事公益诉讼10件，移送上级院起诉3件，决定终结2件。提起公益诉讼案件和支持起诉案件获法院判决支持率均为100%。通过办案，督促保护耕地、林地等36.77亩，清理河道63公里，排查清理存在非法捕捞作业隐患的自用船舶95艘，动员18艘船体破损严重的船主主动注销船只，向侵权行为人索赔修复生态、治理环境费用219913元；适用惩罚性赔偿规定追偿公益赔偿金645856元；基于办理公益诉讼案件推动行政主管部门完善行政监管制度机制6项；牵头完善相关工作机制5个，促成区域性、系统性问题得以根本解决；撰写工作经验、工作信息共31篇，得到国家级转发16篇；7人次获省市表彰，公益诉讼检察、"四号检察建议"落实、食药环监管领域行政执法与检察司法衔接配合等工作经验获市院主要领导批示肯定。[①]

---

① 如无特别说明，本报告数据均来自贵州省余庆县人民检察院公益诉讼部门。

二 工作特色

（一）聚焦传统重点领域能动履职

深入开展"我为群众办实事"活动，把"碧水润家园""助力乡村振兴""耕地保护"等专项活动作为重要抓手，精耕细作四个传统领域，围绕贵州省推动国家生态文明实验区建设和大生态战略，立足余庆县资源禀赋，立案办理生态环境和资源保护公益诉讼案件31件；坚持以人民为中心，专注食品药品安全，在网络食品安全、特色农产品安全、服务保障疫情防控上发力，立案办理食药安全领域公益诉讼案件9件；立案办理国有财产和国有土地使用权出让领域公益诉讼案件3件，有效促进余庆县辖区高龄补贴发放领域规范，有效防止国有财产流失，促进行政职能部门对省级森林公园整体基础设施进行维护维修。

1.守护"多彩乌江"，创建业务品牌

乌江干流流经遵义市余庆县境内河段长61.9公里，国家"十五"计划重点工程、贵州省"西电东送"战略标志性工程构皮滩水电站就位于余庆县。余庆县检察院在开展"四大检察"护航"十大产业"高质量发展专项工作中，发现构皮滩水电站多年来受漂浮物影响，对发电机组构成安全隐患。经调查，该电站所涉漂浮物来源于遵义市、黔南州和贵阳市的多个县市区，漂浮物不仅污染乌江流域生态环境，还对贵州"黄金水道"通航形成安全隐患。余庆县检察院强化全局意识，主动向上级院汇报案件线索，省、市院多次亲临案件现场调研取证。

贵州省人民检察院将乌江流域构皮滩河段公益受损案向省委省政府进行专题汇报，省领导先后作出重要批示。2021年12月1日贵州省人民检察院对乌江流域公益受损案立案调查，成立了省市县三级一体化办案组，将案件线索分区域分级别交办相关市县检察机关办理。贵州省人民检察院分别在余庆县检察院、巡河船上、构皮滩发电厂等地以案件线索讨论会、工作调度

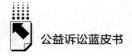

会、案件办理推进会等方式充分发挥统筹协调作用，上下联动分工协作提升乌江保护质效。

余庆县检察院积极参与推进乌江流域生态修复工程，立案办理案件 24 件（行政公益诉讼 19 件，民事公益诉讼 5 件），通过"日常办案+普法教育+纠正违法+诉源综合治理"等方式营造保护乌江的良好氛围，推动清理河段 40 余公里，聘请水库保洁员 19 名，增设垃圾箱及垃圾清运设备 15 个，制作固定宣传警示牌 34 块。其中督促余庆县某镇"清漂"行政公益诉讼案作为贵州省人民检察院"乌江专案"重要组成部分在听证会上进行全案展示。余庆县检察院以协助省市检察院办理乌江干流构皮滩水电站河段公益受损案为契机，努力打造红色党建引领、绿色生态发展、黄色安全防范、蓝色检察服务，共护红色乌江、生态乌江、安全乌江、经济乌江，积极探索检察机关参与大江大河治理贵州蓝本的余庆经验，创建"检察新长征·余庆乌江美·最美遵义行"业务品牌在贵州省人民检察院推广。

2. 落实"四个最严"，守护"舌尖安全"

民以食为天，食以安为先。为落实习近平总书记食品药品安全监管"四个最严"要求，余庆县检察院加大与食药监管部门的协作力度，立足公益诉讼检察职能多措兼施，呼应社情民意，筑牢食药安全防线。对兰某某、张某某在生产经营兰记牛肉粉馆过程中，添加罂粟给牛肉粉提味并非法持有罂粟原植物种子的行为，建议对其判处实刑，经与二被告磋商达成民事公益诉讼案损害赔偿协议，由兰某某、张某某按照《食品安全法》的规定，支付销售金额 10 倍赔偿金 70260 元的方式承担民事侵权责任，以申请司法确认的方式节约司法资源。认真开展"检察蓝"守护"夕阳红"专项行动，依法提起民事公益诉讼 9 件，涉假药 8327 盒，其中熊某某、张某某销售含有醋酸泼尼松、布洛芬等药物生产的"关节再生胶囊"，与其宣传治疗功能严重不符，药物含量不清，严重侵害不特定消费群体的知情权和健康权。余庆县检察院通过"刑事打击+公益诉讼+社会治理"组合拳，实现从"治罪"到"治罪"与"治理"并重，促进源头织密药品安全保护网，该案入选贵州省人民检察院发布消费者权益保护典型案例。童某余在某乡镇农贸市场销售含有西地那非成分的虫草伟哥、肾宝片、虫草强肾王，余庆县检察院以 10 倍惩罚性赔偿提出刑事附带民事公益诉讼，该案入选市级发布的安全生产"打非治违"典型案例。

余庆县系传统农业大县，农村居民的主要收入来源于农业，近年来，余庆农业产业主打绿色有机品牌，推出的水稻、茶叶、蔬菜、水果、畜禽等产品得到市场认可。为守好农产品绿色发展底线，余庆县检察院能动履职聚焦余庆有机食品绿色安全保护，为居民收入持续增加保驾护航。针对农业面源污染问题督促行政机关走访排查农药市场 120 余户次，巡查基地 100 余个，建立问题台账 21 个，清理农药包装废弃物等面源污染物 1.6 余吨，建立各类农药包装废弃物回收点 464 个，开展科学安全用药培训提升群众认识，建立安全用药示范基地 2 个，组织开展安全科学使用农药培训 6 期 300 余人次，悬挂宣传标语 20 幅，推广科学防治农作物病虫害等绿色防控技术、农药减量控害技术，推广高效、低毒、低残留农药，鼓励使用大包装农药，减少农药包装废弃物的产生。

3. 把握"国财国土"规律，守护人民财富

准确把握国有财产和国有土地使用权出让领域公益诉讼检察职能特点和办案规律，不断加强办案力度，注重提升办案质效，助力国财国土治理能力和治理水平提升。针对"益心为公"检察云平台收到线索举报，称余庆县辖区未对部分已去世老年人及时停发高龄补贴，造成国有资产流失，损害了国家利益，及时与余庆县民政部门开展诉前磋商，经排查发放成功人员、本县已死亡人员、外县死亡人员并进行大数据比对碰撞，发现未及时停发外县死亡人员高龄补贴，2022 年上半年以来违规领取高龄补贴 5 人，涉及月份 13 个月，目前已经如数追回违规发放款项。民政部门与湄潭、凤冈等周边县建立共享机制，每月对比本县在周边县火化人员花名册和殡仪馆死亡花名册，对死亡未注销人员的状况进行立即整改，有效促进余庆县辖区高龄补贴发放领域的规范，有效防止国有财产流失。

收到群众举报的遵义市余庆县玉笏山省级森林公园观景台存在乱写乱画的线索后立即到现场进行了调查核实，发现观景台柱子上刻有低俗不雅文

字，严重影响森林公园整体形象，已组织人员对玉笏山观景台上乱写乱画的不文明语言利用油漆进行覆盖。针对玉笏山森林公园管理范围、各单位管理职责不明确，无保洁安全等人员、公园部分基础设施破坏等问题，经余庆县人民政府召集县林业局、县公安局、县综合执法局、县应急管理局等七部门专门召开专题会议，就玉笏山森林公园常态化管理形成专题会议纪要，明确了玉笏山森林公园各行政机关的工作职责，并聘用 7 名公益性岗位用于维护公园环境卫生和日常巡逻等工作，促进行政职能部门拨付专款对省级森林公园整体基础设施进行维护维修。

4. 践行"两山"理念，修复受损公益

积极践行恢复性司法理念，对破坏生态环境的侵权行为，督促侵权人通过增殖放流、消除污染、补植复绿、劳务代偿等方式落实修复责任，或要求侵权人赔偿生态环境修复、期间功能损失等费用，实现"办理一案、惠及一片、影响一面"的效果。积极探索推动公益诉讼制度与生态环境损害赔偿制度的顺畅有效衔接，让违法者为恢复受损公益"买单"，针对经营水厂过程中被行政处罚导致不满，基于报复行政机关的心态故意将垃圾填埋场中的垃圾渗滤液偷排至乌江三级支流余庆小腮河，造成生态环境受到污染的案件，创新运用《民法典》中环境侵权惩罚性赔偿制度提出 2 倍惩罚性赔偿生态环境修复费用获法院支持。探索以责令侵权人提供一定数量的生态环境公益劳动的方式修复受损生态，当事人田某某、何某某为了吃野生鱼，结伙到乌江支流水车河电鱼破坏了国家自然渔业资源，因田某某系分散供养特困人员、残疾等级为二级的多重残疾人（听力二级、言语二级、智力三级），不具有生态修复和缴纳生态修复费用的能力，但其愿意承担从事生态环境保护义务工作以代偿生态损失，因此对其通过"以劳代罚"方式巡河守护乌江生态。针对企业负责人非法占用农用地的涉案企业合规案件，与当事人就生态环境受到损害至修复完成期间服务功能丧失导致的损失 40167 元达成民事公益诉讼赔偿协议，将实际执行情况作为考察企业整改成效的重要因素，帮助企业尽快恢复正常生产经营秩序，通过"林长+检察长"推动各级林长及相关部门依法履行治林管林的责任，在践行"两山"理念的同时服务保

障民营企业高质量发展，引导全县涉林企业和员工树立合规意识，筑牢绿色可持续发展理念，实现"三个效果"的有机统一。

（二）积极稳妥逐步拓宽监督领域

把握推动完善国家治理导向，聚焦与人民群众密切相关问题，就安全生产法、个人信息保护法、未成年人保护法等新增法定领域立案办理新领域公益诉讼案件26件。

1.托牢群众"脚底下"安全

窨井盖不仅关乎群众平安出行，还直接影响城市的安全宜居程度，为贯彻落实最高人民检察院"四号检察建议"，余庆县检察院加强能动履职推进溯源治理，推动"四号检察建议"在本地落地落实，进一步推动全县安全生产监督工作，切实防范安全事故发生，相关经验做法得到市级领导批示肯定。聚焦全县窨井盖安全和无障碍环境建设方面存在的问题，经走访调查，余庆县窨井盖主要存在的安全隐患为沉降、破损、缺失、残破、侧翻、与路面存在高度差等情况。其中在道路上的部分窨井盖因建在道路车辆行驶轨迹上，且井深、井盖设计高度与后期路面存在高差，长期承压产生松动、沉降等，容易造成车辆损坏、交通事故、噪声扰民等问题；人行横道上的问题窨井盖威胁市民出行安全，如县果蔬市场人员密集区域的主干道上窨井盖缺失，窨井井深1.5米左右，未设置危险警示等标识，大人小孩稍有不慎有可能跌落，危及生命安全。"遵检公益掌上拍"小程序接收涉窨井盖线索12条，其中立案办理1件、推送行政机关11条，涉及隐患窨井盖50余个，目前均已整改完毕。积极介入行政机关对排污、通信等1500余个窨井盖安全进行巡查，对发现的4处隐患，督促行政主管部门当即进行整改。针对2020年度以前余庆县将一级、二级、三级管网分别由县水务局、县综合行政执法局、县住房和城乡建设局管护，县人民检察院在开展窨井盖安全工作中发现存在各级管网不便区分，涉及窨井盖的安全隐患问题存在"多龙治水"，各职能部门易发生推诿扯皮现象，促进余庆县深化水务一体化改革的推进力度，将三级管网统一归口由县水务局进行管护，促进了涉及雨污窨井

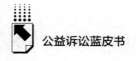

盖的归口管理。

2. 拧紧生活生产"安全阀"

《安全生产法》将预防性公益诉讼纳入安全生产领域，安全生产是一项系统工程，余庆县检察院以依法监督的"我管"促行政职能部门履职的"都管"，积极抓好最高检"八号检察建议"的落实落细，重点办理涉航运安全、燃气安全、网络预约出租车出行、高空抛物等与生产生活工作联系紧密的公益诉讼案件7件，为安全生产保驾护航。

针对乌江漂浮物对构皮滩水电站安全生产造成威胁，严重时对乌江干流通航及三级垂直升船机通航工程形成安全隐患的问题，根据案件不同情况以召开诉前磋商、公开听证、宣告送达、检察建议等方式立体多元提质增效，行政机关通过"清漂"专项行动、河流河岸垃圾集中清理行动、增设垃圾回收设备、落实专门管护队伍加强日常巡查和管理等方式开展整改工作，有效清理了河道沿岸和河流漂浮垃圾。针对余庆县城区内多处压燃气管线周边排污沟内存在可燃气体浓度过高，且周边3米内还有居民使用的压燃气管道，一旦发生事故将危及群众生命财产安全，存在较大安全隐患，向行政主管部门发送诉前检察建议，促进整改落实。针对余庆县网约出租车存在未取得经营许可从事经营、线上线下提供服务车辆或驾驶员不一致、超经营许可区域、未在平台下单等对广大乘客安全出行构成威胁的问题，发送诉前检察建议，促进开展打击道路运输市场"打非治违"专项行动，促进建立进一步加强网约车行业规范经营和安全生产监管整治制度，针对因法规制度缺陷、运营管理体系缺陷等存在行业监管困难，推动市级层面出台《遵义市网络预约出租汽车经营服务管理办法》，该案在全国检察机关"千案展示"平台上展示。

3. 织密个人信息"保护网"

在互联网、大数据等新业态为大众提供生活便利的同时，非法收集、利用、传播、贩卖公民个人信息者乘虚而入，广大群众收到骚扰信息、电信诈骗层出不穷。随着《个人信息保护法》将个人信息保护纳入检察公益诉讼的法定领域，余庆县检察院立足公益诉讼检察职能，紧紧围绕保护消费者的合法权益，2022 年以来余庆县检察院办理侵犯消费者合法权益的公民个人信息公益诉讼案件 7 件，公益赔偿金 47179 元，及时回应人民群众对美好生活的新期待和新要求。

余庆县检察院在办理陈某某侵犯公民个人信息案中发现其利用在手机卖场上班的便利，在微信上接受网络黑灰产业号商的指使，利用智能手机客户到其经营的某通讯店办理开卡上号、充值缴费等业务时机，趁客户不注意，未经他人允许将获取的手机号码和验证码向他人出售用以注册京东、国网、淘宝等 App，每注册成功一单，获取 1~40 元/条不等的佣金。至案发，陈某某通过"拉新"业务非法获利共计人民币 12776 元，且受害人大部分为老年人。余庆县检察院在依法提起公诉的同时，针对其造成大量公民个人信息泄露，侵犯了不特定多数消费者的合法权益，损害了社会公共利益的行为，及时加强线索评估研判并固定证据链，提出赔礼道歉、赔偿损失、消除危险等刑事附带民事公益诉讼请求，人民法院调解支持了检察机关的全部诉讼请求。

4. 推动守护红色文化血脉

遵义是革命老区，红军长征三次经过余庆，留下了许多珍贵的红色印记和重要的遗址遗迹，红色文化滋养着余庆人民。为弘扬革命文化，传承红色基因，余庆县检察院以开展"遵义文化记忆"专项工作为契机，在办案中加强宣传红色文化、弘扬烈士精神，让红色基因代代相传。为保护乌江两岸红色热土，余庆县检察院对辖区内的长征国家文化公园、革命遗址、文物保护单位、烈士陵园、零散烈士墓等进行实地探查，了解保护管护现状后，联合行政机关出台《关于加强协作推进英雄烈士和红色文化遗址保护实施意见（试行）》，形成保护红色资源合力。

针对余庆县辖区内县级保护文物杨赟墓、毛崇源墓、存三和尚墓的文物保护范围内的农作物或其他生长植被未及时清理，存三和尚墓被堆放垃圾，对文物造成了污染隐患，文物保护范围不清，县文化旅游部门怠于履行古墓葬文物保护职责行为可能致使社会公共利益受到侵害，余庆县检察院与行政机关开展诉前磋商，推动行政机关及时清理文物保护范围内的农作物及树

枝、杂草、垃圾，助推传承先辈留下的珍贵财产和文化精神。为推动非物质文化遗产传承与保护，检察官走进遵义泥牛黄工艺品有限公司，调研传统美术泥塑省级非遗传承人、非遗产业发展、检察服务需求等，竭力为非物质文化遗产企业平稳健康发展、持续优化营商环境提供法治保障，做法得到《检察日报》、人民网等主流媒体宣传报道。

（三）协同共治增强保护公益合力

1. 强化组织领导，注重统筹协调

突出党组示范作用，发挥头雁效应常态化。余庆县检察院按照"积善余庆·正义先锋"党建品牌创建思路，把公益诉讼检察作为"一把手"工程来抓，以"检察长工程"彰显检察担当。党组书记、检察长作为公益诉讼检察办案团队的一员，对公益诉讼检察工作负总责亲自抓，分管领导负专责具体抓，对检察公益诉讼案件全过程参与、全环节决策、全方位监督。2022年，余庆县检察院党组书记、检察长带头到乌江干流巡河，成立由"副检察长为组长+2名员额检察官+3名助理+2名司法警察+4名书记员"的办案队伍，党组成员带头办理19件，占29.68%。

配备无人机、快速检测仪、测距仪、望远镜等办案设备，给予充足的办案后勤保障，明确技术部门加强经纬度定位、卫星地图截图等技术支持和保障。余庆县检察院在积极参与推进乌江流域生态修复工程中，通过无人机拍摄主河道漩塘村附近漂浮物情况，通过卫星图勾勒计算出漂浮物面积为12182平方米（18.273亩），通过发挥检察技术辅助作用助力检察官评估侵害国家利益、社会公共利益程度，提升公益诉讼办案质效。积极对接社会资源，为公益诉讼检察提供技术及评估鉴定等服务，就评估造成水生生物资源损害价值、污染环境所造成的清除污染修复生态环境费用、非法使用林地期间森林生态服务功能损失委托司法鉴定机构出具鉴定意见书，以科技赋能有效提升公益诉讼案件质量及效率。

2. 积极争取支持，提升办案质效

始终借助检察一体化优势，对疑难复杂案件办理、典型案例培育、制度

机制建设等主动积极向省、市检察院请示汇报，寻求精准指导、扶持推荐。2022年省、市检察院各级领导多次亲临余庆面对面深入座谈、碰撞思想，共同走访群众和相关部门，亲赴公益受损现场调查指导办理案件，为我们理清思路树立典范，使纵向联动更加紧密，有力推动余庆县公益诉讼检察工作高质量发展。

检察机关与政府部门虽分工不同，但工作目标、追求效果一致，公益诉讼检察的本质是助力依法行政，共同维护人民根本利益，把以人民为中心落到实处。余庆县检察院主动向党委政府和人大汇报公益诉讼工作部署、推进情况，积极争取党委、人大和政府支持。为保障检察建议工作监督的刚性，县人大常委会通过《余庆县人大常委会关于加强检察建议落实质量和效果的决定》，从五个方面对加强检察建议落实作出了规定。通过公开听证深入践行"双赢多赢共赢"理念，主动邀请人民监督员、人大代表、政协委员、特邀检察官助理等担任听证员对案件进行公开听证，自觉接受监督，更好地履行监督职责。

3. 加强府检联动，营造良好氛围

2022年立案办理行政公益诉讼案件37件，其中发出诉前检察建议17件，诉前磋商20件，均得到行政机关采纳并整改。通过发出诉前检察建议、诉前磋商等方式与行政机关共同研究解决方法和措施，办案中主动与政府主管领导沟通，检察建议发出后持续协调促进落实，推动行政机关自我纠错、依法行政，使绝大多数问题在诉前环节得以解决，实现了节约司法资源、减少对抗的目的。

加强与行政机关的沟通协作，拓展协作领域、丰富协作内涵，先后与行政机关会签《行政公益诉讼诉前磋商工作机制的实施办法》《关于建立破坏渔业资源违法案件生态补偿机制的意见》等制度机制，努力实现"专业化法律监督+恢复性司法实践+社会化综合治理"的余庆生态检察模式，形成共同保护公共利益的合力。针对办理案件中发现因滥伐林木补植复绿的验收缺乏制度机制的规范、验收标准不一，甚至被处罚人补种树木存在弄虚作假等问题，向行政机关发送社会治理的检察建议，联合行政机关制定《余庆

县被毁林地恢复植被、补种树木标准和验收办法（试行）》，促进提升行政机关的社会治理能力。与公安局、市场监督管理局等八单位制订《余庆县食品、药品、生态环境和资源保护监管领域行政执法与检察司法衔接配合工作制度（试行）》，加强对食品、药品、生态环境和资源保护领域违法犯罪的打击和公益诉讼领域协作力度，得到市级领导批示肯定。

（四）坚持守正创新提升办案质效

1. 创新案源载体，数据赋能监督

通过打破数据壁垒，解决大数据法律监督"数据源"问题，依法能动履职落实以"数字革命"驱动新时代公益诉讼检察监督提质增效。

针对行政机关在履行政府信息公开职能时泄露不应公开的公民个人信息，侵害公民个人信息安全的情形（如身份证号码、家庭住址、银行账号、电话号码），开展公民个人信息保护公益诉讼专项监督。通过数据赋能督促行政机关认真积极履职，余庆县检察院发送诉前检察建议，督促行政机关撤回或删除12000余条个人信息，引导其对个人信息泄露问题加强整改防护，推动制订《政府信息公开审查方案》《政府信息公开审核管理制度》《个人信息安全管理操作规程》等方案，促进全县政府信息公开工作进一步规范化、制度化，形成政务信息公开领域"个案办理—类案监督—系统治理"路径，切实消除安全隐患，实现保护公民个人信息安全和依法公开政府信息的双赢。

2. 探索司法确认，节约司法资源

余庆县检察院根据遵义市人民检察院与遵义市人民法院会签的《关于办理检察民事公益诉讼司法确认案件的指引（试行）》，在市级检察机关的指导下开展民事公益诉讼司法确认的积极探索和有益尝试，2022年共申请司法确认7件，通过"检察机关前端介入处置+人民法院后端司法保障"的社会治理模式，实现全面、及时、高效、便捷地及时修复受损公益。

针对罗某某等人非法占用农用地的涉案企业合规案件，结合其合规整改意愿、制定合规整改计划等情况，与三被告磋商达成非法占用农用地民事公

益诉讼损害赔偿协议，双方同意采取由罗某某等人以支付修复生态环境费用40619元、生态环境损害鉴定评估费用10000元的方式承担民事侵权责任，并于2023年2月14日共同向余庆县人民法院申请司法确认。以与当事人就期间功能损失达成民事公益诉讼赔偿协议，将实际执行情况作为考察企业整改成效的重要因素，通过"林长+检察长"推动各级林长及相关部门依法履行治林管林的责任，在践行"两山"理念的同时服务保障民营企业高质量发展，实现"三个效果"的有机统一。

3. 推行繁简分流，提升办案效率

根据不同案件情况，推行公益案件繁检分流、简案快办机制，快速高效办好关系人民群众身边急难愁盼的"小案"，又集中力量办好彰显制度价值的"大案"，进一步优化司法资源，提高办案效率，增强公益保护的及时性、高效性。

针对公益损害事实清楚、证据充分、监管职责明确无争议、法律规定明确以及公益损害易启动、易实施、易整改的案件适用简案快办。如在"河长+检察长"巡河过程中发现乌江二级支流满溪河河道丢弃大量生活垃圾的线索，事实清楚，可在短时间内迅速整改。通过与环保部门、属地政府开展诉前磋商，行政职能部门快速开展清理，并向沿线群众宣传环保知识，及时修复受损社会公共利益。

针对在中央生态环境保护督察中发现的垃圾填埋场的案件线索，通过向熟知环境保护专业知识的"益心为公"志愿者就生活垃圾处置流程和方法开展专业咨询、与行政机关座谈、无人机拍摄取证、现场勘验检查等方式开展调查取证。查明垃圾填埋场内垃圾渗滤液应急池贮存约3000吨，调节池贮存约300吨，整个垃圾填埋场容量趋于饱和状态，由于垃圾填埋场地势较高、库容量过大等，高温天气时极易散发恶臭和滋生蚊虫，对周边居民生产生活产生严重影响，群众反映强烈。余庆县检察院发出诉前检察建议推进垃圾填埋场有效治理，督促行政机关完善基础设施，从源头上消除环境污染风险，邀请"益心为公"志愿者到场跟踪观察，发现垃圾填埋场已有很大改观，已投入资金950万元启动渗滤液生化处理技改项目，相关除臭设施运转

良好，现场得到"益心为公"志愿者的满意认可。

4.扩大公众参与，讲好检察故事

借助社会力量共同守护社会公共利益，2022 年从热心公益事业各界人士中聘请"益心为公"志愿者 30 名，特邀检察官助理 18 名参与案件调查、公开听证、专业咨询、跟踪观察等，"益心为公"检察云平台接收案件线索 7件，以公开促公正，以兼听促精准刚性，努力营造公益诉讼履职的良好氛围。拍摄《为了这一片碧水蓝天》《乌江构皮滩库区公益受损检察保护记》等公益诉讼宣传片，16 篇工作信息被正义网、人民网等中央官方媒体推广刊载，最高人民检察院微信公众号以《漂浮物"歼灭战"化浊为清，千里乌江美如画》进行报道，《检察日报》以《千里乌江如画》整版宣传乌江"漂浮物"歼灭战，新华社等主流媒体宣传报道余庆保护乌江公益诉讼检察工作，传递检察公益诉讼法治理念。

积极践行以人民为中心的理念，聚焦群众关注的难点痛点堵点，始终以"办案流程体系化、全面审查实质化、监督调查一体化、监督履职责任化"为指引，注重实体程序并重、兼顾法理情、注重三个效果相融，以求极致的工匠精神融合履职，积极培育选树典型案例，积极开展"为民办实事 破解老大难"公益诉讼质量提升年专项活动，办理的 6 件案件在正义网"千案展示"平台上展示，2 个案例被评为市级典型案例，2 个案例在贵州公益诉讼检察工作动态刊发。

三 未来工作思路

虽然余庆县检察院公益诉讼检察工作取得一定成效，但是仍然存在不少亟须解决的问题，如公益诉讼更新理念不及时、案件结构不合理、监督手段不丰富等。站在新时代新起点，余庆县检察院将继续以保护国家利益和社会公共利益为出发点，通过强化政治责任担当、加大办案力度、提升办案质效、强化工作合力、增强队伍素能，依法能动履职，敢于担当、积极作为，推动公益诉讼检察工作高质量发展。

（一）依法能动履职，服务保障中心大局

加大法定传统重点领域的案件办理力度，持续深化老年人、妇女、儿童、军人等特定群体权益保护，加大新领域探索力度。充分发挥检察机关"监督+支持+补位"的角色作用，优化起诉案件类型，准确把握单独提起民事公益诉讼的起诉时机、证明标准和诉讼请求，及时补位。

（二）强化案件质量，提升法律监督质效

一是加强调查核实。重点围绕公益诉讼办案规则和办案操作指引的要求，依法、客观、全面调查收集证据。二是提升公益诉讼监督精准度。严格把握检察建议书和其他相关检察文书的准确性、合法性，为各方搭建良好互动沟通平台，提升监督精准性和实效性。三是落实"回头看"工作。健全完善"回头看"的时间节点、调查重点、评判标准等工作规范。

（三）强化协同配合，凝聚公益保护共识

一是强化行政执法、刑事司法、公益诉讼之间的衔接，形成打击的整体合力。二是引入特邀检察官助理、"益心为公"志愿者、公益诉讼专家咨询等专业外部力量参与公益诉讼办案工作，形成社会参与和检察监督的良性互动，提升案件办理质效。三是加强检察机关和纪检监察机关、行政职能部门在公益诉讼中的协作配合，形成支持和监督行政机关依法行政、规范执法的合力。

（四）勇于自我革命，提升队伍整体素能

牢牢把握"五个过硬"的总体要求，持续深化习近平法治思想和生态文明思想教育，深化青年检察官"双导师"培养成长计划，通过实务培训和岗位练兵提升司法办案和法律监督工作质效，打造一支懂行政、会调查、善起诉、能调研的公益诉讼专业队伍。

专题篇

B.11
行政公益诉讼诉前磋商程序报告

杨雅妮　王天栋*

摘　要：　行政公益诉讼诉前磋商程序是对诉前程序的创新尝试，能够弥补诉前检察建议的缺陷，增进理解、减少对抗，督促不同职能部门在诉前形成公益保护合力。近年来，全国检察机关在办理行政公益诉讼案件时对磋商程序的启动、磋商适用的案件范围和阶段、磋商的主体与形式、磋商时限、磋商结果等方面进行了积极探索，为行政公益诉讼诉前程序的完善积累了非常丰富的经验。但遗憾的是，迄今为止，行政公益诉讼诉前磋商程序仍存在缺乏明确的法律规定，与调查核实、诉前检察建议等程序制度衔接路径不畅，诉前磋商监督机制不完善等问题。在此背景下，为践行"诉前实现保护公益目的是最佳司法状态"的司法理念，充分发挥行政公益诉讼诉前程序的功能，应做到以下三点：一是完善诉前磋商的法律规范，明确诉前磋商的法律定位、适用范围、启动时间、磋商形式、磋商主体、磋商次数等内容；二是探索建立诉前磋商与调查核实制度、案件终结制度、诉前检察建议等程序

---

* 杨雅妮，兰州大学法学院教授、硕士生导师；王天栋，宁夏回族自治区石嘴山市人民检察院第七检察部副主任、兰州大学法律硕士。

制度的衔接路径；三是构建和完善对磋商内容的督促跟进、"回头看"、案件评查、公开听证、公众监督等多元化的诉前磋商监督机制。

关键词： 行政公益诉讼　诉前磋商程序　协同共治　程序衔接

2018 年 3 月，"两高"联合发布《关于检察公益诉讼案件适用法律若干问题的解释》（以下简称《检察公益诉讼解释》），突出强调了行政公益诉讼诉前程序的重要性。2019 年 8 月，最高人民检察院副检察长张雪樵在全国检察机关公益诉讼专项活动总结视频会议上①首次提出，要设立行政公益诉讼磋商程序。2019 年 10 月，最高人民检察院张军检察长在公益诉讼检察工作情况报告中强调要将磋商作为提出检察建议的必经程序，重点办理存在阻力和需要协调解决的疑难案件。② 2020 年 9 月，最高人民检察院出台《关于积极稳妥拓展公益诉讼案件范围的指导意见》，明确要求检察机关应加强与行政机关的磋商，新领域行政公益诉讼案件立案后应当及时就特定事项开展磋商，涉及多个行政机关的，可通过圆桌会议共同磋商。2021 年 4 月，最高人民检察院发布《"十四五"时期检察工作发展规划》，再次要求建立行政公益诉讼磋商程序，推动行政机关主动履职整改。2021 年 7 月，最高人民检察院实施的《人民检察院公益诉讼办案规则》（以下简称《办案规则》）第 70 条对磋商事项、磋商方式等作了原则性规定。

以上探索，凸显了检察机关对行政公益诉讼诉前磋商程序的极大关注，但截至目前，对于磋商程序的法律定位、启动时机、磋商结果的效力、监督机制等问题，法律并未作出明确规定。实践中，检察机关在通过诉前磋商程

---

① 2019 年 8 月 30 日，张雪樵副检察长在全国检察机关公益诉讼"回头看"专项活动总结暨推进公益诉讼办案规范化电视电话会议讲话《公益诉讼规范办案的几个问题》中，首次提出设立行政公益诉讼磋商程序。

② 张军：《最高人民检察院关于开展公益诉讼检察工作情况的报告》，最高人民检察院官网，https：//www.spp.gov.cn/spp/tt/201910/t20191024_435925.shtml，最后访问日期：2022 年 10 月 20 日。

序办理行政公益诉讼案件时，具体做法也差异较大，亟须统一和规范。在这种背景下，要实现行政公益诉讼磋商程序的规范性运行，就需要遵循提出问题、分析问题、解决问题的研究思路，基于对行政公益诉讼磋商程序实践现状的分析，发现和总结其在运行中存在的典型性问题，并提出具体的构建建议。

一 行政公益诉讼诉前磋商的实践现状

（一）行政公益诉讼诉前磋商的实践概况

实践中，全国各地检察机关在办理行政公益诉讼案件过程中，都对诉前磋商进行了一定的探索。为尽量保证数据统计的广泛性和完整性，笔者以慧科新闻检索数据库[①]为检索平台，以行政公益诉讼磋商为关键词，将日期设置为 2022 年 1 月 1 日至 12 月 31 日；将媒体来源设置为"全选"，包括报刊、网站、论坛、博客等；将媒体类别设置为"全选"，即综合新闻、财经管理、其他行业新闻等；将媒体地区设置为"全选"，包括华北、东北、西北、西南、华南、华东等；将搜索范围设置为"全文搜索"，包括标题和内文，在媒体公开报道的信息中进行了检索。结果发现，截至 2022 年 12 月 31 日，媒体已公布（包含转载）行政公益诉讼案件磋商的新闻信息共有 1519 条，同比增长 3.69%，其中报刊 20 条、网站 1346 条、社交媒体（微博微信）147 条、论坛 5 条、博客 1 条。

从新闻信息的发布和传播地域来分析，对行政公益诉讼磋商信息的报道主要集中在北京（869 条）、广东（546 条）、上海（18 条）、陕西（16 条）、四川（10 条）、湖北（8 条）、江苏（8 条）、浙江（7 条）、山西（6 条）、云南（5 条）10 个省份。

---

① 具有新闻搜索/浏览、对比分析等功能的一站式新闻搜索平台，内容包括 1200+ 种报刊和 8000+ 网站的新闻资讯，平面媒体涵盖全国综合大报、党委机关报、都市报、行业报刊媒体，辐射市级媒体；大部分新闻报刊从 2000 年开始收录，部分新闻历史回溯到 1998 年。

从地方检察机关的做法来看，很多地区的检察机关在 2022 年以前已探索建立了行政公益诉讼磋商程序机制，并试图从区域制度层面指导开展诉前磋商工作。早在 2018 年 5 月，福建省莆田市秀屿区人民检察院就积极探索建立行政公益诉讼磋商机制，在拟向行政机关发出诉前检察建议前，围绕可能影响案件定性或存在较大争议的问题，与多部门深入研究探讨，提前议定具体完整、切实可行的解决方案。自 2019 年 8 月张雪樵副检察长在讲话中提出设立行政公益诉讼磋商程序以来，陆续有检察机关开始尝试以诉前磋商方式来实现诉前程序创新的有益探索，如浙江省金华市婺城区人民检察院探索制定了《关于建立行政公益诉讼诉前磋商工作机制的实施办法》、上海市金山区人民检察院制定了《关于检察行政公益诉讼磋商制度的规定（试行）》、陕西省宝鸡市陇县人民检察院制定了《行政公益诉讼诉前磋商实施意见》、黑龙江省鸡西市鸡冠区人民检察院制定了《行政公益诉讼诉前磋商规范指引》、辽宁省鞍山市千山区人民检察院制定了《公益诉讼磋商程序工作办法》、四川省乐至县人民检察院出台了《行政公益诉讼磋商暂行办法》、福建省南平市人民检察院出台了《行政公益诉讼磋商程序工作指南》、江苏溧阳市人民检察院探索建立行政公益诉讼"立案前磋商"机制、四川达州市通川区人民检察院出台了《行政公益诉讼诉前程序双边磋商实施办法》等。

从报道内容看，磋商适用的案件范围比较广泛。为此，笔者选取了公开报道的能够显示文章内容并可阅读的 147 条行政公益诉讼磋商信息进行了分析，结果发现，该 147 条信息共报道行政公益诉讼磋商案事例 45 件，大多为基层人民检察院在行政公益诉讼案件办理中尝试适用磋商，涉及的案件范围比较广泛，既有破坏生态环境和资源保护类、食品药品安全类等法定领域案件，也有公共安全、个人信息保护等新领域案件。

（二）行政公益诉讼诉前磋商的具体做法

结合上述数据与实地调研，本部分主要从磋商程序的启动、磋商适用的案件范围和阶段、磋商的主体与形式、磋商时限、磋商结果等方面入手，以

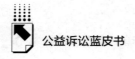

期全面、客观地呈现行政公益诉讼诉前磋商程序的具体表现。

1. 磋商程序的启动

就磋商程序的启动而言，主要包括启动时间、启动主体以及告知方式等内容。一是启动时间方面。有的检察机关在立案前就召开圆桌会议充分沟通，共同研究方案，协商解决措施。如黑龙江亚布力检察院针对一起河流污染仍在持续、治理迫在眉睫的案件召开立案前圆桌会议，有效实现受污染环境的修复；再如四川达州市通川区检察院与中共达州市通川区委全面依法治区委员会办公室、通川区司法局会签《通川区行政公益诉讼诉前程序双边磋商实施办法》，将行政公益诉讼诉前双边磋商分为立案前磋商程序和立案后磋商程序；而大多数检察机关则在立案后一定期限内启动磋商，有些甚至在相关规范中明确规定磋商应于立案后进行，如上海市金山区检察院《关于检察行政公益诉讼磋商制度的规定（试行）》中强调磋商程序应在行政公益诉讼案件立案后 7 日内启动。二是启动主体方面。启动诉前磋商程序的主体是检察机关，在地方检察机关探索建立的机制中也有明确规定，如浙江省金华市婺城区检察院联合区农业农村局、区市场监督管理局、区自然资源和规划分局、区生态环境分局出台《关于建立行政公益诉讼诉前磋商工作机制的实施办法》中，明确规定诉前磋商程序由人民检察院负责启动。三是告知方式方面。实践中，主要有发送告知函、磋商函等告知方式，如上海市金山区检察院规定由办案部门以告知函形式将立案情况送达行政机关，行政机关签署送达回证。

2. 磋商适用的案件范围和阶段

一方面，从适用的案件范围来看，主要分布在生态环境和资源保护等法定领域，且以生态环境和资源保护领域适用诉前磋商程序较多，在公共安全、文物和文化遗产、特殊群体权益保护等新领域也有。需要注意的是，对于适用领域内的案件，各地检察机关规定的具体适用情形并不完全一致，如金华市婺城区检察院明确发现问题情节轻微等 5 项适用情形；宝鸡市陇县检察院将行政公益诉讼诉前磋商适用情形细化为公益受到侵害程度轻微等 7 种情形。

另一方面，从适用阶段来看，多数检察机关是在制发诉前检察建议之前单独适用，如果通过诉前磋商督促履职达到保护公益目的就终结案件，若磋商不成再制发检察建议；也有部分检察机关在提起诉讼前联合适用"磋商沟通+检察建议"方式，如河南省禹州市人民检察院就在磋商基础上依法发出检察建议[1]；还有检察机关在发出检察建议后，针对行政机关确有整改困难、需协调配合等情形，举行圆桌会议，加强沟通协作，形成 1+1>2 的保护合力。[2]

3. 磋商的主体与形式

磋商主体方面，有单独磋商，即检察机关与一个行政机关进行磋商；也有联合磋商，即检察机关与职责交叉的多个行政机关进行磋商，此类情形在实践中居多，如四川安岳县检察院通过"公开听证+行政公益诉讼磋商"方式为古树名木找"专职管家"。

磋商形式方面，以会议磋商为主，有磋商会议、座谈会、联席会议、圆桌会议等形式；还有电话磋商、发出行政公益诉讼案件事实确认书或磋商意见书等，如四川省乐至县人民检察院办理某安置房小区建筑垃圾、生活垃圾长期露天堆放案时，通过电话磋商、送达磋商意见书等形式与行政机关达成共识后，行政机关 3 日内就完成整改；探索视频磋商会形式，如上海铁检院、江苏沭阳县检察院针对某市场店铺销售假药等问题召开视频磋商会。

4. 磋商时限

从实践中看，磋商的时限并不统一。有的检察机关限定在 40 天内，如四川省乐至县人民检察院通过磋商方式办理的案件，从立案到终结一般在 40 日以内；有的检察机关限定在 1 个月内，如山西阳城县人民检察院简化办案流程，缩短办案周期，磋商期限为 1 个月，不论是否整改、整改效果怎么样，都要在 1 个月内作出书面答复；有的检察机关则根据案件的特殊性或

---

[1] 汪伟宏：《活用"检察建议+"做实公益诉讼》，《检察日报》2021 年 10 月 27 日，第 11 版。
[2] 参见 2019 年 5 月福建省检察院制定的《关于建立行政公益诉讼诉前圆桌会议机制的规定（试行）》。

繁简情节，允许适当延长或缩短磋商期限，例如，山西省阳城县人民检察院在诉前磋商期间，如果某些预防性、公益侵害程度明显轻微，可以马上进行纠正或整改的，一般采用简易程序，在 15 日内由独任检察官和书记员完成。

5. 磋商结果

从达成结果的载体上来看，经磋商达成结果后，有磋商会议记录、磋商会议纪要、磋商会议备忘录等载体形式。如贵州省遵义市汇川区人民检察院在召开行政公益诉讼磋商座谈会后，形成会议记录；江西省新余市人民检察院针对该市主城区餐饮企业违规排污问题召开行政公益诉讼磋商会后，形成磋商备忘录；湖南省龙山县人民检察院就非法售卖野生动物线索召开行政公益诉讼诉前磋商座谈会，形成《龙山县人民检察院行政公益诉讼诉前磋商会议纪要》，并向县人大和县委政法委进行备案。

（三）行政公益诉讼诉前磋商的运行特点

1. 补充性和合作协商性

一方面，诉前磋商是对诉前检察建议的补充。随着行政公益诉讼案件数量的大幅增加及最高人民检察院的部署要求，部分地区检察机关主要是从2020 年开始探索适用磋商程序或机制办理行政公益诉讼案件，诉前磋商能够弥补诉前检察建议这一单一监督方式的缺陷，完善诉前程序设计的不足。另一方面，诉前磋商体现了检察机关与行政机关对公益维护的协同共治。围绕公益保护核心，检察机关以诉前磋商的形式，本着平等、坦诚的态度，坚持共商共建，通过沟通交流，与行政机关加强合作协商，构建协调配合的公益保护新格局，如辽宁东港市检察院就助力美丽乡村建设，组织市住建局、自然资源局、生态环境局、农业农村局、城建集团、乡镇、街道办事处等召开行政公益诉讼磋商会。

2. 高效性和预防性

一是诉前磋商的办案期限短、效果好，具有高效性特征。通过磋商能够得到行政机关的充分理解、配合，解决问题速度快，办案效果好。如山西城区检察院针对道理路面损坏、坍塌发出一封磋商函，3 日内收到受损道路已得到修复的回复；湖北省南漳县检察院针对非法采砂破坏生态环境，以圆桌会议的形式进行诉前磋商，仅用 6 天时间就恢复了采砂点原状；广西南宁铁检院针对铁路安全问题，从组织召开磋商会至收到书面回复整改落实共用 6 天时间。二是诉前磋商能够预防公益损害的扩大，具有预防性特征。除适用于法定领域外，随着"等外"领域的不断探索，行政公益诉讼案件趋于复杂性和不确定性，当存在重大公益损害风险的情况下，启动诉前磋商程序，从尊重行政权、节约司法资源、保持司法权谦抑性、形成公益保护合力等角度加以考量，以达到预防公益损害发生的效果，上海、陕西等地已将预防性公益诉讼纳入地方性公益诉讼立法中。

3. 不均衡性和不统一性

一是各地检察机关对于诉前措施的探索分布不均。华北、华东、东南等区域较多，西北区域较少；探索的主体多为基层检察院，尤其是县（区）级检察院，而且大多处于个案探索阶段，如针对销售过期口罩、校园周边交通安全、垃圾堆放、违法销售鞭炮、非法采砂破坏生态环境等个案进行探索适用诉前磋商程序。二是诉前磋商与立案程序、诉前检察建议衔接不统一。在诉前磋商程序与立案程序衔接方面，大部分地区检察机关是立案后启动磋商程序，但也有个别地方是立案前启动磋商，如黑龙江亚布力检察院通过行政公益诉讼立案前圆桌会议有效治理多年的水污染①。与诉前检察建议衔接方面，各地检察机关实践不一，有的检察机关启动磋商程序是在制发检察建议之前，此类居多；有的检察机关运用"磋商+检察建议"模式，如上海市崇明区检察院、河南省禹州市检察院在磋商基础上依法发出检察建议；还有的检察机关将磋商机制贯穿诉前程序始终，比如湖南省检察院在《关于加强检察公益诉讼推进自然资源领域国家治理现代化建设意见》中，提出与同级自然资源主管部门共同探索建立这一领域的行政公益诉讼磋商机制，并将其贯穿于行政公益诉讼案件立案后至终结前全过程。三是制度名称和期限

---

① 韩兵、鞠红松、季岩：《多年的水污染问题得到治理 黑龙江亚布力：行政公益诉讼立案前圆桌会议见实效》，《检察日报》2019 年 12 月 26 日，第 2 版。

不统一。这主要体现在，各地检察机关探索制定出台的行政公益诉讼磋商程序或机制规定名称不统一，有磋商程序工作办法、工作指南，磋商程序指引、暂行办法，磋商制度规定等称谓。磋商期限不统一，但整体短于制发检察建议的 2 个月期限。

4. 多样性和有限性

一是磋商的形式多样，有现场磋商，磋商会议，电话沟通，立案后发出告知函、磋商函、行政公益诉讼案件事实确认书、磋商意见书，有座谈会、联席会议、圆桌会议等不同方式。二是磋商主体达成的磋商意见的具体表现形式多样，主要有磋商座谈会会议记录、磋商会议备忘录、磋商座谈纪要等。三是诉前磋商的适用范围具有有限性。例如，金山区人民检察院《关于检察行政公益诉讼磋商制度的规定》中，强调要稳妥慎重推进磋商工作，在上级检察机关具体规则出台之前，先选取部分案件探索试行本规定。

二 行政公益诉讼诉前磋商程序问题检视

（一）缺乏明确的法律规定

一是法律定位不明。目前，除了《办案规则》对诉前磋商程序从适用情形、磋商方式等方面进行了原则性阐述外，还没有上位法对其进行规范。二是启动主体不明确。从《办案规则》第 70 条的规定来看，仅规定了检察机关可以就行政机关是否存在违法行使职权或者不作为、国家利益或者社会公共利益受到侵害的后果、整改方案等事项进行磋商，并未将行政机关纳入诉前磋商程序启动主体的考量范畴，实践中也只是强调检察机关主动启动磋商程序。在这种背景下，如果行政机关在职权划分、整改方案、后续的整改落实等事项上有异议，能否申请检察机关启动诉前磋商程序，并不明确。三是适用范围不明晰。《办案规则》第 70 条仅对可以磋商的事项进行了列举，并未明确规定磋商适用的案件范围和具体的案件类型。四是参与主体不确定。对于一些涉及专门知识的特殊类型案件，如果仅检察机关和行政机关双方磋商，可能会造成无法实现公益维护目的的后果。对于此类案件，是否需要引入专业机构和专业人士进行磋商，法律并未作出规定。五是文书设置不统一。检察业务应用系统对适用诉前磋商程序办理行政公益诉讼案件的程序节点及相关法律文书尚未统一设置。实践中，磋商函及形成的磋商会议记录均在系统外体现，且没有统一的格式及文号。

（二）与其他程序制度衔接路径不畅

一是与调查核实制度的顺位关系不明。在行政公益诉讼中，对于诉前磋商与调查核实应当并行还是应当区分先后顺位，存有争议。有观点认为，调查核实应当是磋商的前置程序条件；也有观点认为，诉前磋商和调查核实无先后顺序之分；还有观点认为应当先磋商后调查核实。关于磋商与调查核实程序的衔接，尚待进一步讨论。二是与案件终结制度的衔接标准欠缺。实践中，经磋商核实，一般有达成磋商协议并整改到位、没有公益受损情形发生、不具有法定监管职责、因客观原因公益损害仍在持续等情形，这些情形的出现，需要与案件终结制度进行有效衔接，但目前它们之间没有明确的衔接标准。三是与诉前检察建议的衔接不紧密。对此，有观点认为，两者都具有监督履职、分流案件和节约资源的功能作用①，所以设立磋商毫无必要；也有观点认为，诉前磋商大多依赖于诉前检察建议的救济和诉讼前置。尚未充分厘清二者之间的联系致使诉前磋商程序与诉前检察建议的衔接不紧密。四是与诉讼程序的衔接空白。诉前磋商程序体现的法律监督毕竟属于程序性监督，对不落实磋商结果意见或落实不到位的情形，诉前磋商程序没有强制执行力。目前，法律并没有明确规定，经过诉前磋商程序仍无法达到保护公益目的的，可以直接进入行政公益诉讼程序。

（三）诉前磋商监督机制不完善

一是缺乏明确法律规定。在制度设计上，诉前程序有"柔性"程序之

---

① 覃慧：《检察机关提起行政公益诉讼的实证考察》，《行政法学研究》2019 年第 3 期。

称，作为诉前程序方式之一的诉前磋商程序，也难免"刚性"不足。近年来，虽然适用诉前磋商程序办理行政公益诉讼案件成效显著，但诉前磋商程序正处于摸索阶段，现行法律、司法解释并没有明文规定对检察机关启动磋商程序、磋商过程、后续跟进的监督机制。二是监督手段乏力。实践中，对诉前磋商的监督手段也比较有限，监督乏力现象突出。诉前磋商程序本身缺乏强制性约束力，当磋商期限届满、公益受损状态仍未消除，或者行政机关不认真履行磋商协议时，如果再没有强有力的监督手段，仅通过制发检察建议或提起行政公益诉讼加以督促，显然不利于实现维护公益的目的。三是监督机制不全面。孟德斯鸠认为，权力需要监督，否则容易滥用。在诉前磋商程序中，检察机关与行政机关沟通协商、妥协退让，并不是对受损公益的降等保护，而是强化对行政机关的监督，让公益保护更及时。在这个过程中，应当重视对检察机关的监督，防止权力滥用，但目前来看，在对检察机关进行监督时，并未将内部监督与外部监督机制有机统一起来，也没有与其他监督力量形成完整、全面、系统的监督体系机制。

三 行政公益诉讼诉前磋商程序的构建建议

（一）完善诉前磋商法律规范

1.明确法律定位和适用范围

一是明确法律定位。应加快推进行政公益诉讼立法，对行政公益诉讼诉前磋商程序进行统一规定，并明确将诉前磋商程序作为行政公益诉讼诉前必经程序。在立法层面，可以先修改《行政诉讼法》第25条，明确规定将诉前磋商程序作为必经前置程序；同时，继续推动省级人大常委会出台公益诉讼专项决定，推动地方性法规中增设行政公益诉讼诉前磋商程序条款。在司法解释层面，最高法、最高检可以通过出台相关司法解释或会同有关部门出台指导意见，对适用诉前磋商程序办案中具体适用法律问题进一步明确。二是明确适用范围。随着对公益诉讼新领域的不断探索，行政公益诉讼的案件范围会逐步扩大。考虑到诉前磋商与诉讼程序的关系，为更好发挥诉前磋商程序过滤分流功能，诉前磋商程序适用案件类型和范围也应逐步扩大，与行政公益诉讼的案件适用类型和范围保持一致。

2. 把握好启动时机

诉前磋商程序应当以线索初核工作为基础，因此，应当遵循立案后再启动诉前磋商的原则，由检察机关以公益诉讼起诉人的身份与行政机关进行接洽和沟通。具体来讲，一般应当在立案后7日内迅速启动，根据案情复杂程度、公益损害紧迫性等因素可适当调整。同时设定启动义务。应通过合理确定诉前磋商邀请（或告知）与答复期限来设定义务，一般而言，检察机关应在立案后7日内将立案决定书送达涉嫌违法行使职权或行政不作为的行政机关，并发出磋商邀请。诉前磋商邀请（或告知）应当采取磋商函、公共利益受损事实确认书等书面形式进行，特殊紧急情况下也可采取电话等方式口头邀请；回复期限要考虑到检察机关的办案效率，以及行政机关的认定过程，一般为5个工作日，如遇突发事件等特殊情形，应在2个工作日之内答复，考虑到可能存在客观原因、多部门协调等问题，可设置弹性期限灵活掌握。

3. 诉前磋商形式和会议内容

一是区分磋商形式。具体而言，以磋商紧迫性来区分，可分为现场磋商与会议磋商两种形式；以磋商公开性来区分，可以分为公开磋商和不公开磋商；以磋商参与主体来区分，可分为单独磋商与联合磋商。二是突出磋商会议的内容重点。诉前磋商一般应以会议磋商形式进行，主要包括案情介绍、明确争议焦点、达成磋商结果等内容，并形成规范的磋商会议记录，客观、真实、准确地反映磋商会议情况。针对疑难复杂、职责交叉的案件，可尝试"公开听证+诉前磋商""检政会议+诉前磋商"等方式进行，以更好地维护受损公益。

4. 诉前磋商的主体、次数和整改期限

一是诉前磋商的主体。在主体方面，要明确检察机关是主导机关，诉前磋商程序应由检察机关启动，特殊情形下，行政机关也可申请启动行政公益诉讼磋商程序。同时，可尝试设立健全、完善的专家辅助人参与制度，引入人民监督员、人大代表、政协委员、社会团体等第三方作为磋商监督者。二是诉前磋商的次数。在程序设置中，并非仅能磋商一次，如案件有特殊需要，或者在磋商后，因调查核实的进一步进行、客观情况发生了变化，或者在整改过程中遇到困难时，检察机关和行政机关都可以提出磋商请求，并可以多次召开磋商会议，在诉前检察建议落实过程中，针对整改落实的困难也可以进行磋商。三是诉前磋商的整改期限。随着新领域案件范围的不断拓展，应当根据行政公益诉讼案件类型，设置更加灵活的弹性整改期限。在特定条件下，整改期限可以适当地延长或缩短；出现紧急情况时，整改期限可不做具体要求，例如，对于公益行政管理活动引起的群体性事件，或者引发重大网络舆情的事件，可根据"即时响应"的原则，并参照政务舆情回应时限的规定，在 24 小时之内要求行政机关首次答复，并作出后续的回应。

5. 诉前磋商的办案流程

在诉前磋商程序中，应设置诉前磋商程序的具体办案节点，增加磋商相关法律文书，规范磋商会议纪要范本、磋商审查报告模板等文书。一是可以将磋商会议的内容通过全程录音、录像、会议（记录）纪要等形式加以固定，以证明检察机关已经依法履行了诉前程序。二是要规范系统流转和信息填录，将磋商案件纳入案件评查范围，合理设置考核指标，加大考核力度，同时要加强文书质量管控，严格质量把关。

6. 诉前磋商程序的终止

应明确列举诉前磋商程序的终止情形，并规定诉前磋商程序终止后的处理标准。如果磋商当事人未达成协议，或单方面退出而导致磋商程序终止的，检察机关应依法发出诉前检察建议，并根据行政机关履职整改情况来决定是否对其提出行政公益诉讼。如果磋商协议达成而导致磋商程序终止的，检察机关与行政机关要受磋商协议的制约：行政机关充分、恰当地履行协议内容的，行政公益诉讼程序终止；行政机关在整改期限内消极履职、拖延履职甚至拒绝履职的，检察机关应及时研判，制发检察建议或者提起行政公益诉讼。

（二）与其他程序制度的衔接

1. 与调查核实制度的衔接

行政公益诉讼诉前磋商程序，不仅是沟通协商的过程，也是调查核实过程，没有必要严格区分诉前磋商与调查核实的先后顺序。应当明确，诉前磋商与调查核实是相互支持与配合的关系，二者并行不悖，还可能存在融合，经过磋商形成的会议记录等材料，可作为调查核实所形成的证据材料。为此，要改变以往只有检察机关参与调查、取证的方式，在诉前磋商阶段探索形成由检察机关主导、多方参与的新型行政公益诉讼调查取证模式，对外由检察机关成立联合调查组，充分吸纳负有监管职责的行政机关、责任单位和相关企业参与其中。同时，还可将调查核实与征信体系适度融合，可根据被调查取证对象拒不配合情形轻重，将其列入社会征信体系，以外部约束力适度强化诉前磋商程序中的调查核实权，以达到强化监督刚性的效果。

2. 与案件终结制度的衔接

在诉前磋商与案件终结制度衔接方面，应建立诉前磋商与终结案件之间的"通道"。如果行政机关积极采取措施，主动消除国家利益或社会公共利益损害情形的，或者经磋商核实没有公益损害事实的，或者行政机关不存在违反行使职权或不作为行为的，基于事实已查明，职责也已清晰，检察机关应当及时决定终结案件，并依法制作终结案件决定书，按要求送达相关单位。

3. 与诉前检察建议的衔接

对于经过磋商但未采取实际措施，国家或公共利益仍处于持续受侵害状态的，应及时终结磋商程序，及时制发检察建议。具体而言，如果检察机关发现行政机关违法行使职权或者不作为致使公益受到侵害，可以在立案后制发检察建议前进行磋商（称"建议前磋商"），也可以在制发检察建议后起诉前进行磋商（称"起诉前磋商"）。检察机关应根据案情的繁简程度，灵活采取不同的方式。对于磋商后未形成磋商合意、明确不整改、坚决不履职或整改不到位等情形，要及时转化为发出诉前检察建议，用检察建议继续督

促行政机关依法履职。

4. 与诉讼程序的衔接

一是检察机关在进行磋商时，就要做好提起行政公益诉讼的准备。为及时有效地维护国家利益和社会公共利益，应在立法中规定，一旦磋商期限届满，行政机关无正当理由不依法履职的，经研判制发检察建议也无法达到公益保护目的的，检察机关就可不再制发检察建议而直接依法提起行政公益诉讼。二是要明确磋商后起诉的对接标准。从现行规范来看，几乎都将行政机关不能依法履行职责作为提起行政公益诉讼的前提条件，这种单一的起诉条件难免会限制诉前程序的效力，因此，在诉前程序与诉讼程序的衔接上，应着重于证明行政机关不能依法履职，重视公共利益的维护是否到位，而不应局限于采取何种监督方式，必要时，可允许检察机关在磋商后直接提起行政公益诉讼。

（三）完善诉前磋商监督机制

1. 对磋商内容的督促跟进

诉前磋商程序应当包括对磋商内容的后续监督。在检察机关与行政机关达成磋商协议后，由有关行政机关负责实施或监督有关主体实施，检察机关要做好后续的跟进监督工作。一是探索建立从方案制定、整改落实、公益保护目的达成全链条的近况备案监督制度，必要时，由办案组对行政机关在磋商后整改落实的每一环节进行全流程跟进监督，适时通过现场查看、书面督促等方式，保证磋商协议的执行，确保诉前磋商程序的效力发挥。二是探索诉前磋商履约信用评价机制，具体可积极协调当地政法委将行政公益诉讼诉前磋商协议的履行纳入平安建设考核中，对积极磋商且履约效果好的单位，予以适当加分；对消极磋商或敷衍履约的，予以适当扣分。三是探索推行整改承诺制，由检察机关与相关行政机关联合会签关于在行政公益诉讼诉前磋商程序中推行整改承诺制的办法（试行）。可先从行政公益诉讼案件法定领域范围尝试推行，对于整改期限较长、短期内无法结案的，行政机关可以提出整改承诺，检察机关根据已履职情况及承诺，可作出结案决定。如果行政机关不按照承诺整改的，可以认定行政机关未履行磋商协议、未依法履行职责，检察机关据此可以直接提起行政公益诉讼。

2. **建立健全内外部相结合的监督机制**

一是建立健全"回头看"和案件评查长效机制。将"回头看"嵌入行政公益诉讼诉前磋商程序常规办案流程，作为每一个环节的必经办案程序，"回头看"中要通过现场勘查、拍照摄像等方式留存好证据资料附卷。定期开展案件评查活动，通过交叉评查、随机抽查等方式，对磋商办案质量进行全面梳理，以查促改，以查提质。二是探索完善行政公益诉讼公开听证制度。探索适用互联网听证，主动邀请人大代表、政协委员、人民监督员、公职律师等对磋商过程及行政机关整改效果进行监督，增进社会共识，有效提高案件终结审查或提起诉讼的科学性和客观性。三是建立健全外部沟通协作机制。推进建设全国性行政公益诉讼专家咨询平台和志愿者服务平台，充分发挥研究基地、专家库作用，通过案件咨询、课题合作、研讨交流等方式，融合法学院校、科研单位和有关部门的研究技术力量，形成特色鲜明的检察智库。四是探索建立健全监检衔接机制。在磋商过程中，如果发现有渎职、以权谋私等违法犯罪行为的，检察机关应当及时向监察机关移送相关线索。经磋商达成协议，行政机关又不积极履行，借口拖延、敷衍，致使公益得不到及时有效维护的，检察机关可以向监察机关提出对有关责任人员的处分建议。

3. **完善公众监督机制**

一是合作管理模式中引入公众力量。继续扩大"益心为公"检察云平台试点范围，推动公众监督与检察监督形成合力。建议在官网上公布有关公益损害鉴定、评估、磋商安排和磋商协议整改落实情况等相关的文件资料，加大信息公开力度。二是保障公民的表达权。在公共利益受损特别是生态环境遭到破坏需要修复而涉及的技术性问题上，应当多听取业内专家和学者的意见，并将这些意见加以整理、归档，慎重地斟酌采用，确保整改方案内容的科学性和可操作性。三是充分发挥公众的监督功能。要及时将关系群众切身利益的行政公益诉讼磋商案件向社会公布，注重案例化、

故事化、可视化转播，让公众充分了解公益诉讼的重要作用，通过公开、宣传进行督促加压，对办案质量进行检验审阅。扩大群众向有关机关检举揭发磋商中不法行为的途径，并对检举揭发人的个人信息进行保密，保证磋商的合法性，增强公众对行政机关的信心，也有利于提高检察机关的公信力。

B.12

消费检察公益诉讼发展报告

杜晓丽[*]

摘　要：　2022年党的二十大报告中明确提出"完善公益诉讼制度"。自2017年《民事诉讼法》确立检察机关公益诉讼主体资格以来，在消费检察公益诉讼领域，检察机关在与消费者权益保护协会协作、受案范围、惩罚性赔偿等方面进行了有益探索，推动实体与程序制度不断完善。为进一步推进消费检察公益诉讼的科学化、规范化，需要建立检察机关与消费者权益保护协会协调机制；改变受案范围立法碎片化的现状；完善惩罚性赔偿的适用与赔偿金的管理、分配和监管。

关键词：　检察机关　消费者协会　受案范围　惩罚性赔偿　公益诉讼

2022年党的二十大报告中明确提出"完善公益诉讼制度"，充分体现了以习近平同志为核心的党中央对公益诉讼制度设计的高度认可，对公益诉讼实践和价值的充分肯定，明确了公益诉讼在推进中国式现代化中的重要地位和作用。自2015年至今，检察公益诉讼制度从顶层设计到实践落地，从局部试点到全面推开、健康发展，形成了公益司法保护的"中国方案"，受到广泛关注。消费检察公益诉讼是检察公益诉讼制度的重要内容，是检察机关以起诉人身份维护消费者弱势群体利益，矫正市场交易中经营者与消费者地位失衡状态的制度。2022年检察机关在消费检察民事公益诉讼和刑事附带民事公益诉讼领域继续探索，各项制度措施稳步推进，消费检察公益诉讼制度不仅得以落地，而且开展顺利。

---

[*]　杜晓丽，河南财经政法大学教师，法学博士，郑州大学检察公益诉讼研究院研究员。

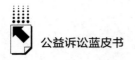

一 消费检察公益诉讼的法律与政策

2021 年 12 月 24 日《民事诉讼法》第四次修正，确立检察机关提起公益诉讼主体资格的条款变更为第 58 条。检察机关提起消费公益诉讼更具有指导意义的是 2020 年 12 月 29 日最高人民法院、最高人民检察院公布的《关于检察公益诉讼案件适用法律若干问题的解释》，以及 2021 年 6 月 29 日最高人民检察院公布的《人民检察院公益诉讼办案规则》。党的二十大提出"完善公益诉讼制度"，在充分肯定公益诉讼的价值与意义的基础上，对公益诉讼提出了更高的要求。2022 年随着实体法律制度的健全完善，消费检察公益诉讼"版图"进一步扩大。2022 年 6 月 24 日修正的《反垄断法》、2022 年 9 月 2 日修订的《农产品质量安全法》均规定检察机关提起消费公益诉讼的权力，为检察机关提起消费公益诉讼提供实体法依据。此外，各级地方为进一步提升检察公益诉讼工作质效，加强地方立法，对消费检察公益诉讼也进行了具体规定。目前，21 个省级地方针对公益诉讼制定了地方性法规，2022 年 7 月江西省人民代表大会常务委员会发布了《关于加强检察公益诉讼工作的决定》，2022 年 11 月西藏自治区人民代表大会常务委员会发布了《关于加强新时代检察公益诉讼工作的决定》。

在法律制度不断健全完善的同时，为加强司法机关与消费者权益保护组织的协作沟通，提升消费公益诉讼工作实效，各级地方建立协调合作机制，推动消费公益诉讼。2022 年 3 月湖北省人民检察院与湖北省高级人民法院、湖北省消费者委员会联合签署《关于共同推进消费者权益保护民事公益诉讼工作的框架协议》，加强对食品药品安全、个人信息保护等领域侵犯消费者合法权益行为的法律监督。2022 年 3 月上海市消费者权益保护委员会与消费者权益保护基金会、上海市人民检察院二分院、上海市第三中级人民法院分别签署《消费民事公益诉讼合作协议》《加强消费者权益保护合作框架协议》，促进形成消费者权益保护全社会共治的新合力。

2022 年各项法律与政策稳步推进消费检察公益诉讼制度的实施，促进消费检察公益诉讼制度化、规范化，有效维护社会公共利益。

二　消费检察公益诉讼的司法实践与发展趋势

（一）消费检察公益诉讼的司法实践概况

检察公益诉讼制度自 2017 年 7 月正式实施以来，经过 5 年左右的司法实践，积累了丰富的经验。从中国裁判文书网检索，消费检察公益诉讼案件 2017 年 1 件，2018 年 35 件，2019 年 118 件，2020 年 71 件，2021 年 109 件，2022 年 31 件，案件数量上下浮动（见图 1）。[①]

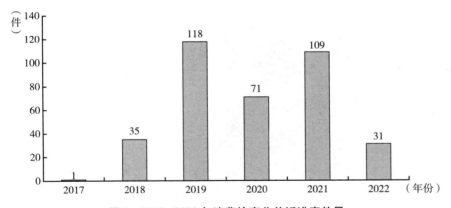

图 1　2017~2022 年消费检察公益诉讼案件量

2022 年检察公益诉讼案件 229 件，其中消费检察公益诉讼案件 31 件，占 13.54%，比 2021 年下降 2.19 个百分点。消费检察公益诉讼在检察公益诉讼案件总量中占比较低。消费者权益保护协会或消费者权益保护委员会（以下简称消费者协会）提起的消费公益诉讼由检察机关支持起诉的案件 1 件。

---

① 本文在中国裁判文书网上，以"公益诉讼""消费者"为关键词，以"人民检察院""消费者权益保护协会""消费者权益保护委员会"为当事人进行检索，并结合手动筛查，获得相关数据。检索时间截至 2023 年 3 月 7 日。如无特别说明，本报告数据均来自中国裁判文书网。

从消费检察公益诉讼的案件类型分布情况看，刑事附带民事诉讼案件19件，民事诉讼案件12件。消费检察公益诉讼案件类型主要是民事公益诉讼案件，其中刑事附带民事公益诉讼案件居多，占61.29%。在这些民事公益诉讼案件中，判决书25件，裁定书2件，结案通知书3件，达成调解协议1件。

2022年消费检察公益诉讼的受案范围仍然主要集中在食品安全领域，案件数量为12件，占比38.71%。个人信息安全案件与公共卫生案件数量增多，其中个人信息安全案11件，占比35.48%；公共卫生案4件，占比12.90%。此外，假冒伪劣产品案1件，占比3.23%；假药案1件，占比3.23%；其他案件2件①，占比6.45%（见图2）。

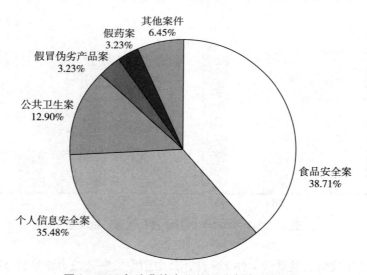

图2 2022年消费检察公益诉讼案件分布占比

从案件的法律责任来看，由于消费检察公益诉讼主要是民事公益诉讼与刑事附带民事公益诉讼，因而当事人法律责任的实体法依据主要有：《民法

---

① 其他案件是指在中国裁判文书网检索的消费检察公益诉讼案件的裁判文书是裁定书，但从文书内容无法判断案件类型的案件。

典》《消费者权益保护法》《食品安全法》《产品质量法》《药品管理法》《个人信息保护法》。当事人承担法律责任的主要方式有惩罚性赔偿、赔偿损失、赔礼道歉、停止侵害、消除危险等。2022 年上海市屈某生产销售有毒有害食品案，上海铁路运输法院尝试判决当事人参加公益活动，以实现对社会公共利益的维护。在消费检察公益诉讼中，赔礼道歉、惩罚性赔偿与赔偿损失的责任方式被广泛适用。2022 年消费检察公益诉讼中，适用惩罚性赔偿案件 10 件，占案件总量 32.26%，比 2021 年下降 40.34%；适用赔偿损失的案件 16 件，占案件总量 51.61%，其中湖南省销售伪劣口罩案中，以给付口罩实现补偿的案件 4 件；适用赔礼道歉的案件 24 件，占案件总量 77.42%；要求当事人履行公益活动义务的案件 1 件，占案件总量 3.23%（见图 3）。

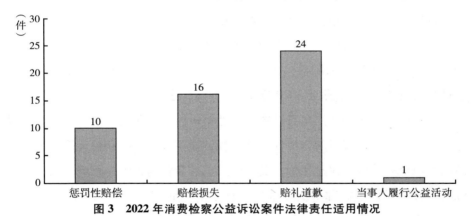

图 3　2022 年消费检察公益诉讼案件法律责任适用情况

从案件审判法院的审级分析，中级人民法院 5 件，专门人民法院 1 件，基层人民法院 25 件。其中，一审案件 28 件，执行案件 3 件。消费检察公益诉讼案件主要集中在基层人民法院，并且案件 90.32% 集中在一审程序。

（二）消费检察公益诉讼的发展与趋势

1. 受案范围进一步扩大

2022 年的消费检察公益诉讼主要集中在食品药品安全领域、个人信息安全、公共卫生安全、假冒伪劣产品等领域。《反垄断法》《农产品质量安全法》

都写入了公益诉讼条款，为消费检察公益诉讼提供了实体法的法律依据，也进一步拓展了消费公益诉讼的受案范围。从司法实践看，一方面网络安全与数据安全中消费者利益的维护成为重点内容，2022 年个人信息保护案件 11 件，占案件总量 35.48%，比 2021 年度上涨 32.68%；另一方面进一步在公共卫生安全、假冒伪劣产品、农产品领域进行积极探索，如湖南省慈利县人民检察院诉邹某、卓某销售不符合标准口罩民事公益诉讼案①，河南省淇县人民检察院诉陈某某销售假冒伪劣白酒刑事附带民事公益诉讼案。②

2. 跨区域协作办案进行有益探索

随着经济的高速发展，消费纠纷案件涉案地域范围跨区成为显著特点，这也为消费检察公益诉讼提出了新的课题。2022 年在四川、重庆两地跨区销售假冒伪劣白酒民事公益诉讼案中，检察机关进行了有益的探索，实现检察机关之间、消费者协会之间以及检察机关与消费者协会之间的跨区协作。2021 年 8 月，重庆市云阳县人民检察院（以下简称云阳县院）在办理刑事案件中发现 2018 年 1 月至 2020 年 12 月期间，重庆市云阳县某副食店先后多次向重庆市云阳县、四川省巴中市等地销售假冒注册商标白酒，此行为侵犯了众多不特定消费者的知情权和选择权，损害社会公共利益。因该案涉及川渝两地众多消费者权益保护，受害面广，社会影响较大，重庆市人民检察院第二分院（以下简称重庆二分院）依法能动履职，组织二分院、云阳县院一体化统筹办案。同时，积极与四川省巴中市人民检察院进行沟通，在共享信息、公益诉讼检察履职、跨省域案件管辖等事项展开协作。2021 年 11 月，重庆二分院将案件线索移送给重庆市消费者权益保护委员会与四川省保护消费者权益委员会，两地消费者权益保护组织提起消费民事公益诉讼，并申请检察机关支持起诉，经协调沟通，重庆二分院支持起诉。该案中川渝两地检察机关充分运用川渝检察协作机制强化协作配合，通过支持并促成川渝两地消费者权益保护组织联合起诉，督促侵权人通过公益服务实现公益修

---

① 参见湖南省慈利县人民法院（2022）湘 0821 民初 870 号民事判决书。
② 参见河南省淇县人民法院（2021）豫 0622 刑初 395 号刑事附带民事判决书。

复，推动营造良好消费环境，服务保障成渝地区双城经济圈建设。推动筑牢公益保护防线，净化消费领域环境。①

3. 消费检察公益诉讼审慎适用惩罚性赔偿

惩罚性赔偿能够有效维护消费者利益、社会公共利益，并彰显法律的震慑作用。自 2020 年起惩罚性赔偿成为食品药品案件中主要责任方式之一，2021 年惩罚性赔偿的适用案件 90 件，占案件总量 82.6%，占食品药品安全案件量的 93.62%。2022 年惩罚性赔偿案件数量 10 件，占案件总量的 32.26%，占食品药品安全案件量的 76.92%，这一数据相比 2021 年分别下降 40.34%、16.7%。惩罚性赔偿责任适用比例降低：一方面由于 2022 年食品药品安全领域案件在消费检察公益诉讼中比例降低，从 2021 年 86.2% 降至 41.94%；另一方面表明检察机关在适用惩罚性赔偿时更加严格与慎重。

4. 公益活动成为社会公共利益损害的补偿方式

2022 年届某生产销售有毒有害食品刑事附带民事公益诉讼案件②以及四川、重庆两地跨区销售假冒伪劣白酒消费民事公益诉讼案中，检察机关结合案件具体情况，以维护市场经济秩序、保护消费者利益为着力点，以被告人参与社会公益活动的方式实现对被告人教育与惩戒的目标。

三　消费检察公益诉讼中的困难与挑战

（一）检察机关与消费者协会在实施消费公益诉讼中协作不足

在消费公益诉讼中，消费者协会是第一顺位的公益诉讼起诉主体，检察机关是第二顺位公益诉讼起诉主体。2022 年检察机关提起消费公益诉讼案件 31 件，从裁判文书中查阅：检察机关进行诉前公告的案件 23 件，消费者

---

① 《"3·15"检察机关食品药品安全公益诉讼典型案例》，最高人民检察院网，https://www.spp.gov.cn/xwfbh/wsfbt/202303/t20230315_ 608471. shtml#2，最后访问日期：2023 年 3 月 15 日。
② 参见上海铁路运输法院（2022）沪 7101 刑初 224 号刑事附带民事判决书。

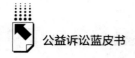

协会均未提起公益诉讼。检察机关诉前公告程序未达到预期的价值目标，检察机关的支持起诉机制未能充分发挥作用，消费者协会在维护消费者公共利益中未能承担起重任。

检察机关公益诉讼诉前程序的设计是检察机关提起消费公益诉讼补充性与谦抑性的体现：一方面实现公益诉讼案件线索有效传递，促使"有关组织"提起公益诉讼，激发其他适格主体通过公益诉讼保护社会公共利益的积极性和能动性；另一方面能够有效避免因检察机关作为一方当事人又是法律监督者的"双重身份"可能造成"当事人平等对抗、法官居中裁判"的诉讼结构失衡及职能混同的风险，并且降低检察机关公益诉讼投入，缓解检察机关的诉讼压力。[1] 然而，在消费公益诉讼中，虽然消费者协会以保护消费者合法权益为基本职责，却未有效承担起维护消费者利益重担，诉前程序激发消费者协会提起诉讼的积极性的功能并未达到理想效果。此外，消费者协会由于主体性质、诉讼经验不足等客观情况，承担公益诉讼有困难，检察机关的支持起诉机制具有实现多元共治、提升消费者协会公益诉讼能力的作用。但是在消费者协会未提起公益诉讼的情况下，一方面检察机关的支持起诉机制缺乏先决条件；另一方面检察机关支持起诉制度规定模糊笼统，缺乏具有操作性的启动与实施机制，致使检察机关的支持起诉机制未能充分发挥作用。

（二）受案范围列举式拓展暴露消费检察公益诉讼制度缺乏周延性

消费检察公益诉讼受案范围的主要依据是《民事诉讼法》《关于检察公益诉讼案件适用法律若干问题的解释》《人民检察院公益诉讼办案规则》，其中《民事诉讼法》第 58 条第 2 款以列举方式明确规定食品药品安全领域侵害众多消费者合法权益等行为，人民检察院可以提起公益诉讼。在检察机关有益的探索中，消费检察公益诉讼受案范围在不断拓展，但是相较于《消费者权益保护法》第 47 条规定的公益诉讼的受案范围[2]，其仍然是限缩

---

① 杨雅妮：《检察民事公益诉讼制度研究》，社会科学文献出版社，2020，第 101 页。
② 《消费者权益保护法》第 47 条："对侵害众多消费者合法权益的行为，中国消费者协会以及在省、自治区、直辖市设立的消费者协会，可以向人民法院提起诉讼。"

性的规定（见表1）。这种以不断探索不断列举实现消费检察公益诉讼受案范围拓展的方式，一方面表现出制度的不周延性与滞后性，另一方面增大了司法机关的自由裁量权。

表1　消费检察公益诉讼受案范围相关法律

法律名称	受案范围
《消费者权益保护法》	侵害众多消费者合法权益的行为
《个人信息保护法》	个人信息处理者违反本法规定处理个人信息，侵害众多个人的权益
《反垄断法》	经营者实施垄断行为，损害社会公共利益
《农业产品质量法》	食用农产品生产经营者违反本法规定，侵害众多消费者合法权益，损害社会公共利益的
《民事诉讼法》	食品药品安全领域侵害众多消费者合法权益的行为
《关于检察公益诉讼案件适用法律若干问题的解释》	食品药品安全领域侵害众多消费者合法权益
《人民检察院公益诉讼办案规则》	食品药品安全领域侵害众多消费者合法权益

在市场经济活动中，假冒伪劣产品、缺陷产品对不特定众多消费者利益的损害同样影响范围广、危害大、涉及主体多并存在不确定性，损害社会公共利益，比如伪劣口罩案。消费者相较于经营者是弱势群体，存在举证难、诉讼成本高等困难，缺乏维权主动性，并且受侵害消费者具有分散性，个体侵害利益价值低，缺乏形成集中力量实施维权的动力；消费者协会虽然是维护消费者权益的重要组织，但其调查收集证据能力有限，在提起公益诉讼的动力与能力方面相对不足；而作为具有公益诉讼主体资格的国家机关——检察机关介入于法无据，导致相关危害社会公共利益的行为不能有效规制，消费检察公益诉讼制度功能不能充分发挥。

（三）惩罚性赔偿的适用、赔偿金管理与分配缺乏制度规范

《人民检察院公益诉讼办案规则》第98条第2款第2项明确在食品药品

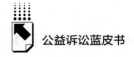
安全领域检察机关可以提起惩罚性赔偿的诉讼请求。但是在消费检察公益诉讼涉及惩罚性赔偿的案件中，关于惩罚性赔偿法律适用多样化、赔偿金的管理与分配缺乏明确的法律指引。

第一，惩罚性赔偿的适用条件不明确，扩大了司法机关自由裁量权。司法实践中，消费检察公益诉讼提请的惩罚性赔偿依据的实体法主要是《消费者权益保护法》第 55 条①，《食品安全法》第 148 条第 2 款②，《药品管理法》第 144 条第 3 款等。③ 在消费检察公益诉讼案件中，适用惩罚性赔偿的依据不同、标准不明，致使性质相类似的案件有的适用惩罚性赔偿，有的却没有，并且在适用惩罚性赔偿的案件中，出现判罚赔偿额标准不同的情况，导致同类案件判罚不同（见表 2）。如贵州省锦屏县人民检察院提起的彭某某生产销售有毒食品刑事附带民事公益诉讼案中，被告人彭某某销售的鹿血生精十杰牌劲健胶囊中含有非法添加有毒有害物质西地那非和他达拉非，侵犯了不特定消费者的生命健康权，损害社会公共利益。锦屏县人民检察院根据《民法典》第 179、187 条以及《食品安全法》第 148 条的规定，向锦屏县人民法院提请被告人支付销售价款 10 倍惩罚性赔偿，获得人民法院支持。④ 与此案件相类似的是山东省宁阳县人民检察院提起的库某某销售有毒、有害食品刑事附带民事公益诉讼案，被告人库某某销售复合有毒有害物质西布曲明的"巧粒瘦"减肥药，宁阳县人民检察院根据《民法典》第

① 《消费者权益保护法》第 55 条："经营者提供商品或者服务有欺诈行为的，应当按照消费者的要求增加赔偿其受到的损失，增加赔偿的金额为消费者购买商品的价款或者接受服务的费用的三倍；增加赔偿的金额不足五百元的，为五百元。法律另有规定的，依照其规定。经营者明知商品或者服务存在缺陷，仍然向消费者提供，造成消费者或者其他受害人死亡或者健康严重损害的，受害人有权要求经营者依照本法第四十九条、第五十一条等法律规定赔偿损失，并有权要求所受损失二倍以下的惩罚性赔偿。"

② 《食品安全法》第 148 条第 2 款："生产不符合食品安全标准的食品或者经营明知是不符合食品安全标准的食品，消费者除要求赔偿损失外，还可以向生产者或者经营者要求支付价款十倍或者损失三倍的赔偿金；增加赔偿的金额不足一千元的，为一千元。但是，食品的标签、说明书存在不影响食品安全且不会对消费者造成误导的瑕疵的除外。"

③ 《药品管理法》第 144 条第 3 款："生产假药、劣药或者明知是假药、劣药仍然销售、使用的，受害人或者其近亲属除请求赔偿损失外，还可以请求支付价款十倍或者损失三倍的赔偿金；增加赔偿的金额不足一千元的，为一千元"。

④ 参见贵州省锦屏县人民法院（2022）黔 2628 刑初 49 号刑事附带民事判决书。

187、1165条，《食品安全法》第34、53条，《消费者权益保护法》第55条的规定，向宁阳县人民法院提请被告人支付消费者购买食品价款的3倍惩罚性赔偿，并获人民法院支持。① 在江苏省苏州市虎丘区人民检察院提起的欧某生产销售有毒有害食品刑事附带民事公益诉讼案中，同样是被告人生产、销售复合西布曲明的胶囊食品，但是虎丘区人民检察院并未提请惩罚性赔偿，虎丘区人民法院依据《民法典》第179、1165条，《食品安全法》第4条、第34条第1款，《消费者权益保护法》第11条，判决被告人根据销售额承担赔偿责任。② 检察机关对惩罚性赔偿的适用条件与标准有不同的理解，致使在同类案件中出现适用不同、判罚不同的情况，这不仅对当事人不公平，而且有损法律的威严。因此，需要立法明确惩罚性赔偿的适用条件以及判罚标准，为该制度的适用提供法律指引。

表2　消费检察公益诉讼惩罚性赔偿适用情况

案件名称	起诉主体	案件主要内容	适用法律	被告承担金额
贵州省锦屏县人民检察院与彭某某生产销售有毒食品刑事附带民事公益诉讼案	贵州省锦屏县人民检察院	彭某某销售的鹿血生精十杰牌劲健胶囊中含有非法添加有毒有害物质西地那非和他达拉非	《民法典》第179、187条以及《食品安全法》第148条	销售价款10倍惩罚性赔偿
山东省宁阳县人民检察院与库某某销售有毒、有害食品刑事附带民事公益诉讼案	山东省宁阳县人民检察院	库某某销售复合有毒有害物质西布曲明的"巧粒瘦"减肥药	《民法典》第187、1165条，《食品安全法》第34、53条，《消费者权益保护法》第55条	消费者购买食品价款的3倍惩罚性赔偿
江苏省苏州市虎丘区人民检察院与欧某生产销售有毒有害食品刑事附带民事公益诉讼案	江苏省苏州市虎丘区人民检察院	生产、销售复合西布曲明的胶囊食品	《民法典》第179、1165条，《食品安全法》第4条、第34条第1款，《消费者权益保护法》第11条	销售额承担赔偿责任

① 参见山东省宁阳县人民法院（2021）鲁0921刑初164号刑事附带民事判决书。
② 参见苏州市虎丘区人民法院（2022）苏0505刑初96号刑事附带民事判决书。

第二，赔偿金的管理与分配使用缺乏明确的法律指引。目前赔偿金的管理主体主要分为两类，一类是国家机关进行管理，另一类是消费者协会进行管理。在实践中，大多数为国家机关管理。以 2022 年消费检察公益诉讼案件情况来看，由国家机关对赔偿金管理的案件有 18 件，占案件总量 58.07%，其中惩罚性赔偿 6 件，损害赔偿 12 件。赔偿金由国家机关管理，有的是政府设立的消费公益金账户①；有的是人民检察院涉案款专户管理②；有的是向人民法院缴纳管理③；有的则是直接上缴国库管理④（见表 3）。2022 年消费检察公益诉讼的裁判文书中明确将赔偿金"上缴国库"的案件 14 件，占案件总量 45.16%，但赔偿金如何分配在裁判文书中并未体现。赔偿金管理主体多样化以及"上缴国库"为主要管理方式的现状导致基于消费者个人的权利获得的赔偿与行政罚款和刑事罚金混同，被强制性国有化，失去赔偿金应有之价值，表明消费检察公益诉讼中赔偿金的管理、使用或分配仍缺乏具体、明确的制度指引。

表 3　惩罚性赔偿金管理机构情况

案件名称	管理机构
江苏省苏州市虎丘区人民检察院诉欧某生产销售有毒有害食品刑事附带民事公益诉讼案	政府设立的消费公益金账户管理
河北省献县人民检察院诉张某侵害他人隐私权民事公益诉讼案	人民检察院涉案款专户管理
陕西省安康市人民检察院诉刘某消费者权益保护民事公益诉讼案	向人民法院缴纳管理
湖南省衡阳市雁峰区人民检察院诉宋某生产销售有毒有害食品民事公益诉讼	上缴国库

---

① 江苏省苏州市虎丘区人民法院（2022）苏 0505 刑初 96 号刑事附带民事判决书。
② 河北省献县人民法院（2022）冀 0929 民初 1770 号民事判决书。
③ 陕西省安康市中级人民法院（2022）陕 09 执 130 号结案通知书。
④ 湖南省衡阳市雁峰区人民法院（2022）湘 0406 民初 82 号民事判决书。

四　消费检察公益诉讼的发展与建议

消费检察公益诉讼实施以来，检察机关充分发挥主观能动性，勇于担当，积极探索，取得了丰富的实践经验，为消费检察公益诉讼制度的完善、有效发挥其功能价值，提供了珍贵的实践样本。为进一步推进消费检察公益诉讼制度的健全与完善，促进消费检察公益诉讼的制度化、规范化，基于实践中存在的问题，建议从如下方面改革。

（一）检察机关与消费者权益保护协会协调共治

目前，在消费公益诉讼中，检察机关与省级以上消费者协会等组织均是提起公益诉讼的主体。虽然各级地方建立了司法机关与消费者协会的合作框架或协议，但是如何有效实现检察机关与消费者协会相互配合、协调共治，需要在制度层面进一步完善。

第一，分配案件管辖范围。检察机关与消费者协会作为消费公益诉讼主体，二者主体性质、专业能力与执法权限、诉讼经验等客观情况不同，决定其诉讼能力不同，因而二者的消费公益诉讼受案管辖范围应根据其实际客观情况有所侧重。消费公益诉讼案件可以根据案件标的额、影响范围、社会危害程度、复杂程度等方面进行分层分类：案件标的额大、影响范围广、社会危害严重、复杂程度高的案件应由检察机关管辖；反之案件事实简单、影响范围较小、标的额小的案件应由消费者协会等组织管辖。将案件从承办难易程度的角度进行分层分类的管辖方法，一方面可以促使消费者协会在其能力范围内承担起消费公益诉讼的重担，另一方面检察机关回归法律监督职能，发挥其消费公益诉讼的补充性作用，并能够充分利用职权与较强的专业能力攻克难度较大的案件。此外，应建立检察机关与消费者协会案件移交机制，解决案件受理的协调问题，案件管辖遵循消费者协会优先、检察机关补充为原则。

第二，完善检察机关支持起诉制度。我国《民事诉讼法》第 15 条以及第

58 条第 2 款是检察机关支持公益诉讼的基本法律依据。《人民检察院公益诉讼办案规则》规定了支持起诉的范围、方式以及撤回，但对检察机关如何启动、何时介入等内容缺乏具体规定，这也是检察机关支持起诉制度的功能发挥不足的原因之一。因此，首先，确定检察机关启动支持起诉的方式：依申请与拟支持起诉建议两种方式①，依申请为主，拟支持起诉建议为辅。依申请是消费者协会可以根据诉讼中存在的困难和需求，主动向检察机关申请支持起诉的方式；拟支持起诉建议是当消费者协会未及时提起公益诉讼，为督促其提起公益诉讼，在充分尊重消费者协会诉权的情况下，督促以及协助其实施诉权的方式。其次，检察机关支持起诉的时间应是诉前和诉中，诉前支持起诉为重点。检察机关支持起诉主要体现为由于消费者协会诉讼能力的不足，在检察机关的外部帮助下，达到督促其依法行使公益诉权以及顺利开展公益诉讼的功能作用。实践中，消费者协会由于各种客观原因诉讼能力和动力不足，阻碍其诉讼主体作用发挥，通过检察机关的诉前支持起诉能够补上消费者协会的短板，助力其承担公益诉讼的重担。检察机关诉讼中的支持起诉应随着消费者协会诉讼经验的积累和成熟逐渐退出。最后，支持起诉的方式应除《人民检察院公益诉讼办案规则》中规定的提交支持起诉意见书、协助调查取证、出席法庭之外，还应包括移送案件线索、提供法律指导等。

（二）确定受案范围拓展标准与路径

司法实践已为消费检察公益诉讼受案范围的拓展提供了宝贵的素材。那么，关于消费检察公益诉讼受案范围应从案件范围的广度和深度两个维度确立一般概括性规定，结合列举式的立法模式确定受案范围，具体实现路径有以下几点。

第一，确定消费检察公益诉讼的受案范围广度，消费检察公益诉讼的受案范围应与消费者权益保护法一致，实现有效平行对接。通过实体法与程序

---

① 张嘉军、武文浩：《异化与重塑：检察民事公益诉讼支持起诉制度研究》，《中州学刊》2022 年第 9 期。

法进行对接，可以从范围广度方面避免消费检察公益诉讼受案范围列举式规定呈现碎片化、挂一漏万的问题并约束自由裁量权。目前，《民事诉讼法》中明确规定消费检察公益诉讼的受案范围为食品药品安全领域，《个人信息保护法》《反垄断法》《农产品质量法》通过实体立法确定检察机关提起消费公益诉讼的权力。实践表明，公共卫生安全、假冒伪劣产品等领域也存在损害不特定消费者利益的问题，并且对消费者造成的人身和财产的损害不亚于"食品药品安全"问题。

第二，从社会危害的程度确定消费检察公益诉讼的受案范围的深度，以"严重侵害不特定众多消费者利益"为消费检察公益诉讼受案范围标准。2017年《民事诉讼法》首先明确将食品药品安全领域纳入消费检察公益诉讼的受案范围，因为这个领域直接关系到人们的生命健康。但随着市场的发展，社会经济、生活模式的变化，对社会公共利益的损害也呈现不同方面，比如个人信息、网络安全等。因此在确定消费检察公益诉讼受案范围时，在范围广度下从纵向深度维度确立标准，即"严重侵害不特定众多消费者利益"。首先《民事诉讼法》《消费者权益保护法》应以"侵害不特定众多消费者利益"为提起消费公益诉讼的标准。目前，两部法律以"侵害众多消费者合法权益"为提起消费公益诉讼的标准缺乏准确性。"众多消费者利益"的理解包括特定多数消费者利益与不特定多数消费者利益。"消费领域的社会公共利益不是消费者个人遭受损失的简单叠加"①。特定多数消费者利益具有确定性、特定性，虽然是多数消费者的利益，但也仅是数量上的简单叠加，特定多数消费者利益损害并不必然侵害公共利益，不属公益诉讼的范畴，可以通过代表人诉讼予以救济。但当经营者的行为造成"不特定众多消费者权益损害"时，不仅损害多数消费者利益，而且受到侵害的消费者的范围具有不确定性，这决定权益受到侵害的消费者主体范围广，侵权行为危害范围大，损害社会公共利益，应通过公益诉讼实现维护社会公益的目标。因此，确立"侵害不特定众

---

① 徐全兵：《稳妥推进民事公益诉讼惩罚性赔偿实践探索》，《检察日报》2020年11月9日，第3版。

多消费者利益"为拓展受案范围广度的标准更为准确。其次，应设定"严重"侵害不特定众多消费利益案件的考察要素，确定检察机关受案范围。"严重"的认定应该根据案件标的额、地域范围、案件的复杂程度、人身财产的危害程度对消费检察公益诉讼进行一般性规定，而不是简单列举式确定受案范围。以此标准确立检察机关受案范围，因为检察机关在办案经验、能力、职权方面具有较大优势，应该集中力量解决复杂的消费公益诉讼案件，案件相对简单的案件可以完善支持起诉机制，由消费者协会进行公益诉讼。从目前司法实践来看，消费检察公益诉讼多数是以小企业或个体工商户为被告提起的消费民事公益诉讼，对大企业损害不特定众多消费者利益案件承办不足。检察机关对违法的小企业和个体工商户的严厉打击对市场秩序的维护效果有限。那么，通过将案件依据其复杂性进行分层，确定消费检察公益诉讼的受案范围，一是可以避免列举式不周延性问题；二是有利于检察机关与消费者协会案件受理方面的协调；三是促进检察机关办理消费者协会难以办理的案件，充分利用司法资源"啃硬骨头"。

第三，列举式拓展受案范围。概括式的立法模式可以有效降低法律的滞后性与不周延性问题，但是也存在抽象、不具体的问题。因此，列举式的受案范围的立法模式仍然是不可或缺，它可以对概括性立法的适用提供更加直观的参考与标准。

（三）建立惩罚性赔偿适用实施细则

公益诉讼中惩罚性赔偿制度的确立能够对损害公益的行为予以法律的震慑作用，但如何合法正当适用，管理和分配好赔偿金是实现惩罚性赔偿制度现实意义的重要方面。目前，关于惩罚性赔偿的适用以及赔偿金的归属、管理、分配问题检察机关进行了积极的探索。为实现该项制度走向成熟化、规范化，应建立惩罚性赔偿的实施细则，确立惩罚性赔偿的适用条件、标准及赔偿金的管理、分配与监管制度。

第一，惩罚性赔偿的适用条件。惩罚性赔偿制度的功能是"预防与惩戒"违法行为。一方面惩罚性赔偿对侵害不特定多数消费者权益的行为具有预防功能。法律具有指引、预测、评价的功能，当行为人能够预测违法行为的严重后果时，基于其对法律的畏惧，阻却其实施违法行为。另一方面从事后机制的角度看，惩罚性赔偿无疑加大行为人违法成本，对违法者予以惩戒，致使"违法者痛到不敢再犯"，产生威慑效应。那么，合理、规范适用惩罚性赔偿制度是实现其预防与惩戒功能的前提，否则将不仅有损法律威严，而且会产生事与愿违的社会效果。为此，结合我国现有惩罚性赔偿规则，消费检察公益诉讼中惩罚性赔偿的适用应遵循实体法的相关规定，但由于实体法中的惩罚性赔偿是基于私益诉讼建立的制度，公益诉讼中的惩罚性赔偿与私益诉讼中的惩罚性赔偿在功能定位与价值目标上存在不同，因而不能简单套用，僵化适用。为达到消费检察公益诉讼中检察机关适用惩罚性赔偿标准统一目标，并避免出现惩罚性赔偿过重致使侵权行为人无力承担、惩罚性赔偿无法落地的问题，应明确惩罚性赔偿的适用条件：（1）必须是公共利益受到损害，这是公益诉讼中惩罚性赔偿的必要条件，是与私益诉讼中惩罚性赔偿相区别的要件；（2）行为人的主观过错程度，可以从违法行为的次数和持续的时间，是否曾经受到行政处罚、刑罚等方面认定[①]；（3）行为后果方面，从受害人数或范围、损害程度或类型、获利情况等方面进行认定。当然，当行为人系初犯、偶犯，主观过错和违法行为情节轻微，社会公共利益损害后果较小的，或者行为人主动及时采取补救措施，有效避免或阻止损害进一步扩大的，可以不予适用惩罚性赔偿或减轻适用。

第二，惩罚性赔偿金的确定。司法实践中，惩罚性赔偿金额是依据实体法律制度的规定确定标准。目前，检察机关往往顶格适用惩罚性赔偿，但是现实中出现当事人无力承担、惩罚过重、缺乏公平等问题，比如同类案件中，当事人在主观恶性不同、社会危害程度不同的情况下，依法均承担顶格的惩罚性赔偿，缺乏公平性。因此，一定情况下，惩罚性赔偿可以减轻适用，但是减轻的幅度和标准应进行明确规定。建议在实体制度赔偿标准的范

---

① 黄忠顺、刘宏林：《论检察机关提起惩罚性赔偿消费公益诉讼的谦抑性——基于990份惩罚性赔偿检察消费公益诉讼一审判决的分析》，《河北法学》2021年第9期。

围内，根据案件的社会危害性、主观恶性等方面将赔偿倍数划分为高、中、低等级进行适用，实现惩罚性赔偿适用得当的目标。

第三，惩罚性赔偿金的管理。惩罚性赔偿制度产生的基础是经营者的行为侵害消费者以及社会公共利益。就其价值目标，不仅应实现对受侵害消费者利益的救济，"更多包含对公共利益的维护"①。那么，惩罚性赔偿金应该依据有利于实现消费者利益、社会公共利益的目标进行管理。鉴于目前惩罚性赔偿金由国家机关管理或消费者协会管理的多样化的局面，应确立明确的管理主体，实现管理规范与统一。建议在各地消费者协会设立专门机构并建立公益诉讼专项账户管理惩罚性赔偿金，该机构负责惩罚性赔偿金的分配、管理等工作。消费者协会设立专门机构管理惩罚性赔偿金的原因如下。一是消费者协会的基本任务是维护消费者利益，是经营者与消费者的桥梁，具有与消费者进行协调与沟通的天然优势。在消费者协会设立惩罚性赔偿金专门管理机构不仅便于后期消费者赔偿金的赔付，而且有利于资金专款专用，维护消费公益。二是消费者协会也是公益诉讼主体，在相关案件中对消费侵权事实更加清楚，不仅了解侵权行为对消费者权益侵害的范围，而且了解对公共利益损害程度等具体情况，便于后期惩罚性赔偿金的支配与使用，促进公益损害及时、有效地修复。三是由政府机关或司法机关设立专项账户管理，一方面与其基本职能不符，另一方面增加它们工作负重，影响惩罚性赔偿金分配效率。

第四，惩罚性赔偿金的分配。惩罚性赔偿制度的适用依托于《民法典》《消费者权益保护法》《产品质量法》《药品管理法》等实体制度。依据实体制度的基本规定，惩罚性赔偿金的支配主要涉及两个方面：一是消费者利益损害的赔偿，二是公共利益维护。惩罚性赔偿金支配应以私权优先为原则，分配顺序依次是消费者利益损害的赔偿、案件需要的公共利益补偿、消费者协会或检察机关在案件诉讼中的合理支出费用、公益性活动费用。消费者利益损害的赔偿是惩罚性赔偿金分配的重要任务，有效解决消费者利益损

---

① 王利明：《惩罚性赔偿研究》，《中国社会科学》2000年第4期。

害的赔偿问题，不仅有效维护消费者利益，而且降低消费者诉累，节约司法资源，有效解决私益诉讼与公益诉讼的衔接问题。消费者的赔偿支付应从公告、申报、审核、支付领取、监督等环节建立程序制度。必要的情况下，可以开拓第三方平台实现该项工作。2020年四川省犍为县人民检察院提起雷某生产、销售有毒有害食品刑事附带民事公益诉讼案①以及2022年四川、重庆两地跨区销售假冒伪劣白酒民事公益诉讼案中，检察机关与消费者协会积极合作，在消费者赔付方面进行了积极探索，对赔偿金的分配使用具有很好的借鉴意义。

第五，惩罚性赔偿金的监督管理。建立消费者协会、检察机关、法院三方联合监管机制。建立消费者协会对赔偿金的管理、分配与使用情况的报告制度，检察机关与法院具有查阅、监督专项基金使用情况的权力，保障资金专款专用，实现其应有的积极效用。②

（四）公益活动补偿公共利益损害的方式规范化

2022年，食品药品案件中人民检察院探索以侵权行为人参与公益活动的方式实现补偿公共利益损害的目标。侵权行为人履行公益活动义务的方式能够使行为人积极参与到维护市场秩序的具体活动中，实现侵权行为人通过维护公益的行为形成内化于心的守法意识，达到行为人遵纪守法、合法经营、维护市场经济秩序的目标，具有积极的作用。但是，为避免侵权行为人参加公益活动的行为义务流于形式，最终成为侵权行为人逃避法律责任的方式，以参加公益活动的方式实现公共利益补偿的适用应设定具体的适用条件和规则，使公益活动这种补偿公共利益损失的方式规范化。一是严格设定适用条件：（1）侵权行为社会危害后果较小，可以从侵害主体范围、人身财产损害程度、地域范围等方面考察；（2）侵权行为人的主观恶性小，可以从故意、过失以及是否积极采取措施降低危害等方面考察；（3）侵权行为

---

① 参见四川省犍为县人民法院（2020）川11刑终67号刑事附带民事判决书。

② 颜卉：《消费公益诉讼惩罚赔偿金归属研究》，《兰州大学学报》2020年第3期。

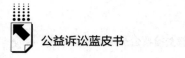

人经济承受能力和履行能力方面确实存在困难。二是应严格监管行为人参与公益活动的实际履行情况与效果。不仅要保证侵权行为人参加公益活动的数量，也要保证质量。公益活动的数量应在参与公益活动的次数与时长方面予以明确；质量方面，应从侵权行为人参与公益活动的积极主动性、群众反映效果等方面进行监督。

B.13
检察公益诉讼案件范围拓展实证报告

邢 昕*

摘 要： 自 2017 年正式确立检察公益诉讼制度以来，检察公益诉讼案件范围逐渐拓展。《行政诉讼法》《民事诉讼法》规定了四大法定领域，《未成年人保护法》《个人信息保护法》等单行法新增了未成年人保护、个人信息保护等九个新领域。除此之外，还通过行政法规、党内法规、地方性法规等积极探索，对检察公益诉讼案件范围进一步拓展。实践中，最高人民检察院还通过公布典型案例的方式，依法能动履职助力检察公益诉讼纵深发展。检察公益诉讼案件范围的拓展呈现紧跟时代发展步伐、切实回应现实所需、保障公共利益实现，从损害预防到风险防范，将公益诉讼与社会治理法治化结合等特点。检察公益诉讼案件范围的拓展是继续释放和充分发挥检察公益诉讼在社会治理中巨大效能的关键之举，也是贯彻落实党的二十大"完善公益诉讼制度"要求的重要抓手。

关键词： 检察公益诉讼 新兴领域 案件范围

一 总体透视：检察公益诉讼案件
结构转型与新类型案件量激增

检察公益诉讼制度从战略部署到实践展开、从试点探索到全域发展，彰显了新时代特色公益司法保护的"中国方案"。2017 年《行政诉讼法》和《民事诉讼法》修改，正式确立了检察公益诉讼制度。5 年多来检察公益诉讼

---

* 邢昕，法学博士，郑州大学法学院讲师。

制度在案件范围、审理程序等领域全面发展，特别是其案件结构类型发生了重大变化，新兴领域不断纳入检察公益诉讼受案范围，切实履行好了检察机关"公共利益代表"的神圣职责，为国家和社会公益保护提供加持力。

根据最高人民检察院公开数据①，2017 年 7 月至 2019 年 9 月，全国共立案公益诉讼案件 214740 件，其中四大法定领域案件占总案件量的 99.97%。其中生态环境和资源保护领域公益诉讼案件 118012 件，占立案总数的 54.96%；食品药品安全领域公益诉讼案件 71464 件，占立案总数的 33.28%；国有财产保护领域 20363 件，占立案总数的 9.48%；国有土地使用权出让领域 4826 件，占立案总数的 2.25%（见图 1）。2018 年 5 月 1 日公布施行的《英雄烈士保护法》以单行法的方式将英烈权益保护领域纳入公益诉讼范围。到 2019 年 9 月最高检统计日期为止，全国共办理英烈保护公益诉讼案件 75 件，而案件量仅占总案件量的 0.3%。综上可知，检察公益诉讼正式实施的前两年，四大法定领域案件量占比极高，新兴领域案件尚处于崭露头角之态。

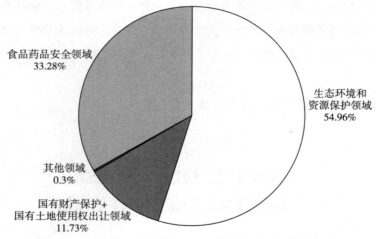

图 1　2017 年 7 月至 2019 年 9 月检察公益诉讼案件结构

---

① 张军：《最高人民检察院关于开展公益诉讼检察工作情况的报告——2019 年 10 月 23 日在第十三届全国人民代表大会常务委员会第十四次会议上》，最高人民检察院网，https：//www. spp. gov. cn/spp/tt/201910/t20191024_ 435925. shtml，最后访问日期：2019 年 10 月 24 日。

2022 年，检察公益诉讼案件结构发生了重大变化。2022 年全年全国各级检察机关共办理检察公益诉讼案件 19.5 万件，其中个人信息保护、安全生产等新增法定领域和新拓展领域案件高达 6.8 万余件，占到全年检察公益诉讼案件的 34.87%。换言之，超过 1/3 的检察公益诉讼案件为四大法定领域之外的新类型公益诉讼案件，甚至超过了食品药品安全领域（2 万余件，占比 10.26%）以及"国土国财"领域（1.2 万件，占比 6.15%）等三大传统检察公益诉讼案件领域的总和，成为继生态环境和资源保护领域（9.5 万件，占比 48.72%）之后，检察公益诉讼案件量最大领域（见图 2）。①

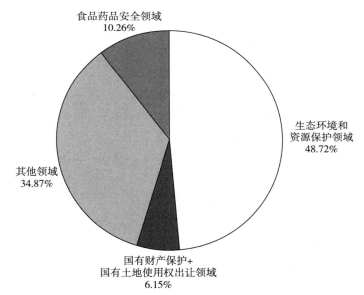

图 2　2022 年度检察公益诉讼案件结构

二　现实梳理：新类型检察公益诉讼案件呈现多元化样态

为生动呈现检察公益诉讼案件结构转型的具体情况，有必要对法律法规

---

① 赵光霞、岳弘彬：《2022 年检察机关立案办理公益诉讼 19.5 万件》，人民网，http：//society.people.com.cn/n1/2023/0123/c1008-32611600.html，最后访问日期：2023 年 1 月 23 日。

以及具体实践中检察公益诉讼案件范围的拓展情况进行系统梳理。以"公益诉讼"为关键词、以 2017 年 7 月 1 日至 2023 年 1 月 1 日为统计时间范围，在常用法律搜索引擎北大法宝上进行检索。通过归纳整理发现，涉及"公益诉讼"的法律共有 11 部，行政法规 34 部，地方性法规司法解释 27 件，党内法规 51 部。上述文件充分印证了当前我国公益诉讼案件领域呈现"4+9+N"的开放样态。

（一）"4+9"法定领域

第一，四大法定领域。根据《行政诉讼法》第 25 条和《民事诉讼法》第 58 条的规定，程序法规范将公益诉讼立案领域确定为：生态环境和资源保护、食品药品安全、国有财产保护、国有土地使用权出让四大领域。

第二，九个单行法新增领域。2018 年后全国人大常委会在修改或制定法律的过程中，在《英雄烈士保护法》《未成年人保护法》《个人信息保护法》《妇女权益保护法》等单行法特别增设了公益诉讼的规定，增加了英烈保护公益诉讼、未成年人保护公益诉讼、个人信息保护公益诉讼以及妇女权益保护公益诉讼等 9 个新增法定领域（见表 1）。

表 1　法律中涉及的检察公益诉讼领域

领域类型	法律性质	规范名称	涉及领域	诉讼类型
四大法定领域	程序法	《民事诉讼法》第 58 条	生态环境和资源保护、食品药品安全领域	民事公益诉讼
		《行政诉讼法》第 25 条	生态环境和资源保护、食品药品安全、国有财产保护、国有土地使用权出让	行政公益诉讼

续表

领域类型	法律性质	规范名称	涉及领域	诉讼类型
九个单行法新增领域	实体法	《反垄断法》第60条	反垄断领域	民事公益诉讼
		《英雄烈士保护法》第25条	英雄烈士保护	行政公益诉讼+民事公益诉讼
		《未成年人保护法》第106条	未成年人合法权益保护	行政公益诉讼+民事公益诉讼
		《军人地位和权益保障法》第62条	军人权益保护	行政公益诉讼+民事公益诉讼
		《安全生产法》第74条	安全生产领域	行政公益诉讼+民事公益诉讼
		《个人信息保护法》第70条	个人信息保护领域	行政公益诉讼+民事公益诉讼
		《反电信网络诈骗法》第47条	反电信网络诈骗领域	行政公益诉讼+民事公益诉讼
		《农产品质量安全法》第79条	农产品质量安全领域	行政公益诉讼+民事公益诉讼
		《妇女权益保障法》第77条	妇女权益保障领域	行政公益诉讼+民事公益诉讼

（二）新增拓展领域①

除了上述"4+9"个检察公益诉讼法定领域外，近年来检察公益诉讼案件还在 N 个领域进行了拓展。检察公益诉讼新拓展领域主要通过行政法规、党内法规、地方性法规或规范文件所倡导建立，并通过典型案例对实践中开展较好的领域进行归纳。

一是，国务院规范性文件中提及检察公益诉讼新拓展领域，如 2021 年

---

① 需要注意的是，在公益诉讼案件范围的发展中，存在先在拓展领域发展，并逐步上升成为法定领域的逻辑关系，因而两者存在一定的交叉。以妇女权益保护领域为例，行政法规对该领域的拓展发生在 2021 年，而直至 2023 年《妇女权益保护法》修订施行，妇女权益保护公益诉讼才被单行法所吸纳。

10 月 28 日国务院办公厅关于印发《"十四五"文物保护和科技创新规划的通知》在第十三项"加强规划实施保障"中的（二）"加强法治建设"，特别提及要"建立健全文物保护公益诉讼制度"。此外，国务院关于印发《中国妇女发展纲要和中国儿童发展纲要的通知》还强调要"促进开展妇女权益保障领域的公益诉讼"，并在此后《妇女权益保障法》修改过程中予以吸纳，通过立法上升为新增法定领域（见表 2）。

表 2　行政法规、党内法规中涉及的检察公益诉讼领域

规范性质	规范名称	涉及领域	诉讼类型
行政法规	国务院办公厅关于印发《"十四五"文物保护和科技创新规划的通知》	文物保护领域	行政公益诉讼＋民事公益诉讼
行政法规	国务院关于印发《中国妇女发展纲要和中国儿童发展纲要的通知（2021）》	妇女权益保护领域	行政公益诉讼＋民事公益诉讼
党内法规	中共中央办公厅、国务院办公厅印发《关于进一步加强生物多样性保护的意见》	生物多样性保护	行政公益诉讼＋民事公益诉讼
党内法规	中共中央办公厅、国务院办公厅印发《建设高标准市场体系行动方案》	消费者权益保护	行政公益诉讼＋民事公益诉讼
党内法规	中央全面依法治国委员会印发《关于加强法治乡村建设的意见》	涉农公益诉讼	行政公益诉讼＋民事公益诉讼
党内法规	国家海洋局党委《关于全面推进依法行政加快建设法治海洋的决定》	海洋公益诉讼	行政公益诉讼＋民事公益诉讼
党内法规	中共中央、国务院印发《质量强国建设纲要》	质量安全领域	行政公益诉讼＋民事公益诉讼

二是，党内法规制定中也充分重视检察公益诉讼在维护公共利益领域的重要决策。党内法规中有 51 件涉及检察公益诉讼，除了对四大法定领域检察公益诉讼实施的强调外，中央全面依法治国委员会在《关于加强法治乡村建设的意见》中还提及要建立健全涉农公益诉讼，中共国家海洋局党组则在《关

于全面推进依法行政加快建设法治海洋的决定》中提倡建立海洋公益诉讼制度。

三是，地方性法规或经济特区法规。有 21 个省级人民代表大会常务委员会和 3 个特区人民代表大会常务委员会①，通过颁布地方性法规或经济特区法规的方式，推进新时代检察公益诉讼工作的纵深发展（见表 3）。除实践中试点成熟已被《个人信息保护法》《未成年人保护法》等通过立法予以固化的外，还将公共卫生、生物安全、交通安全、质量安全、国旗国徽国歌保护等领域纳入公益诉讼的受案范围。

表 3　部分地方性法规或经济特区法规中涉及的检察公益诉讼领域

规范性质	规范名称	施行日期	涉及领域
地方性法规文件	《西藏自治区人民代表大会常务委员会关于加强新时代检察公益诉讼工作的决定》	2022.11.15	农民工劳动报酬权益保护、老年人权益保护、残疾人权益保护、消费者权益保护、文物和文化遗产保护、公共卫生、公共安全等领域
	《江西省人民代表大会常务委员会关于加强检察公益诉讼工作的决定》	2022.9.1	公共卫生、妇女及残疾人权益保护、文物和文化遗产保护等领域
	《四川省人民代表大会常务委员会关于加强检察机关生态环境公益诉讼工作的决定》	2021.9.29	生态环境
	《山西省人民代表大会常务委员会关于加强检察公益诉讼工作的决定》	2021.3.31	安全生产、公共卫生、生物安全、妇女儿童及残疾人权益保护、网络侵害、文物和文化遗产保护等领域
	《江苏省人民代表大会常务委员会关于加强检察公益诉讼工作的决定》	2021.1.1	安全生产、公共安全、文物和文化遗产保护、个人信息安全等领域
	《安徽省人民代表大会常务委员会关于加强检察公益诉讼工作的决定》	2020.11.13	安全生产、公共卫生安全、文物和文化遗产保护、个人信息保护等领域

① 需要注意的是，本部分是在北大法宝搜索平台上检索的结果。实践中还出台了《黑龙江省人大常委会关于加强检察机关公益诉讼工作的决定》（2019.1.7）、《吉林省人民代表大会常务委员会关于加强检察机关公益诉讼工作的决定》（2019.9.26）、《辽宁省人民代表大会常务委员会关于加强公益诉讼检察工作的决定》（2019.11.28）、《福建省人民代表大会常务委员会关于加强新时代人民检察院法律监督工作的决定》（2020.9.29）、《中共湖南省委关于加强新时代检察机关法律监督工作的实施意见》（2021.12.31）等，由于侧重点不同，未将它们纳入统计范畴。

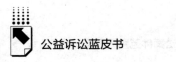
续表

规范性质	规范名称	施行日期	涉及领域
地方性法规文件	《甘肃省人民代表大会常务委员会关于加强检察公益诉讼工作的决定》	2020.9.1	安全生产、消防安全、交通安全、公共设施安全、公共卫生安全、个人信息安全,残疾人、老年人、未成年人、妇女权益保护,网络侵害、乡村振兴、扶贫攻坚,文物和文化遗产保护、红色文化资源保护
	《海南省人民代表大会常务委员会关于加强检察公益诉讼工作的决定》	2020.7.31	旅游消费、公共卫生安全、金融安全、反不正当竞争、网络侵害、未成年人权益保护、妇女权益保护、知识产权保护、文物和文化遗产保护、扶贫、安全生产等领域
	《广东省人民代表大会常务委员会关于加强检察公益诉讼工作的决定》	2020.7.29	安全生产、公共卫生安全、特殊群体合法权益保护、互联网个人信息保护、文物和文化遗产保护等领域
	《上海市人民代表大会常务委员会关于加强检察公益诉讼工作的决定》	2020.7.1	城市公共安全、金融秩序、知识产权、个人信息安全、历史风貌区和优秀历史建筑保护等领域
	《宁夏回族自治区人民代表大会常务委员会关于加强检察机关公益诉讼工作的决定》	2020.6.9	安全生产、公共卫生、生物安全、残疾人老年人未成年人及妇女权益保护、文物和文化遗产保护、扶贫、个人信息安全、互联网等领域
	《浙江省人民代表大会常务委员会关于加强检察公益诉讼工作的决定》	2020.5.15	安全生产、个人信息保护、公共卫生安全等领域
	《新疆维吾尔自治区人民代表大会常务委员会关于加强检察公益诉讼工作的决定》	2020.5.14	安全生产、卫生健康、公共安全、产品质量、农产品质量、互联网公益、文物和文化遗产、未成年人保护、妇女儿童和老年人权益保护、扶贫开发等领域
	《重庆市人民代表大会常务委员会关于加强检察机关公益诉讼工作的决定》	2020.3.26	重点办理生态环境和资源保护、食品药品安全、国有财产保护、国有土地使用权出让、英雄烈士权益保护等领域的案件
	《青海省人民代表大会常务委员会关于加强公益诉讼检察工作的决定》	2020.3.25	公共卫生和应急管理、野生动物保护等领域

规范性质	规范名称	施行日期	涉及领域
地方性法规文件	《陕西省人民代表大会常务委员会关于加强检察公益诉讼工作的决定》	2020.3.25	防灾减灾和应急救援，公共卫生安全，历史文化古迹和文物保护，危化品管理，个人信息安全，英烈纪念设施，野生动物保护等领域
	《内蒙古自治区人民代表大会常务委员会关于加强检察公益诉讼工作的决定》	2019.12.1	安全生产、进出口商品质量安全、铁路交通安全、互联网侵害公益和文物保护、国旗国歌国徽领域的公益诉讼
	《河北省人民代表大会常务委员会关于加强检察公益诉讼工作的决定》	2019.9.28	安全生产、防灾减灾、应急救援、文物和文化遗产保护、个人信息保护、大数据安全、互联网侵害公益、弘扬社会主义核心价值观等领域
	《云南省人民代表大会常务委员会关于加强检察机关公益诉讼工作的决定》	2019.9.28	安全生产、旅游消费、文物和文化遗产保护、公民个人信息保护、未成年人保护、老年人权益保护以及互联网、农业农村等领域
	《河南省人民代表大会常务委员会关于加强检察公益诉讼工作的决定》	2019.9.27	生产安全、产品质量安全、公共交通安全、文物和文化遗产保护、不特定公民个人信息保护等领域
	《湖北省人民代表大会常务委员会关于加强检察公益诉讼工作的决定》	2019.7.26	安全生产、文物和文化遗产保护、电信互联网涉及众多公民个人信息保护等领域探索
经济特区法规	《珠海市人民代表大会常务委员会关于加强检察公益诉讼工作的决定》	2021.7.30	公共卫生安全、特殊群体合法权益保护、个人信息保护、文物和文化遗产保护、生物安全、知识产权保护等领域
	《深圳经济特区生态环境公益诉讼规定》	2020.10.1	生态环境
	《汕头市人民代表大会常务委员会关于加强检察公益诉讼工作的决定》	2020.9.3	安全生产、公共卫生安全、特殊群体合法权益保护、互联网个人信息保护、文物和文化遗产保护、旅游消费、金融安全等领域

通过表4和图3的统计可以发现，除了"4+9"新增领域外，各省/特区对公共卫生、文物或文化遗产保护、特殊群体权益保障、公共安全等领域

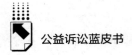

也有较高的关注度，特别是2019~2022年正值新冠疫情时期，各省/特区对公共卫生领域的关注度最高，约2/3的省份通过地方性法规或经济特区法规将公共卫生领域纳入公益诉讼受案范围，体现了我国始终"把人民群众生命安全和身体健康放在第一位"。除了以上各省份关注较为集中的领域外，部分省份将交通安全、乡村振兴等涉及国家和社会公共利益的领域也纳入公益诉讼的受案范围。

表4　不同省份/特区涉及的检察公益诉讼领域

涉及领域	省份/经济特区	省份数量	占比（%）
公共卫生	西藏、江西、山西、安徽、甘肃、海南、广东、宁夏、浙江、新疆、青海、陕西、河南、湖北、珠海市、汕头市	16	66.67
文物和文化遗产保护	西藏、江西、山西、江苏、安徽、甘肃、海南、广东、上海、宁夏、新疆、陕西、河北、云南、珠海市、汕头市	16	66.67
特殊群体权益保障（老年人、农民工、残疾人、妇女）	西藏、江西、山西、甘肃、海南、广东、宁夏、新疆、云南、珠海市、汕头市	11	45.83
公共安全	西藏、山西、江苏、甘肃、上海、新疆、陕西、河北	8	33.33
互联网公益	新疆、内蒙古、河北、云南	4	16.67
扶贫攻坚	甘肃、海南、宁夏、新疆	4	16.67
网络侵害	山西、甘肃、海南、宁夏	4	16.67
知识产权保护	海南、上海、珠海市	3	12.50
金融安全	海南、上海、汕头市	3	12.50
生物安全	山西、宁夏、珠海市	3	12.50
质量保障	新疆、内蒙古、河南	3	12.50
野生动物保护	青海、陕西	2	8.33
交通安全	内蒙古、河南	2	8.33
弘扬社会主义核心价值观	河北	1	4.17
国旗国歌国徽	内蒙古	1	4.17
农业农村	云南	1	4.17
乡村振兴	甘肃	1	4.17
大数据	河北	1	4.17

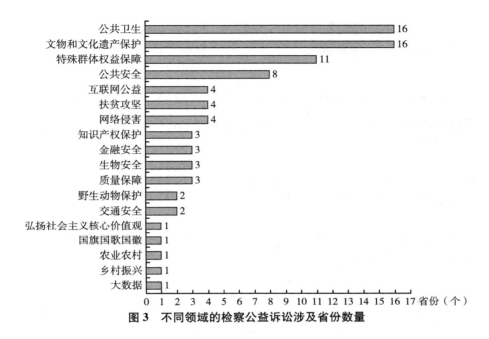

图3　不同领域的检察公益诉讼涉及省份数量

　　图4 显示了 2019~2022 年全国各个省份所颁布施行的针对公益诉讼的专门性地方性法规或经济特区法规数量。除特别行政区外，我国 32 个省级行政区中共有 21 个省份颁行了公益诉讼专门性地方性法规，占省级行政区总数的 65.6%。

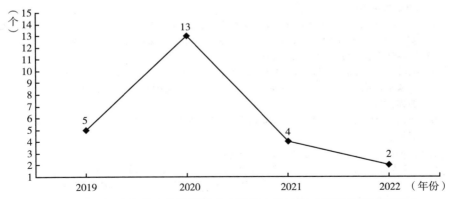

图4　2019~2022 年检察公益诉讼专门性地方性法规或经济特区法规数量

四是,最高人民检察院通过每年发布一大批典型案例的方式,总结了检察公益诉讼中的司法实践经验(见表5)。例如,对实践中残疾人权益保障①、文物和文化遗产保护②、互联网公益诉讼③、涉水领域公益诉讼④等领域检察公益诉讼实践开展较好的领域进行总结。此外,在地方各级检察机关实践过程中,还对医疗美容⑤、公共健身器材维护⑥、社会救助⑦、交通安全⑧等领域通过公益诉讼"守护美好生活"。

表 5   2019~2023 年 3 月最高人民检察院颁布的检察公益诉讼典型案例

名称	案件领域	数量	时间
个人信息保护检察公益诉讼典型案例⑨	个人信息保护	8	2023. 3. 30
食品药品安全公益诉讼典型案例⑩	食品药品安全	10	2023. 3. 15

---

① 《最高检会同国残联联合发布残疾人权益保障检察公益诉讼典型案例维护平等权利,促进全面发展》,最高人民检察院网,https://www.spp.gov.cn/spp/xwfbh/wsfbt/202205/t20220513_556792.shtml#1,最后访问日期:2022 年 5 月 13 日。

② 《检察公益讼新领域重点:文物和文化遗产保护最高检发布 10 起文物和文化遗产保护公益诉讼典型案例》,最高人民检察院网,https://www.spp.gov.cn/spp/xwfbh/wsfbt/202012/t20201202_487926.shtml#1,最后访问日期:2020 年 12 月 2 日。

③ 最高人民法院《关于互联网法院审理案件若干问题的规定》,最高人民法院网,https://www.court.gov.cn/fabu-xiangqing-116981.html,最后访问日期:2018 年 9 月 7 日。

④ 《最高检、水利部联合发布涉水领域检察公益诉讼典型案例》,最高人民检察院网,https://www.spp.gov.cn/xwfbh/wsfbh/202206/t20220609_559428.shtml,最后访问日期:2022 年 6 月 9 日。

⑤ 《汉中市南郑区人民检察院关于征集医疗美容领域公益诉讼案件线索的通告》,汉中市南郑区人民检察院网,http://www.sn.jcy.gov.cn/hzsnzq/jwgk/tzgg/202302/t20230224_326861.html,最后访问日期:2023 年 2 月 24 日。

⑥ 倪建军、张丽娟:《公益诉讼守护群众健身安全公共健身器材不能"带病上岗"》,最高人民检察院网,https://www.spp.gov.cn/zdgz/202208/t20220815_572467.shtml,最后访问日期:2022 年 8 月 15 日。

⑦ 参见河北省沽源县人民检察院督促落实社会救助兜底保障和贫困人口赡养政策系列行政公益诉讼案。

⑧ 参见山东省成武县人民检察院督促消除道路安全隐患行政公益诉讼案。

⑨ 《个人信息保护检察公益诉讼典型案例》,最高人民检察院网,https://www.spp.gov.cn/xwfbh/wsfbt/202303/t20230330_609756.shtml#2,最后访问日期:2023 年 3 月 30 日。

⑩ 《最高检发布检察机关食品药品安全公益诉讼典型案例,关注解决食品安全领域新业态新问题》,最高人民检察院网,https://www.spp.gov.cn//xwfbh/wsfbt/202303/t20230315_608471.shtml#1,最后访问日期:2023 年 3 月 15 日。

续表

名称	案件领域	数量	时间
新兴业态治理未成年人保护检察公益诉讼典型案例①	未成年人保护	4	2023.2.25
安全生产领域检察公益诉讼典型案例②	安全生产	11	2022.12.16
药品安全公益诉讼典型案例③	药品安全	8	2022.12.14
妇女权益保障检察公益诉讼典型案例④	特殊群体权益保障	10	2022.11.25
国有财产保护、国有土地使用权出让领域行政公益诉讼典型案例⑤	国土国财	12	2022.11.7
督促整治非法采矿公益诉讼典型案例⑥	生态环境和资源保护	8	2022.9.14
涉水领域检察公益诉讼典型案例⑦	生态环境和资源保护	10	2022.6.9
残疾人权益保障检察公益诉讼典型案例⑧	特殊群体权益保障	6	2022.5.13
食品药品安全公益诉讼典型案例⑨	食品药品安全	12	2022.3.15

---

① 《新兴业态治理未成年人保护检察公益诉讼典型案例》，最高人民检察院网，https://www.spp.gov.cn/xwfbh/wsfbt/202302/t20230225_603807.shtml#2，最后访问日期：2023 年 2 月 25 日。

② 《安全生产领域检察公益诉讼典型案例》，最高人民检察院网，https://www.spp.gov.cn/xwfbh/wsfbt/202212/t20221216_595705.shtml#2，最后访问日期：2022 年 12 月 16 日。

③ 《药品安全公益诉讼典型案例》，最高人民检察院网，https://www.spp.gov.cn/xwfbh/wsfbt/202212/t20221214_595413.shtml#2，最后访问日期：2022 年 12 月 14 日。

④ 《妇女权益保障检察公益诉讼典型案例》，最高人民检察院网，https://www.spp.gov.cn//xwfbh/dxal/202211/t20221125_593721.shtml，最后访问日期：2022 年 11 月 25 日。

⑤ 《国有财产保护、国有土地使用权出让领域行政公益诉讼典型案例》，最高人民检察院网，https://www.spp.gov.cn/xwfbh/wsfbt/202211/t20221107_591874.shtml#2，最后访问日期：2022 年 11 月 7 日。

⑥ 《检察机关督促整治非法采矿公益诉讼典型案例》，最高人民检察院网，https://www.spp.gov.cn/xwfbh/wsfbt/202209/t20220914_577177.shtml#2，最后访问日期：2022 年 9 月 14 日。

⑦ 《最高检、水利部联合发布涉水领域检察公益诉讼典型案例》，最高人民检察院网，https://www.spp.gov.cn/xwfbh/wsfbt/202206/t20220609_559428.shtml，最后访问日期：2022 年 6 月 9 日。

⑧ 《残疾人权益保障检察公益诉讼典型案例》，最高人民检察院网，https://www.spp.gov.cn/xwfbh/dxal/202205/t20220513_556819.shtml，最后访问日期：2022 年 5 月 13 日。

⑨ 《"3·15"检察机关食品药品安全公益诉讼典型案例》，最高人民检察院网，https://www.spp.gov.cn/xwfbh/wsfbt/202203/t20220315_549156.shtml#2，最后访问日期：2022 年 3 月 15 日。

续表

名称	案件领域	数量	时间
生物多样性保护公益诉讼典型案例①	生态环境和资源保护	13	2021.10.9
烈士纪念设施保护行政公益诉讼典型案例②	英雄烈士保护	9	2021.9.29
红色资源保护公益诉讼典型案例③	文物和文化遗产保护	14	2021.6.27
无障碍环境建设公益诉讼典型案例④	无障碍设施	10	2021.5.14
个人信息保护公益诉讼典型案例⑤	个人信息保护	11	2021.4.22
安全生产领域公益诉讼典型案例⑥	安全生产	9	2021.3.23
食品药品安全消费者权益保护检察公益诉讼典型案例⑦	食品药品安全	8	2021.3.15
铁路安全生产领域公益诉讼典型案例⑧	安全生产	10	2020.12.24
国有财产保护、国有土地使用权出让领域行政公益诉讼典型案例⑨	国土国财	9	2020.12.17
文物和文化遗产保护公益诉讼典型案例⑩	文物和文化遗产保护	10	2020.12.2

---

① 《生物多样性保护公益诉讼典型案例》，最高人民检察院网，https：//www.spp.gov.cn/ xwfbh/dxal/202110/t20211009_ 531663.shtml，最后访问日期：2021 年 10 月 9 日。

② 《烈士纪念设施保护行政公益诉讼典型案例》，最高人民检察院网，https：//www.spp.gov.cn/ xwfbh/wsfbt/202109/t20210929_ 531298.shtml#2，最后访问日期：2021 年 9 月 29 日。

③ 《红色资源保护公益诉讼典型案例》，最高人民检察院网，https：//www.spp.gov.cn/xwfbh/ wsfbt/202106/t20210627_ 522474.shtml#2，最后访问日期：2021 年 6 月 27 日。

④ 《最高检发布无障碍环境建设公益诉讼典型案例》，最高人民检察院网，https：// www.spp.gov.cn/xwfbh/dxal/202105/t20210514_ 518148.shtml，最后访问日期：2021 年 5 月 14 日。

⑤ 《检察机关个人信息保护公益诉讼典型案例》，最高人民检察院网，https：//www.spp.gov.cn/ xwfbh/wsfbt/202104/t20210422_ 516357.shtml#2，最后访问日期：2021 年 4 月 22 日。

⑥ 《安全生产领域公益诉讼典型案例》，最高人民检察院网，https：//www.spp.gov.cn/xwfbh/ wsfbt/202103/t20210323_ 513617.shtml#2，最后访问日期：2021 年 3 月 23 日。

⑦ 《"3·15"食品药品安全消费者权益保护检察公益诉讼典型案例》，最高人民检察院网， https：//www.spp.gov.cn/xwfbh/wsfbt/202103/t20210315_ 512526.shtml#2，最后访问日期： 2021 年 3 月 15 日。

⑧ 《铁路安全生产领域公益诉讼典型案例》，最高人民检察院网，https：//www.spp.gov.cn/ xwfbh/wsfbt/202012/t20201224_ 492720.shtml#2，最后访问日期：2020 年 12 月 24 日。

⑨ 《国有财产保护、国有土地使用权出让领域行政公益诉讼典型案例》，最高人民检察院网， https：//www.spp.gov.cn/xwfbh/wsfbt/202012/t20201217_ 489171.shtml#2，最后访问日期： 2020 年 12 月 17 日。

⑩ 《检察机关文物和文化遗产保护公益诉讼典型案例》，最高人民检察院网，https：// www.spp.gov.cn/xwfbh/wsfbt/202012/t20201202_ 487926.shtml#2，最后访问日期：2020 年 12 月 2 日。

续表

名称	案件领域	数量	时间
军地协作公益诉讼典型案例①	英烈保护等	7	2020. 5. 11
野生动物保护公益诉讼典型案例②	生态环境和资源保护	6	2020. 2. 28
"携手清四乱 保护母亲河"专项行动检察公益诉讼典型案例③	生态环境和资源保护	10	2019. 8. 29

通过对 2019~2023 年 3 月最高人民检察院公布的典型案件进行归纳梳理发现，从 2019 年至 2022 年公益诉讼典型案例数量逐年上升，增速明显（见图 5）。2023 年第一季度也较往年有了明显增加。如图 6 所示，案件类型方面除了传统的四大法定领域占比较高外，当下备受关注的安全生产领域、个人信息保护领域、文物和文化遗产保护领域案件数量较大，占比也较为明显。

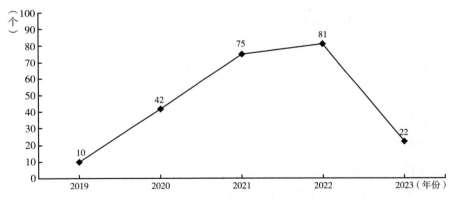

图 5　2019~2023 年 3 月最高检公布的典型案例数量

---

① 《军地协作公益诉讼典型案例》，最高人民检察院网，https：//www. spp. gov. cn/xwfbh/dxal/202005/t20200511_ 460770. shtml，最后访问日期：2020 年 5 月 11 日。

② 《检察机关野生动物保护公益诉讼典型案例》，最高人民检察院网，https：//www. spp. gov. cn/xwfbh/wsfbt/202002/t20200228_ 455360. shtml#1，最后访问日期：2020 年 2 月 28 日。

③ 《"携手清四乱 保护母亲河"专项行动检察公益诉讼典型案例》，最高人民检察院网，https：//www. spp. gov. cn/xwfbh/wsfbh/201908/t20190829_ 431571. shtml，最后访问日期：2019 年 8 月 29 日。

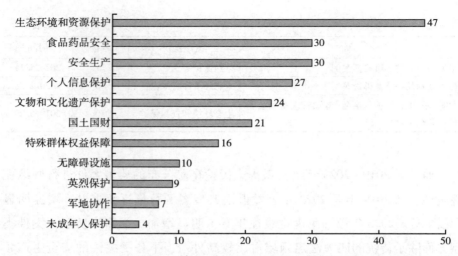

图 6 2019~2023 年 3 月最高检公布的检察公益诉讼不同领域典型案例数量

三 归纳总结：检察公益诉讼新领域拓展分析

检察公益诉讼案件范围最初是在程序法领域规定的，2017 年《行政诉讼法》和《民事诉讼法》修改时，规定了检察公益诉讼的四大案件类型，并在案件类型的最后增加了一个"等"字。为了有效保障个人信息保护、妇女权益、英烈权益等，全国人大常委会在制定《个人信息保护法》《英雄烈士保护法》以及修订《妇女权益保护法》《未成年人保护法》等时，通过在特定领域实体法中新增检察机关提起公益诉讼条款的方式，进一步明确上述领域可通过检察公益诉讼的方式对公共利益进行保护。换言之，实体法制定和修改过程中，通过设置检察公益诉讼条款的方式，对程序法中四大检察公益诉讼范围后"等"字进行了具体细化。

检察公益诉讼实质上形成了"基本权利—公共利益—国家保护义务—政府责任—检察公益诉讼"这条保护链条。法治国家的一般理论认为，一国宪法所规定的公民基本权利要求并衍生出国家保护义务。检察公益诉讼的出发点是通过检察机关积极行使职权的方式，有效弥补私益诉讼保护的不足和缺陷；从其本质上看，作为国家法律监督机关的检察机关积极主动履行责任，对侵害公共利益进而导致公民基本权利受害的情形，通过检察公益诉讼的方式进行保护。从这个角度上看，现行法对检察公益诉讼案件范围的规定并未穷尽国家责任的行使领域。换言之，这也是检察公益诉讼案件范围不断拓展的根源。

实践中，检察公益诉讼新领域案件范围的拓展特点明显。

第一，检察公益诉讼新拓展领域紧跟时代发展步伐，切实回应现实所需，保障公共利益实现。例如，进入 21 世纪，数字化、信息化发展的时代浪潮给个人和社会都带来了翻天覆地的变化，特别是个人敏感信息被不当使用等事件频发，使得国家、社会和公民个人对个人信息依法保障的需求激增。为有效回应时代发展，《个人信息保护法》应运而生。该法在配套公私法融合的保护机制外，还新增了检察公益诉讼条款，通过检察机关提起民事/行政公益诉讼的方式切实维护公共利益。除了个人信息保护领域外，为应对近年来电信网络诈骗多发高发，严重危害人民群众利益和社会和谐稳定的现实情况，反电信网络诈骗检察公益诉讼为反电信网络诈骗筑牢法治根基。针对转型化时代未成年人权益保障行政履职交叉、不足的现状，在《未成年人保护法》中确立未成年人权益保障检察公益诉讼，以公益诉讼促进实现保护未成年人的国家责任。

第二，从损害预防到风险防范，检察公益诉讼新拓展领域纵深发展。"无损害就无救济"本是司法救济的传统理念，但现代社会现实风险陡增，使得公共利益受到侵害的可能性大大增加。《行政诉讼法》第 25 条和《民事诉讼法》第 58 条对国家利益或社会公共利益已受到严重侵害、私益诉讼难以有效实现公共利益维系目标之时，通过检察公益诉讼的方式进行救济，其本质上还是国家利益或社会公共利益受侵害的事后救济。为有效应对潜在国家或社会公共利益受侵害的现实情况，最高检会同中国残疾人联合会共同发布无障碍环境建设检察公益诉讼典型案例，对公共基础设施进行适老化改造，并在火车站建造无障碍设施等，对可能影响到残疾人群体利益的领域进行风险治理，以避免残疾人群体利益受到

侵害。

第三，公益诉讼与社会治理法治化结合，特别是检察公益诉讼诉前程序成为某一领域社会治理法治化的关键环节，将检察建议等与诉源治理紧密结合。在检察公益诉讼新类型案件拓展的过程中，检察机关不仅要把某一领域的检察公益诉讼个案办好，还要秉持着"办理一案，教育一片"的初衷，将检察公益诉讼的办案效果向社会治理领域进行延伸。检察公益诉讼作为法律监督的重要方式和手段，实际上也能够窥视和查找到社会治理的盲点、短板和漏洞，通过以个案代治理的方式，积极推动诉源治理，完善上下游相关行业和领域治理体系现代化建设，最终达到标本兼治的目标。

检察公益诉讼作为崭新的检察制度，5年多来对国家和社会公共利益维护提供了重要保障。党的二十大明确提出要"完善公益诉讼制度"，既是对检察公益诉讼制度的认可，也为其体系化发展完善指明了方向。检察公益诉讼案件领域的拓展是继续释放和充分发挥检察公益诉讼在社会治理中巨大效能的关键一步，是检察公益诉讼制度建设和发展的中心环节，也是新时代检察公益诉讼发展完善的重要抓手。

此外，最高人民检察院还计划围绕网络治理、劳动者权益保障等领域①，对损害国家和社会公共利益的行为探索公益诉讼案件的办理，积极回应国家和群众重大关切。除此之外，在理论研究中还提出了探索慈善领域②、教育领域③、广告领域④、税务领域⑤、政府和社会资本合作（PPP）

① 王治强：《最高检八厅厅长胡卫列：将重点探索劳动者权益保护等领域公益诉讼》，新京报网，http：//news. hexun. com/2023-03-09/207923211. html，最后访问日期：2023年3月9日。

② 李晓倩：《慈善公益诉讼制度的证立与构成》，《法学评论》2022年第3期。

③ 李卫国：《教育公益诉讼的法理解析与制度完善》，《广西社会科学》2022年第2期；李鹏飞：《教育公益诉讼的法理基础、实践现状及进路思考》，《社会科学家》2022年第12期。

④ 刘西平、刘德传：《缺位与赋权：广告公益诉讼中的公民主体资格》，《青年记者》2023年第2期。

⑤ 陈萍：《税务公益诉讼：法理回归与机制升级》，《税务研究》2022年第5期。

领域①、证券领域②、军事领域③等公益诉讼制度建设的构想。

　　检察公益诉讼案件范围的拓展究其本质是对《行政诉讼法》第 25 条和《民事诉讼法》第 58 条所列举的公益诉讼案件范围之后"等"的法释义学解读。对"等外"领域的拓展，彰显了检察公益从实质法治视角检视国家和社会公共利益受损问题，通过检察公益诉讼的方式推动诉源治理纵深发展。

---

① 王春业：《论 PPP 领域预防性行政公益诉讼制度的构建》，《安徽师范大学学报》（人文社会科学版）2020 年第 3 期。

② 俞德明、曹瑞璇：《我国证券民事公益诉讼制度的构建》，《中国检察官》2020 年第 11 期。

③ 邱景辉：《做强军事检察公益诉讼 服务巩固提高一体化国家战略体系和能力》，《检察日报》2023 年 3 月 23 日，第 7 版。

B.14
个人信息保护领域民事公益诉讼
制度运行分析报告

王振涛　秦胜男*

摘　要：　大数据时代下，人们在享受数字红利的同时也承担了更高的个人信息受侵害风险，公民个人信息侵权行为趋于规模化、产业化、专业化，侵害了不特定多数人的权益，损害了社会公共利益，对个人信息保护的立法、执法、司法提出了挑战。自 2021 年 11 月 1 日《个人信息保护法》实施以来，检察机关作为宪法规定的法律监督机关，作为公共利益的代表，充分发挥公益诉讼检察职能，积极稳妥探索以合适的路径切入个人信息保护领域，推进个人信息保护法落地落实。制度施行伊始，个人信息民事公益诉讼司法实践中尚存在公益诉讼起诉主体单一化、公告程序空转、对公共利益的阐释不充分、对刑事案件依附性强、诉讼请求配置针对性不足、公众参与度不高等问题，有必要从实证角度梳理该制度运行现状，归纳现存问题，有针对性地提出完善路径。

关键词：　民事公益诉讼　个人信息　刑民立法　起诉顺位　公益界定

2021 年，杭州市拱墅区人民检察院（原下城区人民检察院）提起《民法典》实施后全国首例个人信息民事公益诉讼案件，杭州互联网法院依法公开开庭审理了该案，判决被告支付侵害社会公共利益的损害赔偿款，专门

---

* 王振涛，河南省濮阳市人民检察院第七检察部主任、检察官；秦胜男，河南省濮阳市人民检察院第七检察部干警、检察官助理。

用于个人信息保护等公益事项，并在媒体向社会公众刊发赔礼道歉声明。该案是检察机关聚焦《民法典》与互联网时代个人信息保护的有益尝试，有力推动个人信息公益诉讼司法实践不断丰富。2021 年 11 月 1 日，《个人信息保护法》正式实施，第 70 条授权检察机关在个人信息保护领域提起民事公益诉讼。根据最高人民检察院公布的数据，2021 年度检察机关共办理个人信息保护领域公益诉讼 2000 余件，同比上升近 3 倍。[①] 实践中，检察机关积极稳妥办理个人信息保护领域公益诉讼案件，但制度施行伊始，司法实践中尚存在公益诉讼起诉主体单一化、公告程序空转、对刑事案件依附性高、对公共利益的阐释不充分、诉讼请求精准性不足、公众参与度不高等问题。为了从实践层面把握个人信息民事公益诉讼制度的司法实践运行情况，本文对有关裁判进行实证研究。

一　个人信息保护领域民事公益诉讼实务现状

为保证样本的丰富性、代表性以及便于呈现逐年变化趋势，本文选取 2019~2022 年的案件作为研究样本。一是选择"中国裁判文书网"为数据库。二是检索案例，关键词设置为"公益诉讼"和"个人信息"；案由分别选定民事和刑事，区分单独民事公益诉讼案件和刑事附带民事公益诉讼案件；裁判年份：2019~2022 年；访问时间：2022 年 10 月 2 日。三是浏览检索到的裁判文书，经人工数据筛选，剔除其他领域的无关案例后，共有 198 份[②]个人信息保护领域民事公益诉讼的裁判文书及调解书。

由图 1 可知，自 2019 年以来，个人信息保护领域民事公益诉讼的探索力度逐步增强，办案数量稳步上升，2020 年度增幅最大，为近 10 倍。至

---

① 《检察机关积极维护个人信息安全 2021 年办理个人信息保护领域公益诉讼案件 2000 余件》，最高人民检察院网，https://www.spp.gov.cn/spp/xwfbh/wsfbh/202202/t20220227_545967.shtml，最后访问日期：2022 年 10 月 18 日。

② 受限于"中国裁判文书网"的公开范围，实际数量可能高于该数值。

2021 年度，个人信息保护领域民事公益诉讼案件数量达到峰值，为 99 件。从办案结构来看，刑事附带民事公益诉讼案件所占比例每年均超过 90%，远高于单独民事公益诉讼案件占比，这反映个人信息保护领域民事公益诉讼案件在线索获取、调查取证等方面对刑事案件有高度依赖，这一态势自制度探索之初持续近 4 年之久，一定程度上阻滞公益诉讼独立程序价值的发挥。

（一）2019~2022年10月案件数量变化

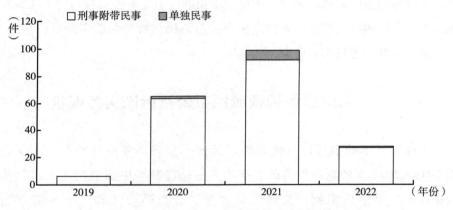

图 1　2019~2022 年 10 月个人信息领域民事公益诉讼案件数量

（二）案件省域分布（见图2）

2019~2022 年 10 月个人信息保护领域民事公益诉讼案件的 198 份判决书共涉及 25 个省级行政区域，其中上海、江苏、辽宁和广东办案量居前四位。上海和江苏调解结案比率分别为 32.26% 和 41.67%，辽宁和广东均是判决结案，各省之间的数量及调解结案比率差别较大。这可能与当地信息化发展进程、司法经验积累、地方司法观点及经济社会特点有关。

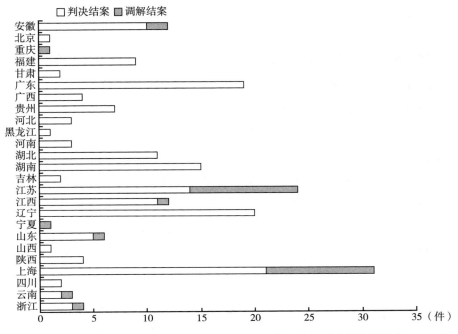

图 2　2019~2022 年 10 月个人信息领域民事公益诉讼案件省域分布

（三）公益诉讼起诉主体

样本涉及检察机关和消费者组织两类公益诉讼起诉主体身份。

198 个样本中，消费者组织起诉的案件仅 4 件，其中广东省消费者委员会起诉案件 3 件，均是在侵犯公民个人信息刑事案件中发现的公益诉讼案件线索，涉及家装行业非法获取小区楼盘业主信息并通过打电话、加微信等方式向消费者宣传、推广装饰装修业务，侵扰了消费者的私人生活安宁；重庆市消费者权益保护委员会起诉案件 1 件，调解结案。与环保组织参与环境公益诉讼相比[①]，显然，消费者组织参与消费者个人信息保护领域公益诉讼案件的数量较低。

---

① 司法实践中，中华环保联合会、中国绿发会、自然之友等环保组织提起的几起环境公益诉讼案件被评为"十大公益诉讼案件"。

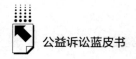

（四）被告职业分布

样本裁判中被告职业有警察、交警大队辅警、通信公司员工等。

从个人信息泄露的源头来看，有相当一部分案件的被告利用工作便利获取公民个人信息。在170件判决结案的个人信息保护领域民事公益诉讼案件当中，被告为警察、交警大队辅警、通信公司员工及其他便于接触、查询到公民个人信息的职业的案件共计53件，占比31.18%。以交警大队辅警为例，其使用公安民警的公安数字证书登录公安内网查询车辆的"三页"档案信息，包含车主姓名、身份证号、住址、电话、质押状态、车辆品牌、型号、识别代码等信息，再出售获利；以通信公司员工为例，其利用工作便利获取公民手机号码及验证码等个人信息，并用于注册 App 账号获取利益。

（五）公益损害裁判说理关键词分布

在170件判决结案的样本当中，有92篇判决书针对构成公共利益损害进行说理，还有78篇未进行分析论证，直接得出公共利益损害的结论。

在92篇裁判文书公共利益损害说理部分，提及"个人信息安全"的有43篇，提及"风险"的有10篇，分别占比46.74%和10.87%，总计占比超过一半；提及"隐私"的有25篇，占比27.17%。

（六）刑事附带民事案件涉及罪名分布

样本中的刑事附带民事判决书涉及的刑事犯罪罪名包括侵犯公民个人信息罪（占比95%）、帮助信息网络犯罪活动罪（占比3%）、非法利用信息网络罪（占比2%）。

198个样本中，有161个案件系刑事附带民事公益诉讼案件，均为检察机关在办理刑事案件时一并向法院提起附带民事公益诉讼。其中，涉及的罪名大多为侵犯公民个人信息罪，共153件，占比95%；帮助信息网络犯罪活动罪和非法利用信息网络罪分别为5件和3件。

（七）侵权信息类型分布

样本裁判中的侵权信息涉及公民姓名、身份证号、联系电话、银行卡号码、房屋信息、车辆信息、人脸识别信息等。

在170件判决结案的个人信息保护领域民事公益诉讼案件中，涉及的侵权信息类型排名居前三位的是联系电话、姓名及身份证号，相关案件数量分别是86件、70件及36件。此外，侵权信息还涵盖了业主房产信息、车主车辆信息、学生个人信息、公民微信号及快递面单信息等，涉及对象多、领域广，上述个人信息泄露导致电话营销滋扰和电信网络诈骗风险。例如，学生个人信息被收集、出售给教育培训机构后，机构安排员工拨打学生家长电话进行精准营销，侵扰了公民个人生活安宁。

（八）侵权信息量

170件判决结案的样本裁判中，有131件判决书中提到了具体的侵权信息量。

131件判决书中，去重后涉及的侵权信息量大多在1万~100万条，占比62%；侵权信息量在1万条以上的案件数量占比71%，其中，有12个案件侵权信息量高于100万条，这反映了公民个人信息侵权行为日渐趋于规模化、产业化、专业化，揭开了非法获取、买卖公民个人信息的黑灰产业链，暴露出个人信息保护领域的社会治理问题。

（九）诉讼请求类型分布

在样本裁判中，诉讼请求类型可以归纳为删除所储存的个人信息、赔偿公共利益损失、在公开媒体上赔礼道歉，此外，个别案件中检察机关提出由侵权人委托电信部门向被侵权人发送风险提示短信，提醒其注意个人信息保密，消除风险，由此产生的相关费用由侵权人支付。①

---

① 参见广东省广州市白云区人民法院（2021）粤0111刑初2292号刑事附带民事判决书，广东省韶关市中级人民法院（2021）粤02刑终237号刑事附带民事判决书等。

赔偿损失的数额方面，绝大多数裁判以侵权人获利金额为依据确定，少数裁判中由法院酌情确定；在赔偿金的使用管理方面，绝大多数裁判并未指明用途，有些裁判明确需上缴国库或支付至财政专项账户用于公益支出。170 件判决结案的样本当中，有 166 件提出了赔礼道歉诉讼请求，但要求刊发道歉声明的媒体级别并不统一，其中，要求在国家级、省级以上、市级以上、县级以上媒体刊发的案件数量分别为 73 件、50 件、27 件和 10 件，还有 6 件未明确在何种级别的媒体上刊发。另外，在重庆市消费者权益保护委员会诉重庆扬啟企业营销策划有限公司等消费者民事公益诉讼纠纷案当中，双方达成调解协议，确认由被告以开展消费领域公益宣传活动的方式弥补被其侵害的社会公共利益，重庆市第一中级人民法院认为以行为填补损害不违反法律规定，具有一定的合理性和可行性，予以认可。①

二 个人信息保护领域民事公益诉讼制度运行映射的问题

（一）公告程序空转，起诉顺位不明

民事公益诉讼案件办理中，检察机关履行诉前公告程序是出于尊重适格主体诉权和检察保障补充性定位的考虑，通过诉前公告程序，检察机关既可以在最大范围内履行告知义务，也能确保在适格主体无诉讼意愿时由检察机关及时担当公益诉讼起诉人身份。② 因而，《民事诉讼法》第 58 条规定，民事公益诉讼的起诉主体首先是"法律规定的机关和有关组织"，仅在没有此类主体或者此类主体不提起诉讼的情况下，检察机关方能起诉。《个人信息保护法》实施后，关于在个人信息保护领域民事公益诉讼场合是否仍须遵循《民事诉讼法》第 58 条关于起诉顺位的规定，有观点认为，《个人信息

---

① 参见重庆市第一中级人民法院（2021）渝 01 民初 308 号民事调解书。
② 李征：《公益诉讼中诉前程序与诉讼程序衔接问题研究》，《民主与法制时报》2018 年 4 月 12 日，第 5 版。

保护法》第 70 条虽然在行文上将检察机关、法律规定的消费者组织和国家网信部门确定的组织并列，但并不等于检察机关可以直接提起民事公益诉讼，因此仍须遵循《民事诉讼法》第 58 条的规定。①

198 个样本裁判中，消费者组织起诉的案件 4 件，仅占 2%，绝大多数均由检察机关担当公益诉讼起诉人身份。在案件开庭审理前，检察机关均履行了为期 30 天的公告，公告程序近乎空转，减损了司法效率。从文义上看，《个人信息保护法》第 70 条仅规定了起诉主体范围，并未明确起诉顺位。在均具备起诉主体资格的情况下，公告程序空转不利于及时保护个人信息公共利益。

（二）侵权主体多样化

从个人信息收集、泄露的源头来看，有部分案件被告系国家机关工作人员，其利用职业之便将收集到的公民个人信息贩卖、利用。当今数字社会，海量个人信息汇聚成大数据，不仅成为商业领域算法分析的基础资源，也成为国家治理能力现代化的重要依据，诸多国家机关收集、存储公民个人信息本系出于履职之必要，但如果其作为个人信息处理者未对收集到的个人信息做周密的风险管控，工作人员易于利用系统漏洞及数据导出权限随意传播个人信息，恐将导致大规模个人信息泄露。

（三）对"诉之利益"的阐释不充分

"公益诉讼之诉的利益是保护公共利益或者恢复、补偿受到减损的公共利益，或者是虽然没有公共利益受到侵害或者减损的事实，但是有一定的法律秩序和道德秩序需要诉讼保护的，都可以提起诉讼，这是诉权存在的基础。"② 民事公益诉讼是一种侵权诉讼，其对公益保护的核心贡献在于以具

---

① 江必新、郭锋主编《〈中华人民共和国个人信息保护法〉条文理解与适用》，人民法院出版社，2021，第 619 页。
② 宋朝武：《论公益诉讼的十大基本问题》，《中国政法大学学报》2010 年第 1 期。

有损害填补功能的民事责任弥补传统行政责任仅惩罚不补偿的弊端①，个人信息保护领域民事公益诉讼之诉的利益即是个人信息保护领域公共利益受损，需通过公益诉讼的手段得到填补。但在 170 件判决结案的裁判文书样本当中，有 92 篇判决书针对公共利益损害进行说理，大多将案涉公共利益描述为"不特定多数人的合法权益""公民个人信息安全""不特定公民的隐私权"等，其他样本仅在罗列案件事实之后直接得出"损害社会公共利益"的结论，这表明裁判忽视了个人信息公共利益损害的法理界定。

（四）对刑事案件依附性强

样本裁判中绝大多数公益诉讼案件线索来源于刑事案件，即便是在单独民事公益诉讼中，亦有相当比例的案件系检察机关在刑事案件中发现线索之后单独提起的民事公益诉讼，这意味着违法行为人同时被追究刑事责任、民事责任，其惩戒不可谓不充分。但是，现实中广泛存在分散性、隐蔽性侵权，其危害程度可能尚不构成犯罪，检察机关自然无法从刑事案件中发现此类违法行为的线索，导致该类违法行为给社会公共利益造成的损失得不到弥补。不仅在线索发现上，在调查取证、法庭审理阶段，个人信息保护领域民事公益诉讼部分的证据往往依赖于刑事案件的犯罪事实。究其原因，在于我国个人信息保护采取刑法先行的立法模式，该领域民事公益诉讼在起步阶段多依附于刑事案件，侵权主体也多表现为作为刑事被告人的自然人。

（五）诉讼请求配置针对性不足

样本裁判中多数案件涉及两个及以上"复合型"诉讼请求，以赔礼道歉为代表的"人格恢复型"诉讼请求占据绝对比例。另外，在 170 件判决结案的样本中，以删除信息停止侵害为代表的"消除风险型"和以支付赔偿金为代表的"损害赔偿型"诉讼请求案件分别为 83 件和 101 件。传统侵权责任诉讼请求包括停止侵害、排除妨害、消除危险、赔礼道歉，个人信息

---

① 巩固：《公益诉讼的属性及立法完善》，《国家检察官学院学报》2021 年第 6 期。

保护领域民事公益诉讼诉讼请求均包含于上述传统侵权责任诉讼请求当中。反观其他领域民事公益诉讼案件，均有该领域针对性的诉讼请求，例如，环境领域民事公益诉讼案件的修复生态环境、赔偿功能丧失损失、赔偿功能永久性损害损失、赔偿生态修复费用等诉讼请求，以及消费领域的惩罚性赔偿诉讼请求，相较之下，个人信息保护领域民事公益诉讼案件中诉讼请求的配置呈保守状态，并未针对自身领域案件特性提起针对性诉讼请求，是否足以消除侵权产生的风险并填补已经造成的公益损害、实现个人信息民事公益诉讼之目的不无疑问。

（六）公众参与度不高

提起个人信息保护领域民事公益诉讼后，法院依据侵权责任构成要件、民事诉讼举证规则等对案涉公共利益是否受到损害、如何救济和赔偿作出司法判断，当事人以外的其他人，无论是监管者还是个人信息主体都是民事纠纷的案外人，在民事公益诉讼中没有任何诉讼身份及相应权利、义务，作为民事公益诉讼的实际受益人，真正的个人信息主体只能消极地被保护，地位无所体现，意志无从表达。[①] 这是因为，传统的民事诉讼机制系为保障私益而设计，直接套用于公益诉讼有削足适履的意味。私益与公益的最大区别在于专属性程度不同，前者专属于特定主体，权利人可自由支配和处分，这决定了传统民事诉讼机制的"当事人中心"特征；后者为抽象意义上的多数人，具有主体不特定性，对公共利益的救济宜通过公共机制来形成公共意志并加以执行。公益诉讼中，无论作为发起者的起诉人，还是作为裁判者的法院，都不拥有对案涉公益的实体处分权，检察机关作为公益代表，其身份仅限于诉讼层面，并不及于实体，尤其是诉讼处分、胜诉利益支配乃至判决执行都不能仅由诉讼双方和法官封闭决策，而应在案件办理过程中强化公众参与，彰显"公共"决策的属性。

[①] 巩固：《公益诉讼的属性及立法完善》，《国家检察官学院学报》2021年第6期。

三 问题的廓清及制度展望

（一）个人信息保护的刑民立法进程

我国个人信息保护采刑法先行的立法模式。在刑事立法方面，早在2009 年 2 月 28 日，《刑法修正案（七）》将非法出售、提供、获取公民个人信息的行为纳入刑事打击范畴，首次在刑法规范中增设了侵犯公民个人信息的犯罪，确立了对公民个人信息给予全面保护的立法精神。2013 年 4 月 23 日，"两高一部"发布《关于依法惩处侵害公民个人信息犯罪活动的通知》，进一步强调要依法、及时、高效打击侵犯公民个人信息犯罪活动。2015 年 5 月 8 日，《刑法修正案（九）》进一步扩大了侵犯公民个人信息罪的主体和对象范围，增加了更高一档的情节特别严重法定刑，取消了"非法提供"中的"非法"，将入刑确定为"出售或提供公民个人信息"和"窃取或者以其他方法非法获取公民个人信息"两种行为。2015 年 11 月 1 日，"两高"《关于执行〈中华人民共和国刑法〉确定罪名的补充规定（六）》取消出售非法提供公民个人信息罪和非法获取公民个人信息罪罪名，统一整合为侵犯公民个人信息罪。2017 年，"两高"发布《关于办理侵犯公民个人信息刑事案件适用法律若干问题的解释》，规定了司法实践中存在的新情况及疑难问题，以提升打击实效，准确适用法律。

在民事立法方面，2012 年发布的全国人民代表大会常务委员会《关于加强网络信息保护的决定》第 11 条规定，违反本决定而侵害他人民事权益的行为应当承担民事责任，提供了确定网络服务提供者和其他企事业单位实施侵犯个人信息行为应承担民事责任的法律依据。《民法典》第 1035 条规定了个人信息处理的原则和条件，第 1036 条规定了处理个人信息的免责事由，暗示了如果数据控制者违规作出信息处理应承担民事责任。《个人信息保护法》第 69 条明确了侵害个人信息权益的主体应承担民事责任，第 70 条则授权检察机关及有关组织提起民事公益诉讼。由此，我国在规范层面明确了侵害个人信息行为的民事责任依据。[1]

（二）厘清民事公益诉讼起诉顺位

个人信息保护领域民事公益诉讼是否仍须遵循《民事诉讼法》第58条关于起诉顺位的规定，取决于对《个人信息保护法》第70条的解释。该条在文义上将检察机关、法律规定的消费者组织和国家网信部门确定的组织并列，并未提及起诉顺位。《民事诉讼法》是全国人大制定的基本法律，《个人信息保护法》是全国人大常委会制定的非基本法律，《立法法》第99条规定，"法律的效力高于行政法规、地方性法规、规章"，但并未明确基本法律的效力位阶高于非基本法律，因而，同属法律的《民事诉讼法》和《个人信息保护法》效力位阶处于同一层次。[2] 相较于《民事诉讼法》而言，《个人信息保护法》是新法、特别法，因而应当优先适用，在个人信息保护领域民事公益诉讼场合无须再遵循《民事诉讼法》第58条的规定。对于检察机关与社会组织的起诉顺位，有学者认为，从民事公益诉讼的"代位执法"本质来看，社会组织与检察机关同为对案涉公益并不拥有实体处分权的非监管者，在"公益代表性"上并没有明显差别，因而由检察机关"礼让"社会组织，并无必要，可以取消诉前公告程序，由先诉者优先享有起诉权。[3]

（三）将"监管者"纳入监管

个人信息汇聚成大数据，不仅具有商业价值，也成为社会治理的重要依据，国家机关往往是海量个人信息的处理者，其自身也是一个侵害风险源。如何在个人信息的利用与保护之间取得恰当平衡，是现代个人信息立法的核

---

[1] 商希雪：《侵害公民个人信息民事归责路径的类型化分析——以信息安全与信息权利的"二分法"规范体系为视角》，《法学论坛》2021年第4期。

[2] 李晓倩：《个人信息保护民事公益诉讼的原告适格——以〈个人信息保护法〉第70条的解释论为中心》，《吉林大学社会科学学报》2022年第5期。

[3] 巩固：《公益诉讼的属性及立法完善》，《国家检察官学院学报》2021年第6期。

心命题。《个人信息保护法》第 1 条开宗明义，指出立法目的是保护个人信息权益及促进个人信息合理利用，并设"国家机关处理个人信息的特别规定"专节，将"监管者"纳入监管。作为个人信息权益的客体，个人信息兼具人格属性与财产属性，人格属性是本质属性，是第一位的；财产属性是第二位的，附着在个人信息上的人格权益是专属于个人的，是不可放弃、不可让渡的，这就决定了无论对信息如何利用，都应该遵守不侵害个人人格利益的基本底线。保护个人信息权益背后的价值取向即是对人格尊严的保护，由此，个人信息权益有其深层的宪法意义，个人信息国家保护义务的宪法依据即是《宪法》第 33 条第 3 款规定的"国家尊重和保障人权"[①]。"尊重"和"保障"分别对应了国家的消极保护义务和积极保护义务，一方面，国家尊重、不侵犯个人信息权益，《民法典》第 1039 条便规定了国家机关对个人信息的保密义务；另一方面，国家通过立法、司法等公权力的综合运用，提供制度、组织、程序保障，捍卫公民在个人信息处理活动中的尊严，公益诉讼即是一项重要的制度供给。

（四）风险社会下"损害"观念的变革

个人信息保护领域侵权导致的损害往往具有无形性和不确定性。在损害的判断上，传统判定方法遵循"差额说"，即个人信息侵权发生后，受害人的财产状况与假设未曾发生时相比有所减少而造成的损失。[②] 但无论是《民法典》还是《个人信息保护法》，其条文规范中并未出现"个人信息权"的相关表述，立法并未将个人信息上升为绝对权，仅将其作为利益加以保护，因而个人信息侵权难以适用"权利被侵害即存在损害"规则[③]，此时，如何判断损害的有无、证明损害的大小面临法律解释困境。"个人资料的法律规范并非自始基于一个预先设计的规则，而是因应侵权形态、科技进步、保护

---

① 王锡锌：《个人信息国家保护义务及展开》，《中国法学》2021 年第 1 期。
② 张建文、时诚：《个人信息的新型侵权形态及救济》，《法学杂志》2021 年第 4 期。
③ 谢鸿飞：《个人信息泄露侵权责任构成中的"损害"——兼论风险社会中损害的观念化》，《国家检察官学院学报》2021 年第 5 期。

必要性以及人民的权利意识而形成，处于一种快速变动的发展过程。"① 我国《民法典》第 998 条在认定物质性人格权以外的人格权侵害责任时，降低对损害的确定性要求，摒弃了"全有全无"的传统评价方式，将行为人、受害人的职业、影响范围、行为目的、方式、后果等作为损害评价要素，这一规定当然可以适用于个人信息侵权案件。② 损害的观念化和抽象化这一变革首先发生在环境法领域③，"环境法的主要创新之一是用风险的概念代替损害"④，在比较法上，这一变革逐渐渗透至个人信息保护领域，正如欧盟《一般个人信息保护条例》（General Data Protection Regulation）前言指出："损害的概念必须根据欧盟法院的判例法以宽泛的方式进行解释，以便完整地反映本条例的立法目的。"那么，损害或有发生之虞的风险本身即构成损害，个人信息侵权中的损害观念也需逐步调整，以适应数字社会下的新问题。

（五）摆脱"先刑后民"的窠臼

个人信息保护的立法模式具备鲜明的刑法先行特征，因而该领域民事公益诉讼在起步阶段多依附于刑事案件，"先刑后民"已成实践惯例。刑事附带民事诉讼有其独特的诉讼功能魅力，它通过将民事诉讼穿插于刑事案件过程中的方式，来实现对民事权利的救济或民事损害的修复。⑤ 刑事附带民事诉讼是先刑后民的审理模式，民事诉讼的基本事实认定，须以刑事案件对犯罪事实认定的结果为前提，即《民事诉讼法》第 153 条第 5 项规定的"本案必须以另一案的审理结果为依据"。原因在于，刑事案件认定的犯罪事实是经过严格的程序保障与排除合理怀疑的证明标准之下认定的，可信度一般

---

① 王泽鉴：《人格权法：法释义学、比较法、案例研究》，北京大学出版社，2013，第 209 页。
② 张建文、时诚：《个人信息的新型侵权形态及救济》，《法学杂志》2021 年第 4 期。
③ 谢鸿飞：《个人信息泄露侵权责任构成中的"损害"——兼论风险社会中损害的观念化》，《国家检察官学院学报》2021 年第 5 期。
④ Robert L. Glicksman et al. , *Environmental Protection：Law and Policy*, 5th ed, Aspen Publishers, 2007, p. 738.
⑤ 夏伟：《刑民交叉的理论构造》，法律出版社，2020，第 233 页。

高于民事诉讼的高度盖然性证明标准，为保障法秩序统一，节约司法资源，提高司法效率，刑事附带民事诉讼把犯罪事实认定作为民事诉讼的免证事实。[①]

但从个人信息侵权损害制止的紧迫性及被侵权人权利救济的及时性出发，在办理刑事与民事法律关系相互交织的案件中，检察机关应当坚持公益保护导向和以人民为中心的发展理念，敢于突破"先刑后民"的路径依赖，及时采取"刑民并行"的思路，在同步调查查清民事侵权事实的前提下，可以先行提出民事公益诉讼，避免损害进一步扩大，促使侵权人及时履行公益损害赔偿义务。

（六）过错推定倒逼合规建设

现实情境下，个人与信息处理者对信息的认知能力、控制能力有天壤之别，信息处理者已经实际上拥有"数据权力"，当个人信息权益遭受侵害时，个人诉诸私法事后救济手段往往面临多重障碍[②]，尤其是网络的隐匿性及算法的技术复杂性造成两者举证能力悬殊。为了矫正这一实质的不平等，比较法上的个人信息侵权归责原则逐渐趋于多元化，比如，德国《联邦数据保护法》区分自动化处理与非自动化处理的个人信息侵权，分别适用无过错责任和过错推定责任；我国台湾地区"个人资料保护法"区分公务机关和非公务机关，分别适用无过错责任和过错推定责任，对公务机关课以更高的注意义务。[③] 我国《个人信息保护法》第 69 条第 1 款并未区分自动化处理和非自动化处理、公务机关和非公务机关，对所有处理个人信息侵权均适用过错推定原则，这一举证责任倒置规则在检察公益诉讼的语境下同样适用。过错推定原则意味着信息处理者在日常的信息收集、处理过程中需要采取全程留痕等额外措施，以应对可能的诉讼，这对信息处理者的数据合规管

[①]　蔡福华：《刑民关联案件的法理展开》，法律出版社，2022，第 330 页。
[②]　谢鸿飞：《个人信息泄露侵权责任构成中的"损害"——兼论风险社会中损害的观念化》，《国家检察官学院学报》2021 年第 5 期。
[③]　张建文、时诚：《个人信息的新型侵权形态及救济》，《法学杂志》2021 年第 4 期。

理体系建设提出了新要求，《个人信息保护法》第五章对信息处理者义务的规定大部分是数据管理体系、制度、机制的规定，强调围绕一般个人信息"告知−同意"规则及敏感个人信息、未成年人信息"告知−单独同意"规则构建全流程数据安全管理体系，包括个人信息分级管理、处理规则公开、个人信息保护影响事前评估、处理活动强制记录、数据安全审计等机制，数据合规建设成为信息处理者面临的重要课题。

（七）重申公益诉讼请求的价值定位

诉讼请求的提出与诉的利益密切相关，对于全面保护社会公共利益至关重要，诉讼请求的配置应当与损害后果及损害填补规则相一致，从而实现公益保护的诉讼目的。赔礼道歉属于人格恢复性责任方式，目的在于责令个人信息侵权者就自身违法行为向社会公开认错，这不仅有轻微的惩罚性效果，且能够对今后可能出现的违法者产生警示意义。在样本裁判当中，刑事附带民事公益诉讼基本都提出了赔礼道歉的诉讼请求且均获得法院支持，但是，"刑事判决本身已经宣告被告行为的违法性，加上庭审直播、裁判文书公开和新闻媒体的报道，已经发挥威慑和教育功能。同时，相比于入狱服刑、缴纳巨额罚金等刑事制裁，赔礼道歉的威慑或阻遏效果几乎无关紧要。此种情形下，提起民事公益诉讼要求被告赔礼道歉，无法增加刑事审判程序中的威慑、教育功能"①。因而，在刑事附带民事公益诉讼中，提出赔礼道歉的诉讼请求的意义、必要性不大。

另外，从比较法上来看，在多数国家，民事公益诉讼多为对违法行为禁限为内容的停止侵害之诉或者不作为之诉，较少涉及损害赔偿。比如，在美国，公民诉讼长期以来只能提起针对行为的"禁令"，后来才增加具有惩罚性的民事罚款；在德国，传统上团体诉讼限于提起不作为之诉，不能提起损害赔偿之诉，但近年来已有所松动。② 样本裁判中有 59.41% 的案件提出了

① 张源：《检察公益诉讼中如何确定诉讼请求》，《检察日报》2019 年 8 月 11 日，第 3 版。
② 巩固：《公益诉讼的属性及立法完善》，《国家检察官学院学报》2021 年第 6 期。

损害赔偿的诉讼请求。对于个人信息保护领域公益诉讼而言，公共利益损害后果包含经济利益和秩序利益，且主要体现为秩序利益。侵害个人信息造成的损失难以量化，损害赔偿认定缺乏统一规范的评估鉴定方法和标准。实践中依据获利额认定赔偿数额实为权宜之法，孤立的信息交易中获利数额与其泄露信息对不特定公众的生活及社会信息管理秩序所造成的损害并不相当，现有的损害赔偿认定标准单一，合理性存疑，需要引入客观的评估、鉴定程序或技术替代方案，以实现消除现实危险及预防未来风险的作用。在胜诉利益的管理方面，个人信息公益诉讼赔偿金的管理使用应以多主体共同协商为保障，通过检察机关与政府部门、公益组织等主体的协作合理确定使用方案。

（八）强化公众参与，拓展民意表达渠道

个人信息侵权具有隐蔽性、分散性，个人信息主体较之于检察机关和有关组织更具有亲历性和利益相关性，由其参与公共利益决策过程更加契合实质正义的要求。目前，立法尚未赋予公民个人以公益诉讼起诉人资格，或是基于对滥诉风险的考量和对个体诉讼能力的质疑，亦属正当。民事公益诉讼是一种具有公共属性的机制，会对不特定公众产生实际影响，因而在公益损害认定、修复方案、调解协议达成、裁判执行和验收等实质处分意味的环节上需要更充分的信息披露，更广泛、直接地听取公众意见，受到更加充分的监督。

B.15
湖北省检察民事公益诉讼
发展年度报告

高丹 郭建宏*

摘 要： 民事公益诉讼是公益诉讼检察制度的重要组成部分，在维护社会公共利益、维护社会公平正义、维护宪法和法律权威、促进国家治理体系和治理能力现代化方面发挥着重要作用。但自公益诉讼试点以来，湖北省公益诉讼工作重心向行政公益诉讼倾斜，在行政公益诉讼方面取得明显成效，但民事公益诉讼工作则相对薄弱。主要问题表现为主观重视不足、诸多办案实践障碍、人才队伍储备不够等方面，亟待强化检察系统内部指导、优化沟通协作机制、完善人才培养等。

关键词： 检察民事公益诉讼 公益诉讼鉴定 公益诉讼 刑民衔接

2021年10月29日，最高人民检察院在全国公益诉讼业务数据分析督导视频会上明确强调，要把民事公益诉讼作为公益诉讼检察工作重点，要把起诉量和赔偿标的额作为民事公益诉讼的重点，市级院、基层院的每位员额检察官都要办理民事公益诉讼案件。为加大民事公益诉讼工作力度，实现民事、行政公益诉讼工作全面、均衡发展。本文对2022年湖北省民事公益诉讼工作情况进行了全面的梳理分析，提出了有针对性的对策建议。

---

* 高丹，湖北省人民检察院第八检察部副主任，三级高级检察官；郭建宏，湖北省人民检察院第八检察部检察官助理。

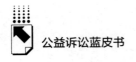
一 民事公益诉讼工作基本情况

2022 年，湖北省共立办民事公益诉讼案件 338 件（其中单独民事公益诉讼案件 54 件，刑事附带民事公益诉讼案件 284 件）。民事公益诉讼案件领域分布情况为：生态环境领域 117 件、资源保护领域 129 件、食品药品安全领域 26 件、其他领域 66 件。提起民事公益诉讼 169 件（其中单独民事公益诉讼 15 件，刑事附带民事公益诉讼 154 件），均获法院支持，采纳率为 100%。① 它们主要有以下特点。

一是案件规模小、占比低。湖北省民事公益诉讼案件办案质量较高，法院判决采纳率为 100%，但民事公益诉讼办案数、起诉数等均位列全国中游。民事公益诉讼案件数占同期公益诉讼案件总数的比例较低，仅为 5.11%，低于全国平均水平；民事公益诉讼案件中，刑事附带民事公益诉讼多，单独民事公益诉讼案件数量少，仅 54 件。

二是领域分布相对集中，食药安全案件少。从领域分布来看，近年来湖北省民事公益诉讼案件相对集中在生态环境和自然资源保护领域，占比达 72.78%，食品药品安全领域案件占比仅为 7.69%。

三是地域分布不均衡，存在起诉空白点。从地域分布来看，有 3 个地市立办单独民事公益诉讼较多，共计 29 件，占比达 53.70%，而仍有极个别地市未立办单独民事公益诉讼案件。

二 存在的问题及原因分析

（一）部分地市对民事公益诉讼重视不够，缺乏"啃硬骨头"精神

部分地市对单独民事公益诉讼工作重视程度不够，部分公益诉讼案件数

---

① 如无特别说明，本报告数据均来自湖北省人民检察院公益诉讼部门。

量较多的市级院单独民事公益诉讼办案量较少。我们认为，究其原因至少有二。第一，单独民事公益诉讼案件办理难度大。单独民事公益诉讼案件普遍对抗性较强，在办案中存在取证难、认定难、执行难、流程长等诸多问题，因此，单独民事公益诉讼案件相对于行政公益诉讼案件而言更加复杂繁琐，实践中办理一件民事公益诉讼案件的工作量可能相当于 10 件甚至几十件行政公益诉讼案件，因此各地普遍存在畏难情绪。第二，在湖北省检察院对下指导和考评中，民事公益诉讼不是工作重点。近几年，湖北省对下指导和各地办案精力集中在行政公益诉讼工作方面，行政公益诉讼起诉数长期位居全国前列，客观上挤占了民事公益诉讼工作的发展空间。近年来省院对下考评细则中，行政公益诉讼占比分值明显高于民事公益诉讼案件占比，如 2020年、2021 年、2022 年行政公益诉讼工作总分值分别为 59 分、34 分、24 分，民事公益诉讼工作总分值分别为 17 分、16 分、12 分。

（二）民事公益诉讼办案存在诸多障碍

1. 线索发现方面的问题

一是内部协作机制不完善。根据《人民检察院刑事诉讼规则》第 330条第 10 项的规定，是否需要附带民事公益诉讼，应由人民检察院提起。但在实践中，由于部分地区刑事部门与公益诉讼部门的协作还不够顺畅，刑事检察部门的办案人员主观上对公益诉讼线索重视不够，客观上辨别能力不足，再加上刑事检察办案期限要求等原因，部分公益诉讼案件线索未通知或未及时告知公益诉讼部门，导致公益诉讼线索没有及时立案公告，刑事部分就已结案。

二是外部协作机制不畅通。有的地方与行政执法机关联系协调不够，工作层面联系互动少。有的地方尚未与行政执法机关建立案件信息通报、线索移送等相关制度。有的地方虽然联合会签了沟通协作文件，但在实际工作中存在检察机关公益诉讼办案以监督为主、支持和配合不够的问题，导致部分行政机关对检察机关公益诉讼的理解和认识不全面，少数甚至存在逃避推诿不配合的情况。因此，实践中行政机关很少会主动向检察机关通报执法信息

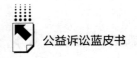

或主动配合检察机关办案活动等，主要是通过检察机关办案人员主动走访、召开联席会议等形式了解案件相关情况。

2. 移送管辖方面的问题

湖北省高级人民法院《关于环境资源审判模式与管辖设置方案的意见（试行）》规定，环境民事公益诉讼案件的管辖为"湖北省内长江干线及支线水域水污染损害等环境民事公益诉讼案件由武汉海事法院负责管辖。其他第一审环境民事公益诉讼案件由武汉市中级人民法院、宜昌市中级人民法院、十堰市中级人民法院、汉江市中级人民法院实行跨行政区划集中管辖"。2021 年 7 月出台的《人民检察院公益诉讼办案规则》第 16 条规定"人民检察院立案管辖与人民法院诉讼管辖级别、地域不对应的，具有管辖权的人民检察院可以立案，需要提起诉讼的，应当将案件移送有管辖权人民法院对应的同级人民检察院"。因此，除武汉、宜昌、十堰、汉江、武铁集中管辖以外的其他地区，在办理环境资源类单独民事公益诉讼案件时需请示湖北省检察院同意后方可移送起诉。实践中，由于民事公益诉讼案件本身办理难度大、周期长，又要移送集中管辖法院对应的异地检察机关起诉，程序相对繁琐，起诉、判决及执行往往存在困难等，对非集中管辖地区的办案积极性造成一定影响。

3. 鉴定评估方面的问题

民事公益诉讼案件依法应当提出明确诉讼请求，如生态环境修复费用一般需进行鉴定评估，实践中由于鉴定费用高、周期长，加之具有符合资质鉴定机构少，在一定程度上给办案造成困难。一是鉴定机构选择难。2021 年湖北省仅有一个鉴定机构，即湖北省环境科学研究院生态环境损害司法鉴定中心（以下简称环科院司法鉴定中心），根据最高检 2020 年下发的《关于协助调研 58 家"不预先收取鉴定费"的环境损害司法鉴定机构受理检察机关案件情况的通知》，环科院司法鉴定中心应当落实"先鉴定后收费"的要求而未落实，其明确表示先收费后鉴定。二是鉴定机构数量少。2022 年湖北省环境损害鉴定机构虽增加至 5 个，但具有司法鉴定许可证的同时入选生态环境部推荐机构名录的仅有 3 个。三是鉴定费用较高。有些案件鉴定费用、损害赔偿金超出了违法行为人的赔偿能力,办案效果不佳,如 2021 年黄石市院办理的胡某破坏环境民事公益诉讼案选择环科院司法鉴定中心做鉴定,经鉴定整个生态修复费用为 39 万元,鉴定费用却高达 15 万元,对此当事人当庭提出异议。四是高额鉴定费用引发选择性办案。省财政厅、法院、检察院等联合出台了《生态环境损害赔偿资金使用管理办法》后,鉴定费、生态损害赔偿金在法院判决执行后直接进入省专项账户,基层检察院办案通常需要垫付高额鉴定费。而部分案件中包括高额鉴定费用在内的诉讼请求明显无法执行到位,导致检察机关权衡利弊后可能放弃办理此类案件。另外,因为破坏生态环境、食品药品安全等存在取证难、鉴定难等障碍,办案数量相对较少。而破坏资源类民事公益诉讼案件所造成的生态环境损害已有明确的计算标准和方式,鉴定或专家评估成本低,故破坏资源类案件数量相对较多。

4. 管理执行方面的问题

一是民事公益诉讼赔偿资金管理使用难。根据《湖北省生态环境损害赔偿资金管理办法(试行)》,生态环境公益诉讼损害赔偿资金作为政府非税收入,实行国库集中收缴,全额上缴各级人民政府指定部门、机构的本级国库或财政专户,纳入一般公共预算管理。实践中,生态环境损害赔偿资金经法院生效判决确定后,有的存于法院专户,有的上缴国库,有的暂存检察机关临时账户,管理相对混乱。

二是环境民事公益诉讼案件生态修复执行难。法院认为自身的主要职责是审判,将需要被告承担的修复费用收缴到位即为执行到位,具体实施环境修复的职责在行政机关;行政机关则认为,案件已经进入司法程序,超出了行政机关管辖的权限范围,应该由司法机关妥善处理。法院判决环境修复的案件,多数判决被告自行修复或者支付一定的费用,但未明确具体的操作方式、修复时间,缺乏可操作性。最终多数由检察机关牵头完成环境修复。而检察机关对于环境修复方面尚缺乏专业知识能力,导致生态修复效果不理想。

三是惩罚性损害赔偿金管理亟待完善。2021~2022 年,湖北省检察机关依法提出食品药品安全惩罚性赔偿 2682.595 万元。经初步了解,目前,判

决生效后惩罚性赔偿金大多数由人民法院上缴国库，部分留存在检察机关临时账户，但是，由于湖北省惩罚性损害赔偿金资金的管理使用尚无相关规定，导致惩罚性赔偿金很难完全实现其预期功能或价值。

5. 刑民衔接方面的问题

一是刑事附带民事公益诉讼案件与刑事案件起诉期限不匹配。一方面，一些危害不大适用速裁程序的刑事案件，检察机关审查及法院办理时限一般为 10 天，而刑事附带民事公益诉讼案件公告期为 1 个月，加上鉴定评估所需时间更长。由于制度供给和理论支撑缺乏，刑事案件办案期限与刑附民公益诉讼办案期限存在冲突，致使实际办案有些符合公益诉讼受案条件的案件因要适用速裁程序而无法提起刑事附带民事公益诉讼，造成民事公益诉讼案源的流失。另一方面，对于一些相对复杂的刑事案件，由于时间跨度长，与其相关联的公益诉讼案件只能中止审查，这严重制约办案效率。如荆门京山市院某刑事案件和刑事附带民事公益诉讼案件一同诉至法院后，法院对是否达到刑事案件定罪标准存在分歧，导致该案搁置一年半未开庭。

二是民事公益诉讼证据过度依赖刑事侦查证据。检察机关办理刑事附带民事公益诉讼案件，调查取证主要依赖公安机关通过刑事侦查手段所取得的相关证据材料，自身主要围绕公益损害委托鉴定评估。绝大部分单独民事公益诉讼案件也是在已判决或已办结的刑事案件中发现，刑事案件证据也是检察机关的主要证据来源。对于刑事程序未介入的案件，由于检察机关公益诉讼调查介入大多滞后，已错过取证和固定证据的最佳时机，且检察机关调查手段相当有限，保障不足，导致此类民事公益诉讼案件办理非常被动。

三是有的法院与检察院对刑事附带民事公益诉讼存在认识分歧。根据 2018 年施行的《关于检察公益诉讼案件适用法律若干问题的解释》第 20 条之规定"人民检察院对破坏生态环境和资源保护、食品药品安全领域侵害众多消费者合法权益等损害社会公共利益的犯罪行为提起刑事公诉时，可以向人民法院一并提起附带民事公益诉讼，由人民法院同一审判组织审理"。

有的法院法官将此处中的"一并"理解为"同时",认为附带民事公益诉讼起诉书和刑事起诉书必须同时送至法院,只要两者未同时送达,就不符合法律规定。实践中由于附带民事公益诉讼存在鉴定周期和 30 天的公告期间,起诉书与刑事起诉书很难同时送达。

(三)人才队伍素能有待提升

目前,一方面,湖北省专门从事公益诉讼案件办理的检察官仅百余人,且人员流动大,绝大多数基层院的检察官同时负责办理民事、行政检察和公益诉讼检察案件,其真正投入公益诉讼中的办案精力有限;另一方面,由于民事公益诉讼所涉及的相关法律法规错综庞杂、更新快,办案难度大,部分办案人员对法律法规和专业知识储备不足,个人能力、监督水平尚待提高,对民事公益诉讼办案造成了一定的影响。

三 对策建议

(一)加强对下指导,提升办案能力

一是优化考核指标体系。积极落实张雪樵副检察长在全国公益诉讼业务数据分析会上的讲话精神,以案件质效作为考核核心指标,区分单独民事公益诉讼和刑事附带民事公益诉讼,更加注重民事公益诉讼的起诉量和赔偿额,积极推进惩罚性赔偿,对有影响有震动的案件加大考核赋分比重,形成敢于"啃硬骨头"、敢于办理复杂疑难案件的办案环境。

二是加大个案指导力度。对于各地办理的硬骨头、复杂疑难案件,省院将加大指导力度,以专题汇报、现场督办、通过公益诉讼指挥中心远程指导、组织庭审观摩、宣传报道等形式,把握住案件办理的关键环节,以有影响力的个案办理推动湖北省民事公益诉讼工作再上新台阶。

三是加强典型案例推树工作。以公益诉讼守护美好生活、服务优化营商环境、长江大保护、流域治理、乡村振兴等专项行动为依托,指导各地开展

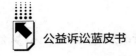

案例研究，积极发现、重点培育典型案例，视情发布省级民事公益诉讼典型案例，充分发挥案例的示范作用和指导作用。

（二）加强沟通交流，建立协作机制

一是完善内部线索移送机制。进一步加强内部沟通交流，建议由案管部门在受理刑事案件时发现公益诉讼线索（如非法捕捞、非法采矿、生产销售有毒有害食品等）后即通知公益诉讼部门，再由刑事部门及时进行线索移送，确保公益诉讼部门第一时间获取相关线索。

二是加强与公安机关的沟通联系。对于刑事附带民事公益诉讼案件，视案情需要提前介入，与公安机关加强沟通联系，就生态损害的范围、程度进行沟通，并对损害的情况进行固定，就咨询专家、鉴定机构、鉴定范围等达成一致意见，及时完善证据体系。有条件的地方，可以探索与公安机关建立常态化公益诉讼案件线索移送机制，在公安机关侦查阶段时，公益诉讼部门与刑检部门同步进行调查取证，将附带民事公益诉讼初步调查、立案调查提前到侦查阶段。

三是加强与法院的交流协作。加大与省法院的交流协作力度，就刑事附带民事公益诉讼案件办理程序、专家咨询意见和鉴定意见采纳以及执行方面的问题等进一步开展沟通达成一致意见，出台相关机制文件，形成公益保护合力。

四是加强与行政机关沟通协作。积极与行政机关沟通，明确民事公益诉讼工作的重要功能和意义，加大联动协作力度，督促行政机关及时、准确地在"两法衔接"平台上更新信息，通过大数据方式打通与行政机关的信息障碍，拓宽案件线索来源。

五是建立检察机关、法院、行政机关关于公益诉讼判决执行协作配合机制。检察机关联合法院、行政职能部门协商出台环境损害修复的工作机制。对于法院判决后当事人未履行或者无能力履行修复义务时，由相关行政机关采取代履行的程序和措施等，引入第三方符合资质修复的单位履行，由违法行为人承担修复费用，检察机关跟踪监督整改到位。

六是与消费者委员会加强协作。与省消费者委员会、省法院进一步加强协作，建立信息共享、案件沟通、日常联络平台，推动建立消费民事公益诉讼赔偿资金专项账户，规范该账户收取、管理、使用和监督，更好地保护消费者合法权益。

七是着力解决鉴定评估难题。一方面与技术部门加强协作，走访相关科研院所和鉴定机构，探索建立省级层面生态环境领域和食品药品安全领域专家库，对于案值较小、案情简单的案件，考虑以专家意见替代鉴定意见；另一方面，主动走访环科院司法鉴定中心、湖北省食品研究院等鉴定机构，加强沟通协作，就鉴定费用、鉴定周期等问题进行协商，进一步提高鉴定效率、降低鉴定费用。

八是充分利用"益心为公"检察云平台拓展案源、凝聚合力。一方面我们将加大与统战部门、各民主党派、省残联、省妇联等沟通协作，在稳步扩大公益诉讼志愿者规模的同时，充分调动志愿者积极性、动员志愿者经常性利用平台提报案件线索，进一步拓展案件线索来源。另一方面，在省院内网开辟专栏，通过编发案例、工作提示等加大对下指导力度。

（三）加强人才培养，打造专业队伍

一是强化公益诉讼办案队伍建设。以开展教育培训、岗位练兵、业务竞赛等为契机，发掘培养专业人才，不断提升办案人员办案能力，培养高素质公益诉讼办案队伍。

二是加强公益诉讼检察队伍专业化建设。争取各级院党组和分管领导支持，选取既有法律专业知识又有环境资源、食品药品安全等方面专业知识的复合型人才加入公益诉讼办案队伍。

三是充分借助"外脑"智慧。根据工作需要，聘请生态环境部门、食品药品监管部门等行政机关专业人员作为特邀检察官助理参与鉴定评估、跟进监督等办案环节，邀请科研院所等专家学者传授生态环境和资源保护、食品药品安全等专业领域知识，提升专业能力。

B.16
河南省检察机关行政公益诉讼发展报告

张俊涛*

摘　要： 根据2023年河南省人民检察院工作报告公布的2022年河南省人民检察院行政公益诉讼的办案数据，分析河南省检察机关公益诉讼检察的主要办案领域。分析办案过程中好的七大做法，即坚持党的全面领导、坚持检察一体化办案机制、深化与行政机关的协作、建立行政公益诉讼案件办理区域协作机制、公益诉讼案件集中管辖、借助大数据办理行政公益诉讼案件、坚持双赢多赢共赢理念，以及存在的问题。提出六点建议，即建立三级一体化办案机制，建立提级管辖机制，"1+N"办案模式，建立公益诉讼调查核实指挥中心，建立无缝的诉前、诉讼程序衔接机制，检察机关与纪委监委线索双向移送机制，为做好2023年、2024年河南省检察机关行政公益诉讼检察工作提供强有力的支撑。

关键词： 行政公益诉讼　调查核实　一体化　诉前程序

公益是国家利益和社会公共利益，是所有社会成员共同享有的一种社会福祉和利益。检察公益诉讼是检察机关最具活力的检察职权，着眼于维护国家利益和社会公共利益。2017年9月11日，世界检察官联合大会在北京召开年会，习近平总书记专门发来贺信，第一次提出："检察官作为公共利益的代表，肩负着重要的责任。"① 河南省人民检察院全面贯彻习近平总书记的重要指示精神、省委的重大部署和最高检的决策、安排，积极履行公益诉

---

* 张俊涛，河南省人民检察院检察业务专家，全国检察机关首批调研骨干人才，法学博士。
① 周洪波：《公益诉讼检察实务培训讲义》（第2版），法律出版社，2020，第5页。

讼检察职能，依法、能动、一体履职，为维护国家利益和社会公共利益、为河南经济社会高质量发展贡献检察力量。

一 2022年河南省检察机关行政公益诉讼办案数据

2022年，河南省检察机关围绕党中央重大决策部署和河南经济社会发展重点，依法、能动、一体履职，全年共立案公益诉讼案件9109起，其中，行政公益诉讼的案件为8215起，占90.19%，民事公益诉讼、刑事附带民事公益诉讼894起，占9.81%；诉前程序案件7511起，其中诉前检察建议6763份、民事公告748份；提起诉讼498起，其中行政起诉案件33起，民事直接起诉案件40起，刑事附带民事起诉案件425起。立案数最多的是郑州市人民检察院，立案1053起，立案数最少的是济源分院，立案54起。[①]

本报告主要研究2022年河南省检察机关的行政公益诉讼检察工作。从以上数据可以看出，行政公益诉讼案件是公益诉讼案件的绝对办案重点。河南省检察机关通过办理行政公益诉讼案件，督促行政机关依法履职，建设法治政府，同时，保护国家和社会公共利益免受侵犯，以及受侵犯后依法恢复、补救，或者得到赔偿。

二 2022年河南省检察机关行政
公益诉讼的主要办案领域

（一）黄河流域生态环境保护行政公益诉讼案件

黄河是中华民族的母亲河，黄河流域河南段对沿黄流域城市、农村的生产发展、生活富裕、生态移居等发挥很大的作用。河南省检察机关开展"黄河千里大巡查"专项活动，加大对非法采砂、违法种植、养殖、妨碍黄

---

① 如无特别说明，本报告数据均来自河南省人民检察院公益诉讼部门。

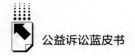

河行洪等危害黄河流域生态环境案件的办案力度，全年依法办理公益诉讼案件 261 起，绝大部分为行政公益诉讼案件。根据最高检公益诉讼有关工作安排，河南检察机关积极探索办理黄河古文明、古渡口、古村古镇等文化遗产、文物保护、红色文化等领域行政公益诉讼案件。如检察机关办理的跨省域大型浮舟侵占黄河河道行洪案件。再如，河南省洛阳市偃师区人民检察院督促履行伊河堤保护监管职责行政公益诉讼案件。

（二）林地草地湿地行政公益诉讼案件

河南检察机关认真贯彻落实习近平总书记关于绿色发展、山水林田湖草湿一体发展的指示精神。河南检察机关积极探索建立"林长+检察长"机制，在全省部署开展涉林自然资源保护公益诉讼专项活动，加大案件办理力度，共办理公益诉讼案件 237 起，绝大部分为行政公益诉讼案件。如检察机关办理的黄河湿地国家级自然保护区生态环境行政公益诉讼案件，国有林场林区被非法侵占、毁损公益诉讼案件等均收到较好的政治效果、社会效果、法律效果。

（三）生态环境和资源保护行政公益诉讼案件

针对土壤污染、水体污染、空气污染、非法采矿等人民群众反映强烈的案件，加大案件办理力度，切实维护人民群众的生产生活环境，河南检察机关全年共立公益诉讼案 5322 起（绝大部分为行政公益诉讼案件），复耕、复垦被侵占、被改变用途的耕地 1112 亩，督促清理生产类固体废物 148720 吨。积极开展南水北调中线工程保护专项活动，依法立案 52 起，发送检察建议 52 份。如河南省汝阳县人民检察院督促环保局治理乡村企业噪声污染行政公益诉讼案件。

（四）食品药品领域行政公益诉讼案件

食品、药品质量与人民群众的生命健康息息相关，非法生产、销售食品药品，生产、销售不符合国家标准的食品药品等严重危害人民身体健康。河南检察机关加大食品药品领域公益诉讼案件，全年办理食品药品领域公益诉讼案件602起，依法保护"人民群众舌尖上的安全"。如洛阳市涧西区人民检察院督促市场监管部门、卫生健康部门药品公益诉讼案件、河南省汝阳县人民检察院督促教育部门、市场监管部门食品安全行政公益诉讼案件。

（五）国有财产权保护、国有土地使用权出让转让等领域行政公益诉讼案件

针对国有财产权保护、国有土地使用权出让等领域存在的突出问题，积极开展"国（有）财（产）国（有）土（地）"领域行政公益诉讼专项活动，全年共办理案件346起，督促保护、收回国有财产价值2.15亿元。如协助检察机关办理的追缴国有土地出让金欠缴类公益诉讼案件、企业利用自备井取水未依法缴纳水费等案件，依法维护国家利益不受侵犯。

（六）安全生产领域行政公益诉讼案件

安全生产事关人民生命财产安全、经济发展、社会安宁。全省检察机关发挥公益诉讼检察职能，聚焦建筑安全、交通安全、生产安全、特种设备安全等领域的风险隐患，依法办理了一批安全生产领域行政公益诉讼案件，为经济社会发展创造安全、稳定的环境。如针对高铁和普通铁路安全隐患，共立行政公益诉讼案件27起，消除重大安全隐患30处。针对电梯等特种设备运营安全隐患，向行政机关发送检察建议，督促行政机关依法能动履职，保护人民群众生产生活安全。

（七）文物和文化领域行政公益诉讼案件

贯彻落实最高人民检察院关于文物保护和文化遗产领域的公益诉讼案件，督促有文物保护监管职责的行政机关全面履行职责。河南检察机关办理了一系列文物和文化领域的行政公益诉讼案件。如洛阳市瀍河回族区人民检察院督促保护全国重点文物保护单位北窑遗址行政公益诉讼案件。

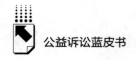

（八）特定群体领域行政公益诉讼案件

针对老年人、残疾人、未成年人等特殊群体交通出行、日常生活等无障碍环境建设方面的问题，开展无障碍环境建设公益诉讼专项活动，全年办理行政公益诉讼案件186起，督促有关行政机关依法履职，维护特定人群的权益。如洛阳市涧西区人民检察院督促有关行政机关履职设立盲道行政公益诉讼案件。

三 2022年河南省检察机关办理行政公益诉讼的主要做法

（一）坚持党的全面领导

党的领导是中国特色社会主义的本质特征。做好公益诉讼检察工作，必须坚持党的绝对领导。在办理公益诉讼案件过程中，遇到问题，及时向党委汇报，争取党委的支持。如河南检察机关在办理黄河流域生态保护和高质量发展行政公益诉讼案件过程中，及时向党委汇报，把公益诉讼放在党委的工作大局中推进，把握好案件办理时机、办案程序、办案力度、节奏、效果①，确保收到良好的政治效果、社会效果和法律效果。再如，洛阳市老城区人民检察院办理的督促整治垃圾污染行政公益诉讼案件，在办案过程中及时向党委汇报，由党委领导、协调解决，收到好的政治效果、社会效果和法律效果。

（二）坚持检察一体化办案机制

检察机关的一体化在公益诉讼检察方面，可以有效解决案件的管辖争议、跨区域调查取证、案件的执行以及统一法律争议等。检察一体化是方法

---

① 张俊涛：《以公益诉讼检察视角谈黄河母亲河的法治保障》，载王承哲主编《河南法治发展报告（2021）》，社会科学文献出版社，2022，第109页。

论。上下级检察院的一体化，在明确各级检察院不同功能定位的情况下，主要强调上级院的统筹、协调、指挥。① 最常见的有三级检察院一体化办案机制和两级检察院一体化办案机制。三级检察院一体化办案机制，即对于全省范围内的疑难行政公益诉讼案件，河南省人民检察院带领地级市检察院、县（区）级人民检察院公益诉讼办案人员组成办案团队办理。这样做有助于弥补公益诉讼办案力量的不足，整合办案力量，集中优势"兵力"突破案件。二级检察院一体化办案机制，即对于市域范围内的疑难的行政公益诉讼案件，比如流域、湖域污染公益诉讼案件，整合市级检察院、县区检察院的公益诉讼办案力量，组成办案团队，办理疑难行政公益诉讼案件。

同一检察院内部的一体化，即建立"公益诉讼检察部门+检察技术+法警等"② 内部一体化办案机制，便于整合一个检察院的办理力量突破案件，如公益诉讼检察官收集证据，技术人员运用高科技无人机等固定证据，法警负责维护办案安全，即"1+N"办案模式。2022 年，河南检察机关这种一体化的办案机制运用得比较好，洛阳市涧西区检察院、偃师区检察院、孟津区检察院都建立一体化办案机制。

（三）深化与行政机关的协作

行政公益诉讼涉及面广，需要行政机关的配合。办好公益诉讼案件，检察机关要与行政机关深度合作，如检察机关与文物部门的深度合作，河南省人民检察院与河南省文物局联合出台《关于建立文物保护公益诉讼检察工作协作机制的意见》，并依法、能动落实好该意见。如 2022 年河南全省三级检察机关建立"检察长+林长"机制，能动履行公益诉讼检察职能，办理了一系列涉林行政公益诉讼检察案件，并发布了典型案例，依法保护森林、草

---

① 徐全兵：《检察公益诉讼比较研究》，载周洪波主编《公益诉讼检察实务培训讲义（第二版）》，法律出版社，2020，第 30 页。

② 张俊涛：《"长江黄河流域生态保护和高质量发展的法治保障——公益诉讼一体化办案机制研究"为视角》，载王承哲主编《河南法治发展报告（2023）》，社会科学文献出版社，2023，第 245 页。

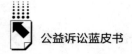
原、湿地等资源。再如，检察机关与水利部门合作，建立"检察长+河长"制，办理涉黄河流域等行政公益诉讼案件。行政公益诉讼的本质是助力依法行政，建设法治政府。

（四）建立行政公益诉讼案件办理区域协作机制

山西、河南、陕西等沿黄九省检察机关共护黄河安澜。西藏、青海等六省区检察机关建立行政公益诉讼协作机制，合力保护雪域高原等。行政公益诉讼案件有时涉及不同地域，最常见的是流域污染案件，需要流域的检察机关加强区域合作，建立区域协作机制。流域的上下游、左右岸、干支流案件由不同的检察机关管辖，为了能够办理好流域污染行政公益诉讼案件，就需要建立流域行政公益诉讼案件协作机制。如淮河流域检察机关区域协作机制、黄河河南段检察机关区域协作机制。

（五）公益诉讼案件集中管辖

公益诉讼案件集中管辖，有助于统一办案标准、避免同案不同判的问题。2020 年 9 月 1 日，河南省高级人民法院《关于实行省内黄河流域环境资源案件集中管辖的规定》，河南省高级人民法院、河南省人民检察院《关于实行省内黄河流域环境资源检察公益诉讼案件集中管辖的规定》，河南省高级人民法院、河南省人民检察院、河南省公安厅《关于实行省内黄河流域环境资源刑事案件集中管辖的规定》等规范性文件实施，由郑州铁路两级法院、检察院集中管辖黄河流域环境资源案件。截至 2022 年 10 月底，河南省人民检察院郑州铁路运输分院共受理涉黄河公益诉讼案件线索 190 件，立案 173 件，提出诉前检察建议 76 件，移交地方检察机关线索 12 件。①

（六）借助大数据办理行政公益诉讼案件

数字时代，检察机关必须借助大数据办理案件。在办理疑难的行政公益

---

① 何永威：《河南铁路检察机关办理黄河流域环境资源行政公益诉讼案件的实践与探索》，载王承哲主编《河南法治发展报告（2023）》，社会科学文献出版社，2023，第 162 页。

诉讼案件过程中，需要借助卫星遥感技术、区块链等，通过数据比对、数据分析、数据研判等发现案件线索、固定案件证据。对于环境污染案件，尤其需要借助大数据。要借助行政公益诉讼检察监督模型办理行政公益诉讼案件，提高监督质效。

（七）坚持双赢多赢共赢理念

理念对于司法机关办案很重要。双赢多赢共赢理念是 2018 年 4 月最高检张军检察长在民事行政检察厅调研时针对行政机关不理解、不支持的情况下提出来的。河南检察机关在办理公益诉讼案件时始终坚持多赢共赢的办案理念。检察机关和行政机关没有具体的利益冲突，是在党的领导下共同为人民服务，让人民群众生活得更美好。"把诉前实现维护公共利益作为最佳办案状态"就是双赢多赢共赢的最高体现。

四 河南省检察机关办理行政公益诉讼案件存在的问题

（一）行政公益诉讼办案力量不强

行政公益诉讼的办案量在基层，但是基层检察机关的民事、行政、公益诉讼检察三合一，公益诉讼检察办案力量相对薄弱，基层检察机关公益诉讼办理力量一般是一个员额检察官、一个检察官助理、一个书记员，而面对大量的公益诉讼案件，这样的公益诉讼办案力量是比较弱的，高素质的公益诉讼办案检察官、检察官团队更少。最高人民检察院强调的公益诉讼检察工作要有专门的机构或办案组并没有完全落地。专门的办案组，应至少有两个员额检察官，即使院领导参加，也得再有一个专门负责公益诉讼检察工作的员额检察官。①

---

① 徐全兵：《检察公益诉讼比较研究》，载周洪波主编《公益诉讼检察实务培训讲义（第二版）》，法律出版社，2020，第 32 页。

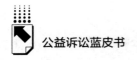

（二）行政公益诉讼的检察建议不够专业

检察建议是检察机关针对行政公益诉讼案件办理过程中发现的问题，向有关行政机关等提出的建议。有关机关等收到检察建议后，在 2 个月内对检察机关提出的建议进行回复、整改。比如改进工作的检察建议，检察建议必须有针对性、可操作性，如果检察建议过于笼统，不具有操作性，那么，这样的检察建议就不会收到好的效果。行政公益诉讼是督促之诉，不是追责之诉。① 比如，行政公益诉讼诉前检察建议，如果建议发现的问题精准、针对性强，行政机关收到检察建议后就会整改及时。如果针对性不强，发现的问题不够准确，那么，这样的检察建议就刚性不足，效果也不好。检察建议质量不高。一是发送对象不准确；二是说理性合法性论证过于笼统简单；三是检察建议内容可操作性不强，甚至超出了被建议单位的职责；四是对于不同单位不同事项指出的问题多有雷同，针对性不强；五是未履行征求意见情况而向异地被建议单位发送检察建议；六是内容明显出现瑕疵，严重影响其严肃性和公信力；七是类型、被建议单位单一化。②

（三）办理行政公益诉讼案件时调查核实权运用不充分

人民检察院组织法规定了检察机关的调查核实权。在办理行政公益诉讼案件的过程中，检察机关必须充分行使调查核实权，才能收集到行政公益诉讼案件需要的证据。如果不充分行使调查核实权，收集不到需要的证据，那么，不管是制发诉前检察建议，还是提起行政公益诉讼，都不会收到最佳的政治效果、法律效果、社会效果。2021 年，河南全省检察机关共发出诉前检察建议 3718 件，行政机关纠正违法或履职 3688 件，整改率 99.19%；逾期未纠正违法或履职 30 件，占 0.81%。30 件与 3718 件相比，数量很小，

---

① 张雪樵：《检察公益诉讼比较研究》，载周洪波主编《公益诉讼检察实务培训讲义（第二版）》，法律出版社，2020，第 7 页。
② 薛伟宏：《检察公益诉讼的现存问题、对策与庭审推演》，载周洪波主编《公益诉讼检察实务培训讲义（第二版）》，法律出版社，2020，第 217 页。

但是，这 30 件未纠正违法或履职的案件还在影响着人民的生产、生活，人民群众的获得感、幸福感、安全感肯定会受到影响，让人民群众在每一起案件中都感受到公平正义的承诺打了折扣。

对于侵害公益问题比较严重的生态环境和食品药品等问题，一方面多发、高发，另一方面容易反弹。所以，检察机关要持续跟进监督，否则，这些问题就解决得不到位，解决得不彻底。① 因此，检察机关要对 30 起未纠正违法或履职的案件进行跟踪监督，查清楚原因，开展回头看，对于未纠正违法的，该移送纪委监委的移送纪委监委（2022 年河南检察机关在办理行政公益诉讼案件过程中，向纪委监委移送案件线索的不多）。该向未纠正违法的有关机关的上级机关反馈情况的，依法及时反馈情况。该向党委汇报的，及时向党委汇报，确保行政公益诉讼案件收到好的效果。根据《最高人民检察院内部移送法律监督线索工作规定》，需要移送线索的，及时移送其他检察业务部门办理。

（四）一体化机制没有完全建立起来

一体化是哲学的概念。在行政公益诉讼中，一体化机制很重要。调研中发现，虽然基层检察机关知道运用一体化办案机制，但是，一体化办案机制并没有完全建立起来。同一检察机关内部，比如有的检察业务部门配合不够积极。有的检察机关公益诉讼部门与刑事检察业务部门、民事检察部门、行政检察业务部门融合不够。

（五）调查核实指挥中心尚未建立

公益诉讼检察案件，办理难度较大，有的甚至办理难度很大。比如，最高检办理的"万峰湖""南四湖"案件等，如果不是最高人民检察院指挥办理，问题肯定不会这么快解决。再比如，河南的流域行政公益诉讼案件，要想办理好，就必须像办理贪污贿赂等职务犯罪案件一样，成立公益诉讼调查核实指挥中心。

---

① 徐全兵：《检察公益诉讼比较研究》，载周洪波主编《公益诉讼检察实务培训讲义（第二版）》，法律出版社，2020，第 32 页。

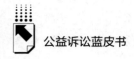

行政公益诉讼调查指挥中心就像是人的大脑,发挥着中枢指挥中心的作用,目前,河南检察机关成立调查核实指挥中心的几乎没有,因此,建议要尽快成立公益诉讼调查核实指挥中心,提高行政公益诉讼案件的办理质效。

(六)行政公益诉讼诉前程序、诉讼程序案件不协调

检察公益诉讼是由诉前和诉讼两个程序构成的。诉前程序是检察公益诉讼最具个性化的程序,是检察机关办理公益诉讼的前置程序。在办理行政公益诉讼案件时,检察机关要树立双赢多赢共赢的司法理念,坚持把诉前实现维护公益目的作为最佳司法状态。针对损害公益的事项,先与有关机关沟通、磋商,促使其主动纠正违法行为,如果其不主动纠正违法行为,然后再制发诉前检察建议。如全省99.6%的行政公益诉讼案件在诉前就解决了公益损害问题。如果收到诉前检察建议后不整改,则启动诉讼程序。对检察建议不能落实的95起行政公益诉讼案件提起诉讼,全部获法院裁判支持。这样,就实现磋商、诉前检察建议、诉讼程序一体监督。

(七)地级市检察院带头办案数量不多

火车跑得快,全靠车头带。根据河南省检察机关发布的办案数量,河南省检察院、地级市检察院直接办理的公益诉讼案件数量较少。上级检察院指导办理公益诉讼案件,如果上级检察机关办理的案件较少,经验不足,如何去指导下级检察机关办理公益诉讼案件。因此,省级检察院、地级市检察院要结合实际,积极带头办理疑难行政公益诉讼案件,为下级检察机关办案做表率。

五 河南省人民检察院高质量办理
行政公益诉讼案件的几点建议

(一)建立省市县三级一体化办案机制

对于跨地域难啃的"硬骨头"行政公益诉讼案件,检察机关要运用一体

化办案机制办理案件。万峰湖专案就是最高人民检察院直接办理的第一起公益诉讼案件，由最高检副检察长张雪樵担任专案组组长，四级检察机关一体办理。南四湖案件也是最高人民检察院直接立案办理的，最高人民检察院已经给我们树立了榜样。结合最高检的办案做法，结合着河南检察机关，遇到疑难行政公益诉讼案件，就是要建立河南跨地域公益诉讼案件省、市、县三级检察机关一体化办案机制。洛阳与济源检察机关等九家建有一体化办案机制实践证明，一体化办案机制有利于调动各方的积极性。如洛阳市检察机关建立的一体化办案机制，收到好的政治效果、社会效果、法律效果。

（二）行政公益诉讼案件提级管辖

对于疑难复杂的公益诉讼案件，基层检察机关办案难度大，或者阻力较大，河南省检察院、地级市检察机关要根据案件的难度提级办理。比如，涉淮河流域、黄河河南段等公益诉讼案件，就可以提级办理。目前，河南省检察院提级办理的行政公益诉讼案件不多，省检察院多是指导办理。

针对案件的具体情况，提级管辖有助于办理地方保护主义的行政公益诉讼案件。

（三）以公益诉讼检察部门为主的"1（公益诉讼检察部门）+N（刑事检察部门、民事检察部门、行政检察部门、法警、技术部门等）"办案模式

对于行政公益诉讼案件，检察机关要积极践行"1+N"办案模式。让公益诉讼检察部门依法履职，需要刑事检察、民事检察、公益诉讼检察部门配合的，刑事检察、民事检察、行政检察部门要积极配合。如洛阳市偃师区检察院建立的"1+N办案模式"。再如，洛阳市涧西区人民检察院建立的"1+N办案模式"，收到好的效果。

（四）建立公益诉讼调查核实指挥中心

为了办好行政公益诉讼案件，检察机关要成立公益诉讼调查指挥中心，

根据案件的难易情况，合理调配办案力量，积极运用大数据、区块链、无人机、卫星遥感技术等高科技手段，收集证据、固定证据。

（五）建立"无缝"的诉前程序、诉讼程序衔接机制

根据行政公益诉讼案件的具体情况，制发诉前检察建议能够解决问题的，积极制发检察建议，帮助行政机关等提高治理水平和治理能力。诉前检察建议能够解决问题，就制发检察建议。当然，如果诉前检察建议不能解决问题，那么，就提起行政公益诉讼。对于检察机关来说，其对某些行政机关提起行政公益诉讼，是因为有些行政机关怠于履行职责，检察机关向其发出检察建议后，其仍不履行行政管理职责，这时，检察机关就可以对行政机关提起行政公益诉讼了。同时，检察机关要积极开展公益诉讼回头看活动，跟进监督，确保最佳的效果。

协作好诉前程序、诉讼程序，诉前程序能解决问题的，运用诉前程序，把问题解决好。诉前检察建议发出后，如果不整改，根据诉讼程序，尽快启动诉讼程序。

（六）检察机关与纪检监察机关建立线索双向移送机制

检察机关在办理公益诉讼案件过程中，发现需要移送纪委监委线索的，要及时移送纪委监委办理。纪委监委在办理案件过程中，发现公益诉讼案件线索的，要及时移送检察机关办理。通过双向线索移送，助力社会治理现代化。

通过建立双向移送机制，让行政机关、检察机关都可以参与到行政公益诉讼中去。当前，检察机关向纪委监委移送案件线索的不多，纪委监委向检察机关移送线索的也不多。

B.17
检察机关提起惩罚性赔偿公益诉讼报告

刘宏林*

摘　要： 检察机关提起惩罚性赔偿公益诉讼实践存在同案不同判、鉴定侵蚀审判权、赔偿金归属不明、罚过其当等问题，理论界也尚未就检察机关提起惩罚性赔偿公益诉讼的理论基础及请求权基础达成共识。检察机关在消费和环境领域提起惩罚性赔偿公益诉讼的原理不尽相同，前者实为私益损害惩罚性赔偿请求权的集中行使，后者则为弥补公益损害补偿性赔偿之不足。立法机关应赋予检察机关形式性惩罚性赔偿请求权，明确检察机关提起惩罚性赔偿公益诉讼的条件及赔偿金的管理使用制度，理顺惩罚性赔偿公益诉讼与惩罚性赔偿私益诉讼的关系，激活群体诉讼机制，贯彻公益诉讼补充性原则。

关键词： 惩罚性赔偿　公益诉讼　诉讼实施权　形式性实体请求权

惩罚性赔偿是相对于补偿性赔偿的，法庭作出的赔偿数额超出实际损害数额的赔偿，具有补偿、惩罚、遏制等多重功能。① 惩罚性赔偿公益诉讼简而言之就是作为公益诉讼起诉人的检察机关或社会组织在公益诉讼中，不依附于私益主体的惩罚性赔偿请求权而独立地主张惩罚性赔偿。② 本文仅就检察公益诉讼进行专门分析。

---

* 刘宏林，华南理工大学法学院博士研究生。

① 王利明：《惩罚性赔偿研究》，《中国社会科学》2000 年第 4 期。
② 理论上，惩罚性赔偿请求权可以分为依附型与独立型，前者是公益诉讼起诉人通过诉讼信托等方式受让受害消费者的私益损害惩罚性赔偿请求权；后者是立法单独赋予公益诉讼起诉人惩罚性赔偿请求权，公益诉讼起诉人无须获得个人授权即可直接主张惩罚性赔偿。参见黄忠顺《惩罚性赔偿公益诉讼研究》，《中国法学》2020 年第 1 期。

一　检察公益诉讼适用惩罚性赔偿制度的整体状况评估

（一）惩罚性赔偿公益诉讼的规则供给

《民法典》第 179、1185、1207、1232 条，《消费者权益保护法》第 55 条，《食品安全法》第 148 条，《药品管理法》第 144 条，《旅游法》第 70 条，《著作权法》第 54 条，《专利法》第 71 条，《商标法》第 63 条等共同构成了我国惩罚性赔偿制度的主要实定法依据群。依据文义解释和体系解释，立法排他性地将惩罚性赔偿请求权配置给私益受害者，而对惩罚性赔偿公益诉讼未置明文。[①] 但近些年来的政策性文件、司法解释都在不断推进惩罚性赔偿公益诉讼。

最高人民检察院于 2017 年 12 月下发的《关于加大食药领域公益诉讼案件办理力度的通知》，中共中央、国务院 2019 年 5 月发布的《关于深化改革加强食品安全工作的意见》，最高人民检察院、最高人民法院等七部门于 2021 年共同召开的"探索建立食品安全民事公益诉讼惩罚性赔偿制度座谈会"，使得食药安全领域成为我国第一个明确探索惩罚性赔偿公益诉讼的领域。

2021 年 7 月起施行的《人民检察院公益诉讼办案规则》第 98 条进一步将惩罚性赔偿公益诉讼的适用范围扩大至破坏生态环境和资源保护领域案件。2022 年最高人民法院发布的《关于审理生态环境侵权纠纷案件适用惩罚性赔偿的解释》（以下简称《环境侵权惩罚性赔偿解释》）第 12 条更是被认为直接明确了环境民事公益诉讼可以提出惩罚性赔偿诉讼请求。[②]

此外，探索建立民事公益诉讼惩罚性赔偿制度还被纳入中共中央 2021 年印发的《法治中国建设规划（2020-2025 年）》，成为我国法治建设的战

---

① 黄忠顺：《惩罚性赔偿请求权的程序法解读》，《检察日报》2020 年 11 月 9 日，第 3 版。
② 刘竹梅、刘牧晗：《〈关于审理生态环境侵权纠纷案件适用惩罚性赔偿的解释〉的理解与适用》，《人民司法》2022 年第 7 期。

略任务。北京①、上海②、江西③、浙江杭州④等各地党政机关、立法机关、司法机关也纷纷出台规范性文件部署、细化惩罚性赔偿公益诉讼制度。

总体而言，我国现有关于惩罚性赔偿公益诉讼的规定集中于食药安全和生态环保领域，但无论是中央政策性文件或司法解释，还是地方规范性文件，更多的只是原则性规定，而未就惩罚性赔偿公益诉讼制度进行具体建构，更为完善细致的制度构建有待司法实践进一步探索和理论进一步论证。

（二）惩罚性赔偿检察公益诉讼的实施现状

2023年2月22日，在中国裁判文书网上以全文同时含有"公益诉讼"和"惩罚性赔偿"两个概念为条件，搜索2022年生效的裁判文书，共计获得130份，严格意义上的惩罚性赔偿检察公益诉讼文书14份，同时通过北大法宝以相同条件进行检索，获得不重复的惩罚性赔偿检察公益诉讼文书及案件信息23份，合计37个惩罚性赔偿检察公益诉讼案件文书及相关信息。其中，环境领域5件，食药安全领域32件。

在32件惩罚性赔偿食药安全检察公益诉讼中，25件案件以被告累计销

---

① 《中共北京市委贯彻〈中共中央关于加强新时代检察机关法律监督工作的意见〉的实施意见》部署，"探索实践民事公益诉讼惩罚性赔偿制度，建立民事公益诉讼案件损害赔偿资金的集中管理和规范使用工作机制"。

② 《上海市人民代表大会常务委员会关于加强新时代检察机关法律监督工作的决定》提出"依法探索实施民事公益诉讼惩罚性赔偿制度。各级检察机关设立公益诉讼资金专门账户，用于存放公益损害修复费用、赔偿金，依法统筹用于公益保护。"《上海市高级人民法院关于司法服务保障促进消费的实施方案》第18条提出"积极探索食品药品安全民事公益诉讼惩罚性赔偿制度。完善上海消费者权益保护委员会统一管理消费公益赔偿金制度，确保公益诉讼案件顺利执行"。

③ 《江西省人民代表大会常务委员会关于加强检察公益诉讼工作的决定》第5条明确："检察机关办理生态环境和资源保护、食品药品安全等领域民事公益诉讼案件，可以依法提出惩罚性赔偿的诉讼请求。"

④ 杭州市生态环境局、市中级人民法院、市人民检察院共同印发的《杭州市生态环境损害惩罚性赔偿制度适用衔接工作指引（试行）》和杭州市市场监督管理局、杭州市中级人民法院、杭州市人民检察院、杭州市消费者权益保护委员会共同发布的《关于进一步强化落实食品药品安全领域惩罚性赔偿制度的实施办法（试行）》分别就生态环境保护领域和食药安全领域的惩罚性赔偿公益诉讼进行了更加细化的规定。

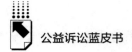

售金额、1 件以被告获利金额为基数计算惩罚性赔偿金；19 件系数为 10 倍，6 件系数为 3 倍，4 件计算最低赔偿标准 1000 元，1 件系数为 2 倍；2 件因调解结案未提及基数和系数。另外，有的案件在计算惩罚性赔偿时采取"抹零"方式确定具体金额。①

在 5 件惩罚性赔偿环境检察公益诉讼中，2 件以"生态环境服务功能价值损失、永久性损失"为基数分别计算 0.5 倍②和 0.6 倍③惩罚性赔偿金，1 件按照"生物资源损害费用" 2 倍确定惩罚性赔偿金④，1 件以"超采矿石财产损失"为基数计算 5% 作为惩罚性赔偿金⑤，1 件判令部分被告就"其参与部分另行承担 1 倍生态环境损害惩罚性赔偿责任"⑥。

以上案例反映当前司法实践至少存在如下问题。

一是赔偿金同案不同判。由于现有关于惩罚性赔偿公益诉讼的规定均较为原则，检察机关在提起公益诉讼过程中很难精准确定赔偿金额。在环保领域，《环境侵权惩罚性赔偿解释》第 10 条和第 12 条为国家机关或社会组织提供了以"生态环境受到损害至修复完成期间服务功能丧失导致的损害（以下简称期间损失）和生态环境功能永久性损害造成的损失（以下简称永久损失）作为基数"，"一般不超过人身损害赔偿金、财产损失数额的二倍"的基本指引，惩罚性赔偿环境公益诉讼的实践也大体在此框架内，但就赔偿金的基数确定仍存在采用标准不一的乱象。缺乏明确指引的食药安全惩罚性赔偿公益诉讼实践更加混乱：一方面，尽管以被告累计销售金额为基数的做法因操作简便已被多数实务部门采纳，但仍存在以获利金额为基数的情况；

<hr>

① 如湖南省宁乡市人民法院（2022）湘 0182 刑初 271 号刑事附带民事判决书中，销售金额为 6216 元，但确定的惩罚性赔偿金为 60000 元；湖南省宁乡市人民法院（2022）湘 0182 刑初 244 号刑事附带民事判决书中，销售金额为 4578 元，但确定的惩罚性赔偿金额为 45000 元。

② 参见宁波海事法院（2022）浙 72 民初 2230 号民事判决书。

③ 参见重庆市第五中级人民法院（2022）渝 05 民初 39 号民事判决书。

④ 参见上海铁路运输法院（2022）沪 7101 刑初 196 号刑事调解书。

⑤ 参见最高人民检察院发布 8 件检察机关督促整治非法采矿公益诉讼典型案例之一：安徽省东至县人民检察院诉安徽省某新材料科技有限责任公司非法采矿刑事附带民事公益诉讼案。

⑥ 参见最高人民检察院、水利部联合发布十起涉水领域检察公益诉讼典型案例之九：江苏省建湖县人民检察院诉张某某等人长江非法采砂刑事附带民事公益诉讼案。

另一方面，系数选取向来存在 3 倍或 10 倍的争议，且直接刚性适用 3 倍或 10 倍的规定往往导致赔偿金数额巨大，实务部门于是产生了酌情确定系数的情况。不同的基数、系数确定标准造成了现阶段惩罚性赔偿公益诉讼同案不同判的乱象。

二是鉴定意见异化为裁判结论。与计算难题相关，审判机关往往无法自行确定赔偿金具体数额，因而实践中多数案件只能判如所请。[①] 但提出诉讼请求的检察机关同样无法确定具体赔偿金额，因而只能诉诸鉴定。这在环境领域案件中尤其突出，5 件惩罚性赔偿环境公益诉讼中的赔偿金确定无一不是建立在鉴定基础上。此外，本文还对 73 件环境赔偿型公益诉讼[②]进行了一定考察，73 件环境赔偿型公益诉讼案件仅 3 件未提及鉴定，剩余 70 件仅 2 件未直接采用鉴定结论[③]，且多数法院是未经争议而直接采信鉴定意见。鉴定因而成为被告是否承担（惩罚性）赔偿责任以及在多大范围承担（惩罚性）赔偿责任的决定性因素，这一方面给鉴定提出了过高的要求，另一方面也存在鉴定结论影响审判独立的风险。

三是赔偿金的归属不甚清晰。37 件惩罚性赔偿检察公益诉讼案件中，10 件说明向检察机关支付但未明确检察机关如何处理（环境领域 1 件），3 件明确将赔偿金上交国库，1 件注明向法院缴纳，其余 23 件未明确赔偿金的归属（环境领域 4 件）。

补偿性赔偿公益诉讼中存在同样的问题，有的明确支付至法院指定账

---

① 据最高人民检察院数据，2020~2021 年，全国检察机关食药领域提起民事公益诉讼 3200 余件。其中，提出惩罚性赔偿诉求的案件占比 80% 以上，法院支持检察机关诉讼请求的案件占已作出生效裁判案件的 99.1%。参见《最高检发布"3·15"检察机关食品药品安全公益诉讼典型案例》，最高人民检察院微信公众号，https://mp.weixin.qq.com/s/mhs7fn0D5G_r-mVR9taeyQ，最后访问日期：2023 年 3 月 15 日。

② 该 73 份裁判文书是利用中国裁判文书网检索本文样本案例时出现的检索结果。

③ 其中一件法院审查后决定采信鉴定结论，参见安徽省五河县人民法院（2022）皖 0322 民初 2789 号；另一件法院审查后决定不予采信鉴定结论，参见安徽省寿县人民法院（2022）皖 0422 刑初 254 号刑事附带民事判决书。

户①，有的明确用于县境内生态环境修复②，有的支付至县财政局公益诉讼专项资金账户③，有的交由县人民检察院暂为保管④，不一而足。可见，检察机关所主张的无论是补偿性赔偿还是惩罚性赔偿，赔偿金的归属问题都是实务亟待解决的问题。

四是重复赔偿、罚过其当。按照法的安定性原理和公益性诉讼实施权配置理论，实质性惩罚性赔偿请求权归属主体应为受害消费者，公益诉讼起诉人仅享有形式性惩罚性赔偿请求权。⑤ 最高人民法院《关于适用〈中华人民共和国民事诉讼法〉的解释》（以下简称《民诉法解释》）第 286 条也规定，人民法院受理公益诉讼案件不影响同一侵权行为的受害人提起私益诉讼。所以受害个人有权在公益诉讼之外另行主张惩罚性赔偿。而如前文所述，实践中赔偿金的归属问题尚不明晰，且鲜有检察机关向私益个人分配赔偿金。⑥ 私益损害惩罚性赔偿与不向个人分配赔偿金的公益诉讼叠加适用，必然加重被告负担。此外，多数检察机关是以刑事附带民事公益诉讼或在刑事案件后提起民事公益诉讼的方式主张惩罚性赔偿责任，被告往往面临或已被判处刑事罚金和没收违法所得，此前通常还被处以行政罚款。在没收违法所得足以撤去被告不法收益的基础上，行政罚款、刑事罚金及实质上带有惩罚性的生态修复费用⑦已经进行足够的惩罚与威慑，再次主张巨额惩罚性赔

---

① 参见湖南省临武县人民法院（2022）湘 1025 刑初 97 号刑事附带民事判决书。
② 参见湖南省会同县人民法院（2022）湘 1225 刑初 55 号刑事附带民事判决书；湖南省会同县人民法院（2022）湘 1225 刑初 53 号刑事附带民事判决书。
③ 参见湖南省洞口县人民法院（2022）湘 0525 刑初 160 号刑事附带民事判决书；湖南省洞口县人民法院（2022）湘 0525 刑初 327 号刑事附带民事判决书。
④ 参见安徽省寿县人民法院（2022）皖 0422 刑初 254 号刑事附带民事判决书。
⑤ 黄忠顺：《惩罚性赔偿公益诉讼研究》，《中国法学》2020 年第 1 期。
⑥ 全国首例消费公益诉讼资金向受害消费者发放的案件被认为发生在 2022 年苏州，参见《全国首笔消费诉讼公益资金在苏发放　保障消费者损失赔付到位》，苏州新闻网，http：//www. subaonet. com/2023/szyw/0315/679242. shtml，最后访问日期：2023 年 3 月 15 日。但实际上，四川省犍为县此前也曾就赔偿金发放进行尝试，参见《四川省犍为县人民检察院四川省犍为县保护消费者权益委员会公告》，犍为县人民检察院网站，https：//www. qw. ls-jcy. gov. cn/qianwei/show-31419. html，最后访问日期：2021 年 5 月 19 日。
⑦ 邢鸿飞、曾丽渲：《论公私法分离的"二元"环境侵权惩罚性赔偿》，《学海》2022 年第 4 期。

偿金便有罚过其当之嫌。

五是惩罚性赔偿公益诉讼遏制严重不法行为功能不彰。理论上，惩罚性赔偿针对被告的邪恶动机或其莽撞时无视他人的权利而具有恶劣性质的行为作出[①]，立法也明确适用惩罚性赔偿至少需满足故意、违法性和严重后果等要件。[②] 具有更强威慑作用的（刑事附带民事）惩罚性赔偿公益诉讼更应当重点规制恶性大、影响广的不法行为。[③] 但现实中，不少适用惩罚性赔偿公益诉讼的案件并不满足相应的限制条件，如销售 50 元喷洒过农药的草莓[④]，销售 40 元[⑤]、50 元[⑥]、88 元不合格保健品[⑦]，制作 80 元不合格油条[⑧]，将牛血冒充"鲜鸭血"进行销售[⑨]等行为都很难说被告具有极端的恶意或造成了严重的后果。惩罚性赔偿公益诉讼惩罚、遏制和预防"严重不法行为"的功能定位[⑩]在实践中出现偏差。

六是检察机关调查核实权有待加强。样本中的全部案件均是刑事附带民事公益诉讼或在刑事案件之后提起的民事公益诉讼，案件基本事实大多由刑事案件证据证明，这反映出检察机关在公益诉讼调查核实权方面的不足，倒逼检察机关借助刑事侦查权解决民事公益诉讼事实证明问题。而实际上，刑事案件事实认定受"排除合理怀疑"的证明标准与"存疑时有利于被告人"原则的双重规制，与民事案件"高度盖然性"的证明标准和证明责任制度并不一致，以刑事证据认定民事案件事实不可避免地欠缺准确性。

---

① 〔美〕肯尼斯·S. 亚伯拉罕、阿尔伯特·C. 泰特选编《侵权法重述——纲要》，许传玺、石宏等译，法律出版社，2006，第 270~271 页。

② 王利民主编《民法》（下册），中国人民大学出版社，2022，第 527 页。

③ 黄忠顺、刘宏林：《论检察机关提起惩罚性赔偿消费公益诉讼的谦抑性——基于 990 份惩罚性赔偿检察消费公益诉讼一审判决的分析》，《河北法学》2021 年第 9 期。

④ 参见四川省大邑县人民法院（2022）川 0129 刑初 158 号刑事附带民事判决书。

⑤ 参见湖南省长沙市天心区人民法院（2021）湘 0103 刑初 1321 号刑事附带民事判决书。

⑥ 参见黑龙江省拜泉县人民法院（2022）黑 0231 刑初 33 号刑事附带民事判决书。

⑦ 参见黑龙江省拜泉县人民法院（2022）黑 0231 刑初 31 号刑事附带民事判决书。

⑧ 参见山东省郯城县人民法院（2022）鲁 1322 刑初 91 号刑事附带民事判决书。

⑨ 参加鞍山市铁西区人民法院（2022）辽 0303 刑初 192 号刑事附带民事判决书。

⑩ 参见《探索建立食品安全民事公益诉讼惩罚性赔偿制度座谈会会议纪要》。

（三）惩罚性赔偿公益诉讼的核心争议

检察机关作为适格的公益诉讼起诉人已成为广泛共识，故而惩罚性赔偿检察公益诉讼之核心争议已经不在于"检察机关"这一主体问题，而更多地集中于惩罚性赔偿公益诉讼本身的基础性问题，包括惩罚性赔偿可否适用于公益诉讼、适用于何种公益诉讼、如何适用于公益诉讼。

1. 惩罚性赔偿可否适用于公益诉讼

新近观点认为，既然《环境侵权惩罚性赔偿解释》已经明确环境民事公益诉讼可以主张惩罚性赔偿，那同样是维护公共利益或国家利益的消费民事公益诉讼也应当被允许提出惩罚性赔偿请求。[①]

然而事实上，环境公益诉讼是否能够适用惩罚性赔偿并非没有争议。赞同者从惩罚性赔偿与环境民事公益诉讼在性质、价值、功能等方面的一致性出发，基于对现实需要的分析和对实定法的目的解释与体系解释，通过检察权、环境权等理论论证惩罚性赔偿可以适用于环境民事公益诉讼。[②] 反对声音往往也从惩罚性赔偿的性质、价值、功能出发，认为惩罚性赔偿公益诉讼与刑罚、行政处罚叠加适用将造成过度处罚，违反比例原则[③]，且从更大范围的体系解释可以看出，《民法典》所规定的惩罚性赔偿请求权主体均为特定被侵权人。[④] 此外，从公权力配置角度来说，国家权力介入民事诉讼将对民事主体自由权造成不当干预，弃公法制裁而用私法惩罚则构成行政不法[⑤]；从民刑互动角度观察，公益诉讼惩罚性赔偿将极大地加剧"民事赔

① 张嘉军：《消费民事公益诉讼惩罚性赔偿司法适用研究》，《河南财经政法大学学报》2022年第6期。

② 孟穗、柯阳友：《论检察机关环境民事公益诉讼适用惩罚性赔偿的正当性》，《河北法学》2022年第7期；王旭光：《民法典绿色条款的规则构建与理解适用》，《法律适用》2020年第23期。

③ 李智卓、刘卫先：《惩罚性赔偿不应适用于环境民事公益诉讼的法理辨析》，《中州学刊》2022年第3期。

④ 黄忠顺：《惩罚性赔偿请求权的程序法解读》，《检察日报》2020年11月9日，第3版。

⑤ 余耀军、汪露依：《金钱类环境责任的司法样态及序位重构》，《南京工业大学学报》（社会科学版）2022年第4期。

偿金高于刑事罚金"的风险，且最高人民法院《关于适用〈中华人民共和国刑事诉讼法〉的解释》第175条规定，刑事附带民事判决要根据物质损失结合案情确定，因而大大超出实际损失范围的惩罚性赔偿不应得到支持。①

就当前的理论探讨，赞同者和反对者似乎都陷入了"惩罚性赔偿与公益诉讼的性质、功能、价值"这一"死胡同"，双方均无法给出足够令人信服的观点。此外，性质、功能、价值都过于抽象，容易陷入形而上的自说自话，因此，如何从其他角度证成或证伪惩罚性赔偿公益诉讼的正当性是亟待理论界思考的问题。

2. 惩罚性赔偿适用于何种公益诉讼

毫无疑问，作为我国司法制度新生事物的惩罚性赔偿公益诉讼尚未完全定型，理论界与实务界都在积极探索其制度边界。但因为惩罚性赔偿遵循法定原则，现有公益诉讼制度与惩罚性赔偿制度适用领域的交集仅限于食药安全和生态环境与资源保护。不过，《法治政府建设实施纲要（2021—2025年）》要求以惩罚性赔偿助力重点领域执法活动，加之检察机关陆续取得个人信息保护等9个新领域的公益诉讼实施权，从立法论上讨论构建新领域惩罚性赔偿公益诉讼也就吸引了不少学者的兴趣。当前的讨论主要集中在个人信息保护公益诉讼方面。如从立法论上建议建立个人信息惩罚性赔偿制度，同时允许公益诉讼起诉人主张惩罚性赔偿②，并采用专项基金的方式对赔偿金进行管理使用。③ 当然同样有观点基于可能存在的过度处罚和激励功能丧失，反对个人信息公益诉讼主张惩罚性赔偿。④ 在实务案例检索过程中也发现检察机关已经开始在个人信息民事公益诉讼中探索以被告获利金额的

---

① 吕英杰：《惩罚性赔偿与刑事责任的竞合、冲突与解决》，《中外法学》2022年第5期。

② 王杏飞、陈娟：《个人信息检察公益诉讼重大理论与实务问题研究》，《广西社会科学》2022年第2期。

③ 戴加佳、方宝林：《惩罚性赔偿在个人信息民事公益诉讼中的适用》，《山西高等学校社会科学学报》2022年第9期。

④ 孙鹏、杨在会：《个人信息侵权惩罚性赔偿制度之构建》，《北方法学》2022年第5期。

一倍主张公益损害赔偿。①

　　笔者认为，在食药安全和环保领域试行惩罚性赔偿公益诉讼应是毋庸置疑。消费者权益保护领域因同时具备惩罚性赔偿制度和公益诉讼制度的适用空间，参照食药安全公益诉讼以被告不法经营数额为基数、以 0～3 为系数探索惩罚性赔偿公益诉讼具有可行性。个人信息领域的公共利益与食药安全及消费者权益保护领域存在相似性，当前对食药安全及消费者权益保护惩罚性赔偿公益诉讼的讨论在一定程度上同样适用于个人信息保护领域。

　　3. 惩罚性赔偿如何适用于公益诉讼

　　尽管惩罚性赔偿能否适用于公益诉讼尚存争议，但由于我国部分司法解释往往充当了试行性质的"法律预案"②，所以，"有法可依"的食药安全、环境民事公益诉讼直接面临的现实问题应是如何正确适用惩罚性赔偿。

　　在惩罚性赔偿公益诉讼的具体运行方面，理论界与实务界已经达成了相当程度的共识。一是就公益诉讼适用惩罚性赔偿的原则，无论是就传统领域的探讨还是就新领域的构建，理论界与实务界都认同应当遵循比例原则、谦抑原则、过罚相当原则等。③ 二是就构成要件，故意、严重的损害后果、违法性等要件也已经成为学界共识。④ 三是在赔偿金额的倍数上，改变现有固定倍数的刚性规定，改采具有浮动空间的弹性规定，并由司法机关结合主观

---

① 参见安徽省泗县人民法院（2022）皖 1324 刑初 180 号刑事附带民事判决书、广西壮族自治区隆安县人民法院（2022）桂 0123 刑初 146 号刑事附带民事判决书、黑龙江省鸡西市城子河区人民法院（2022）黑 0306 刑初 34 号刑事附带民事公益诉讼判决书、湖南省长沙市岳麓区人民法院（2022）湘 0104 刑初 196 号刑事附带民事判决书、陕西省米脂县人民法院（2022）陕 0827 民初 19 号民事判决书、辽宁省绥中县人民法院（2022）辽 1421 刑初 41 号刑事附带民事判决书等。

② 邢鸿飞、曾丽渲：《论公私法分离的"二元"环境侵权惩罚性赔偿》，《学海》2022 年第 4 期。

③ 黄忠顺、刘宏林：《论检察机关提起惩罚性赔偿消费公益诉讼的谦抑性——基于 990 份惩罚性赔偿检察消费公益诉讼一审判决的分析》，《河北法学》2021 年第 9 期。

④ 孙佑海、张净雪：《生态环境损害惩罚性赔偿的证成与适用》，《中国政法大学学报》2022 年第 1 期；宋海鸥、杨宇静：《生态环境损害惩罚性赔偿规则的检视与适用》，《中国环境管理》2022 年第 3 期；王秀卫、杨忱：《论生态环境侵权惩罚性赔偿制度中"故意"的认定》，《南京工业大学学报》（社会科学版）2023 年第 1 期；陈广华、崇章：《环境侵权惩罚性赔偿司法适用问题研究》，《河海大学学报》（哲学社会科学版）2022 年第 1 期。

过错、情节、后果等因素具体确定倍数也是共识。① 四是就赔偿金额的基数，多数观点认为公益损害惩罚性赔偿应建立在公益损害补偿性赔偿基础上，在食药安全或消费领域，理论界基本认可实践探索的以"支付价款"或"经营数额"作为基数的做法。② 五是就惩罚性赔偿金的管理与使用，多数学者认同将赔偿金纳入公益诉讼基金专用于维护公共利益的实践做法。

尚存有争议的问题主要在于：公益损害惩罚性赔偿诉讼与私益损害惩罚性赔偿诉讼的关系，公益惩罚性赔偿与刑事罚金、行政罚款的关系。而问题的核心都是，立法是否已经或应当赋予公益诉讼起诉人独立于私益受害者的惩罚性赔偿请求权以及应当赋予公益诉讼起诉人何种惩罚性赔偿请求权。对这一问题的深度思考应成为惩罚性赔偿公益诉讼理论回应实践的原点。

二　检察公益诉讼适用惩罚性赔偿制度的疑难问题分析

（一）检察机关提起惩罚性赔偿公益诉讼的法律依据

在食药安全领域，尽管理论通说认为公共利益应当以"不特定多数人"为标准，众多特定但不确定的消费者权益并不等同于公共利益③，但《探索建立食品安全民事公益诉讼惩罚性赔偿制度座谈会会议纪要》（以下简称《会议纪要》）已明确将"向众多不特定消费者销售明知是不符合食品安全标准的食品"认定为构成损害社会公共利益，所以实践径直将销售不符合安全标准的食品药品的行为作为惩罚性赔偿公益诉讼的规制对象无可厚非。尽管《会议纪要》能够暂且充当食药安全惩罚性赔偿公益诉讼的合法性依据，但其并未构建起公益诉讼起诉人完整的请求权基础，因此实践中公益诉

---

① 武文浩：《论惩罚性赔偿制度在食药品安全领域检察公益诉讼中的适用》，《河南财经政法大学学报》2022 年第 5 期。

② 黄忠顺：《惩罚性赔偿公益诉讼研究》，《中国法学》2020 年第 1 期；武文浩：《论惩罚性赔偿制度在食药品安全领域检察公益诉讼中的适用》，《河南财经政法大学学报》2022 年第 5 期。

③ 张卫平：《民事公益诉讼原则的制度化及实施研究》，《清华法学》2013 年第 4 期。

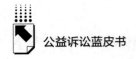

讼起诉人依然只能通过拼接"公益诉讼起诉资格规范"和"惩罚性赔偿请求权规范"或借助开放性规范和参引性规范谋求诉讼主张的合法律性。①

在环保领域，普遍认为《环境侵权惩罚性赔偿解释》第12条明确构建了惩罚性赔偿公益诉讼适用规则②，但我们却认为还有待商榷。从文义解释出发，该条文仅明确了作为被侵权人代表的国家机关和社会组织这一请求权的主体，而并未说明该主体可以在何种程序中行使惩罚性赔偿请求权。理论上至少存在代表人诉讼③、国益诉讼④、公益诉讼三种解释方案，其中，代表人诉讼的解释方案显然更加契合上位法的规定和"被侵权人代表"这一语词的含义。⑤司法解释起草者也显然意识到立法并未将惩罚性赔偿请求权赋予公益诉讼起诉人，于是不得不通过授权国家机关或社会组织以被侵权人代表的身份主张私益损害惩罚性赔偿责任，却以公益损害补偿性赔偿为基数的方式，强行将集中行使私益损害惩罚性赔偿请求权的代表人诉讼改造成惩罚性赔偿公益诉讼。⑥

综上，目前食药安全领域惩罚性赔偿公益诉讼的请求权基础尚不明晰，环境领域惩罚性赔偿公益诉讼的请求权基础经由司法解释构建虽显得相对明确，但采取代表人诉讼的解释方案在理论上更加自洽。

---

① 杜乐其：《消费公益诉讼惩罚性赔偿解释论》，《南京大学学报》（哲学·人文科学·社会科学）2022年第1期。

② 刘竹梅、刘牧晗：《〈关于审理生态环境侵权纠纷案件适用惩罚性赔偿的解释〉的理解与适用》，《人民司法》2022年第7期。

③ 即第12条的本质是授权国家机关和社会组织以法定诉讼担当人的身份集中行使私益损害惩罚性赔偿请求权。参见黄忠顺《生态环境损害惩罚性赔偿请求权二元配置论》，《当代法学》2022年第6期。

④ 司法解释起草者表示，全国人大法工委以《海洋环境保护法》第89条第2款（即2023年修订后第114条第2款）"行使海洋环境监督管理权的部门代表国家对责任者提出损害赔偿要求"也使用"代表"一词为例赞同由第12条充当公益诉讼起诉人提起惩罚性赔偿环境公益诉讼的请求权基础，参见刘竹梅、刘牧晗《〈关于审理生态环境侵权纠纷案件适用惩罚性赔偿的解释〉的理解与适用》，《人民司法》2022年第7期。但事实上，《海洋环境保护法》中相关部门所代表者乃国家，而国家在民事实体法与民事程序法中本质上也是民事主体，并不等同于公共利益。

⑤ 类似观点参见张旭东、颜文彩《环境公益惩罚性赔偿立法规定的缺失与补足——基于〈民法典〉第1232条及司法解释展开分析》，《大连海事大学学报》（社会科学版）2022年第6期。

⑥ 黄忠顺：《生态环境损害惩罚性赔偿请求权二元配置论》，《当代法学》2022年第6期。

当然，目前相关立法缺失并不意味着在公益诉讼中主张惩罚性赔偿不具备正当性，未来立法完全有可能通过公益诉讼单行法或其他方式确立公益损害惩罚性赔偿制度。因此，更为重要的是从深层原理上论证惩罚性赔偿公益诉讼的正当性，以及对当前司法实践面临的适用难题与将来可能面临的立法难题进行回应。

（二）是否有必要建立惩罚性赔偿检察公益诉讼

反对在公益诉讼中适用惩罚性赔偿的有力论点之一是已有制度已经能够周延地保护公共利益，惩罚性赔偿公益诉讼所能发挥的作用完全可以借由行政执法来实现，因而缺乏建立一种新制度的必要性。[①] 笔者深以为然，若某一制度并无独立的价值功能，那建立该制度无异于叠床架屋，徒增公共资源的浪费。循此思路，本文拟重点就现有理论准备较为充分、实践探索也较为丰富的消费（及类似，下同）领域和环境（及类似，下同）领域惩罚性赔偿检察公益诉讼的特有规制空间进行分析，从而奠定惩罚性赔偿适用于上述两领域公益诉讼的正当性基础。

众所周知，公益诉讼维护公共利益。就消费领域，已有学者敏锐地指出，物质性的公益损害并不存在，严格意义上的公共利益仅指向未来，已经产生的损害无论范围多大，都只是特定而无法确定。[②] 既然消费领域的公益仅面向未来，那么，通过预防性请求"叫停"不法生产经营行为便足以维护公共利益。至于面向过去的"特定而不确定"的损害，理论上通过私益主体主张惩罚性赔偿即可实现救济，而私益损害惩罚性赔偿请求权因属私权而可由权利人自行决定行使与否。但是，私益损害惩罚性赔偿因超出个人所受损失而在本源上并不属于消费者个人，只不过立法为了激励受害消费者积极主张权利以形成对不法行为的打击与遏制，将其赋予消费者个人。故而，无论惩罚性赔偿请求权是由公益诉讼起诉人提出还是由受害个

①　陈学敏：《环境侵权损害惩罚性赔偿制度的规制》，《中国政法大学学报》2020 年第 6 期。
②　张海燕、苏捷：《论消费私益诉讼救济效果的公益性扩张——制度困境下的反向探索》，《理论学刊》2022 年第 2 期。

人主张，其在实质意义上都是一种"公益诉讼"①。若不能在制度上创造便利而放任大量私益损害惩罚性赔偿请求权不完全行使，将无法使违法行为人的外部成本内部化。② 因而在制度设计上，消费民事公益诉讼应着眼于为私益损害惩罚性赔偿请求权的行使创造便利条件。立足于消费者排他性地享有惩罚性赔偿请求权但维权积极性不高、代表人诉讼等群体诉讼机制作用不彰的社会现实，赋予公益诉讼起诉人形式性实体请求权，由其充当形式当事人集中行使私益损害惩罚性赔偿具有必要性。③ 同时，在我国独特的"国家-社会"结构下，社会组织在现阶段尚无法担当起惩罚性赔偿公益诉讼主力军的角色，④ 因此，有必要赋予检察机关惩罚性赔偿公益诉讼实施权。

与此不同，环境利益具有公私益兼具性，环境侵权行为通常同时造成私益损害与公益损害，且对私益损害的填补并不意味着公益损害得到修复。可见，生态环境私益损害与生态环境公益损害相互独立。⑤ 私益损害的救济原理与消费领域别无二致，此不赘述。就公益保护而言，由于生态环境公共执法必然存在一定程度的政府失灵⑥，且一般行政处罚成效有限、按日计罚难以启动的客观现实已然导致行政执法手段惩戒效果有所不足⑦，刑事处罚也因有特定的责任形式并严格限制经济赔偿幅度而难以对环境侵权行为形成有力的经济震慑。⑧ 惩罚性赔偿环境公益诉讼的创设因此具备现实正当性。而与消费领域不存在物质性公益损害故只需致力于为私益损害惩罚性赔偿请求

① 黄忠顺：《食品安全私人执法研究——以惩罚性赔偿型消费公益诉讼为中心》，《武汉大学学报》（哲学社会科学版）2015年第4期。
② 黄忠顺：《消费者集体性损害赔偿诉讼的二阶构造》，《环球法律评论》2014年第5期。
③ 黄忠顺：《惩罚性赔偿公益诉讼研究》，《中国法学》2020年第1期。
④ 陈杭平、周晗隽：《公益诉讼"国家化"的反思》，《北方法学》2019年第6期。
⑤ 吕忠梅：《民法典绿色条款的类型化构造及与环境法典的衔接》，《行政法学研究》2022年第2期。
⑥ 黄忠顺：《环境公益诉讼制度扩张解释论》，《中国人民大学学报》2016年第2期。
⑦ 孙佑海、张净雪：《生态环境损害惩罚性赔偿的证成与适用》，《中国政法大学学报》2022年第1期。
⑧ 蔡守秋、张毅：《我国生态环境损害赔偿原则及其改进》，《中州学刊》2018年第10期。

权行使创造便利条件不同，环境领域公益诉讼还需就物质性公益损害主张具体给付的惩罚性赔偿。

（三）检察机关提出的惩罚性赔偿金的具体计算标准问题

一如前述，惩罚性赔偿消费民事公益诉讼的主要目的在于为私益损害惩罚性赔偿请求权行使创造便利条件，因此，检察机关仅需通过确认之诉或概括给付之诉便足以大大减轻消费者的诉讼负担，不存在金额计算问题。但回应当前独立型惩罚性赔偿公益诉讼的现实需求，有必要允许检察机关代表所未主动行使惩罚性赔偿请求权的消费者主张惩罚性赔偿。而因为消费者个人所受损失具有人身依附性，检察机关逐个证明受害消费者支付的价款也不现实，实践中以被告不法经营所得为基数乘以一定的系数计算惩罚性赔偿的做法得到广泛认同。在诉讼中，若被告证明此前已有受害消费者自行主张惩罚性赔偿，则在计算公益损害惩罚性赔偿时应扣除相应的不法经营数额。确定不法经营数额可以参考行政执法或刑事侦查中发现的证据，但更应当遵循民事诉讼的证据认定规则，尤其在具体数额不明而需进行推定或出现事实真伪不明的情形下，应当采取高度盖然性证明标准并按照民事证明责任理论由作为原告的检察机关承担（部分）败诉风险。

环境民事公益诉讼应以环境公益补偿性赔偿为基数计算公益损害惩罚性赔偿。补偿性赔偿旨在对实际受到的损失进行补救和恢复[①]，《环境侵权惩罚性赔偿解释》第 12 条仅将期间损失和永久损失作为公益损害惩罚性赔偿的计算基数并不合理。在生态环境能够被修复时，以期间损失和修复费用作为基数较为妥当；在生态环境无法被修复时，以期间损失和永久损失作为基数更加合理。但期间损失、永久损失和尚未发生的修复费用在实践中难以精准确定，所以不可避免地需要借助鉴定的力量。而在尚未创设环境公益损害惩罚性赔偿之时，期间损失、永久损失和修复费用的鉴定、认定都事实上发

---

① 章海珠：《检察机关提起惩罚性消费民事公益诉讼之探讨》，《社会科学家》2019 年第 7 期。

生了补偿性赔偿的惩罚性赔偿化，[①] 在确立环境公益损害惩罚性赔偿制度后，依然遵循惩罚性赔偿思维必然导致被告罚过其当，因此，使鉴定回归客观性与补偿性是奠定惩罚性赔偿环境公益诉讼正当性的前提，也是消除鉴定侵蚀审判权嫌疑的有效途径。在系数上，笔者认可《环境侵权惩罚性赔偿解释》确定的2倍以内的计算方案。

三 检察公益诉讼适用惩罚性赔偿制度的立法前景展望

（一）实体法层面的展望

1. 赋予检察机关公益损害惩罚性赔偿请求权

至此可见，无论是在消费领域还是在环境领域，赋予检察机关公益损害惩罚性赔偿请求权都具备理论与现实的正当性，但因深层原理不同，需根据领域不同进行差异化的赋权。

在消费领域，现行法律关于检察机关在公益诉讼中可以主张停止侵权、赔礼道歉等诉讼请求的规定足以维护面向未来的公共利益。而面向过去的惩罚性赔偿公益诉讼，在本质上是"声明退出制"私益损害惩罚性赔偿请求权集合行使方式。基于此，在实体上应当坚持惩罚性赔偿请求权及惩罚性赔偿金归属于受害消费者。

在环境领域，私益损害之外尚有切实的物质性公益损失，平行设置私益损害惩罚性赔偿与公益损害惩罚性赔偿具备正当性。建议通过环境法典或公益诉讼单行法明确检察机关有权在公益诉讼中以"修复费用+期间损失"或"永久损失+期间损失"为基数计算2倍以内的公益损害惩罚性赔偿金。同时，行政机关配套的鉴定规范应当明确期间损失、永久损失和修复费用的确定排除考虑违法行为人的主观恶意等因素，回归客观性与补偿性。

---

① 如就修复费用，最高人民法院认为，根据被告违法排污的主观过错程度等因素确定带有惩罚性的修复费用，有助于遏制违法排污行为。参见《环境公益诉讼典型案例（下）》，《人民法院报》2017年3月9日，第3版。

2.公益损害惩罚性赔偿的实体构成要件

当前，故意、严重后果与违法性要件已经是理论、实践和立法的共识。不过司法实践并没有很好地把握故意、严重后果等要件的判断标准，因此，司法解释应适时总结认定情形，指导各级司法机关从严适用惩罚性赔偿公益诉讼，重点打击性质恶劣的不法行为。[①]

除了上述故意、严重后果、违法性要件，笔者认为，基于惩罚性赔偿的补充性，只有公法责任、私益损害补偿性赔偿、私益损害惩罚性赔偿、公益损害补偿性赔偿相叠加仍不足以遏制不法行为，检察机关才有必要在公益诉讼中提出惩罚性赔偿请求。[②] 因此，检察机关在提起惩罚性赔偿公益诉讼之前，应当考量公法责任是否以及在多大程度上足以惩戒和威慑违法行为，在消费公益诉讼中还应当考量受害消费者的维权情况和可能的私益损害惩罚性赔偿集合行使情况。[③]

3.公益性惩罚性赔偿金的管理与使用

尽管惩罚性赔偿消费公益诉讼所获得的赔偿金应当归属于受害消费者，但基于消费者维权积极性不高的现状，公益诉讼惩罚性赔偿金在向消费者分配后存有剩余是大概率事件。惩罚性赔偿环境公益诉讼中获得的赔偿金则完全独立于私益受害者。因此，无论在消费领域还是在环保领域，赔偿金的管理使用都是现实需要解决的问题。

对此，实践已经给出了多种方案。（1）由市场监督管理局对赔偿金的

[①] 笔者认为，在众多被告中仅对曾就类似行为受到刑事处罚或行政处罚但"屡教不改"的被告主张惩罚性赔偿的做法值得推广借鉴。参见江苏省高级人民法院发布 2022 年度十大典型案例之三：应某某等生产、销售有毒、有害食品案；最高人民检察院、水利部联合发布十起涉水领域检察公益诉讼典型案例之九：江苏省建湖县人民检察院诉张某某等人长江非法采砂刑事附带民事公益诉讼案。

[②] 黄忠顺：《生态环境损害惩罚性赔偿请求权二元配置论》，《当代法学》2022 年第 6 期。

[③] 在杜某生产、销售有毒有害食品案中，判决文书仅确定 1 名受害消费者，并以其支付价款 40 元为基数在公益诉讼中主张 10 倍惩罚性赔偿金 400 元。参见湖南省长沙市天心区人民法院（2021）湘 0103 刑初 1321 号刑事附带民事判决书。在该案中，无论是私人利益救济，还是惩罚威慑不法经营者，由受害消费者个人按照最低赔偿标准 1000 元主张惩罚性赔偿显然都更加有效。

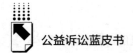

使用情况进行管理。① （2）消费领域公益诉讼惩罚性赔偿金账户设在消费者权益保护组织，由其负责赔偿金的赔付工作。② （3）赔偿金作为政府非税收入，全额上缴赔偿权利人指定部门或机构的同级国库，纳入一般公共预算管理。③ （4）公益诉讼资金账户设在财政局，赔偿金的适用由市环保局审核，经市政府同意后市财政局拨付，并报市中级人民法院、市人民检察院备案。④

笔者认为，鉴于消费领域与环保领域所保护的公共利益存在显著差别，公益诉讼所获惩罚性赔偿金也应区分领域采取不同管理方式。

在消费领域，惩罚性赔偿金本质上归属于受害消费者，所以无法向受害消费者分配的上缴国库方案并不妥当，纳入公益诉讼基金管理较为合理。在具体管理上，为减轻检察机关工作负担、充分发掘社会组织力量，建议将消费公益诉讼基金交由消费者权益保护组织管理，并由其主持向受害消费者的发放程序，检察机关、审计部门对基金的管理使用进行相应的监督。

在环境领域，财政部等九部委于 2020 年 3 月联合出台的《生态环境损害赔偿资金管理办法（试行）》将生态环境损害赔偿资金作为政府非税收入，纳入一般公共预算管理，实行国库集中收缴，统筹用于在损害结果发生地开展的生态环境修复相关工作，并在第 15 条规定，环境民事公益诉讼中确定的损害赔偿资金以及生态环境修复费用可参照执行。笔者认为这一方案具有现实可行性。一方面，无须向私益个人分配的特点使上缴国库具有可操

① 参见《吴江区消费公益金管理暂行办法》。
② 参见《宜宾出台消费民事公益诉讼赔偿金管理办法》，四川省人民政府网站，https：//www. sc. gov. cn/10462/10464/10465/10595/2023/2/20/bb4abe50b85742a89212d83ae0e00b5d. shtml，最后访问日期：2023 年 2 月 20 日；《银川市检察院建立消费领域公益诉讼赔偿金管理机制》，宁夏政法网，http：//www. nxzfw. gov. cn/zfxt/fxyj/202209/t20220919＿ 595779. html，最后访问日期：2022 年 9 月 19 日。
③ 参见《〈台州市生态环境损害赔偿资金管理办法（试行）〉政策解读》，黄岩区政府网站，http：//www. zjhy. gov. cn/art/2019/4/8/art＿ 1621949＿ 33060282. html，最后访问日期：2019 年 4 月 8 日。
④ 参见《市政府办公室关于印发泰州市环境公益诉讼资金管理暂行办法的通知》，泰州市人民政府网站，http：//www. taizhou. gov. cn/art/2016/4/29/art＿ 28806＿ 3. html，最后访问日期：2016 年 4 月 29 日。

作性；另一方面，生态环境修复作为一项系统性、专业性工程，需要多方协力完成，对赔偿金实行本级国库集中收缴，既可以发挥相关行政部门的专业优势，也能够统筹各职能部门协同推进环境修复，实现党的二十大提出的"山水林田湖草沙一体化保护和系统治理"①。同样地，引入检察机关、审计部门和社会组织及社会公众的监督必不可少，尤其应当发挥检察建议、行政公益诉讼的督促作用，防止出现行政机关不作为和多头治理、协调不畅等问题。

（二）程序法方面的展望

1. 妥善处理惩罚性赔偿公益诉讼与私益诉讼关系

在消费领域，公益损害惩罚性赔偿本质上是私益损害惩罚性赔偿的规模化。当受害消费者人数较少且容易确定时，通过集体诉讼机制或支持起诉的方式激励受害消费者自行提起惩罚性赔偿私益诉讼更加符合诉讼法原理。当私益损害惩罚性赔偿请求权完全行使时，（声明退出制）集中行使方式便失其正当性，检察机关此时不应再提起惩罚性赔偿公益诉讼。当检察机关提起惩罚性赔偿公益诉讼并胜诉后，受害消费者起诉主张惩罚性赔偿的，法院应当向其释明向消费者权益保护组织申请赔偿金。但若受害消费者起诉主张按所受损失计算惩罚性赔偿或最低赔偿数额与已申领赔偿金之间的差额，法院应当受理，并可适用简易程序，受害消费者可以援引已生效公益诉讼判决。

在环保领域，惩罚性赔偿公益诉讼与惩罚性赔偿私益诉讼彼此并行、互不干涉。但就私益受害者惩罚性赔偿请求权行使不充分的问题，可以采取与消费领域同样的思路。

2. 激活群体诉讼机制

无论是在消费侵权还是在环境侵权案件中，都存在特定（但不确定）的多数私益受害者。就特定（但不确定）多数受害者的权利救济，我国

---

① 习近平：《高举中国特色社会主义伟大旗帜 为全面建设社会主义现代化国家而团结奋斗——在中国共产党第二十次全国代表大会上的报告》，《求是》2022 年第 21 期。

《民事诉讼法》第 56、57 条设置了人数确定的代表人诉讼和人数不确定的代表人诉讼机制，只不过代表人诉讼长期处于被冷落的境地。① 但实际上，代表人诉讼作为一种区别于传统程序的诉讼制度，使得众多主体的诉讼请求可以集中行使，既减轻了当事人诉讼负担，又有利于纠纷一次性解决。所以，由最高人民法院采取司法解释或发布指导案例的方式推动各级司法机关妥善运用代表人诉讼机制处理消费侵权和环境侵权纠纷，是化解当前理论与实践困境的上策。

在《民事诉讼法》之外，2019 年修订的《证券法》和 2020 年最高人民法院《关于证券纠纷代表人诉讼若干问题的规定》构建了特别代表人诉讼制度。在特别代表人诉讼制度中，投资者保护机构只要在公告期内获得 50 名以上投资者的特别授权，即可作为诉讼代表人，按照"声明退出制"原理，代表因同一违法行为遭受损害的投资者提起民事赔偿诉讼。理论界普遍认为，这一诉讼机制不仅可适用于证券领域，"只要有类似于投保机构这样的第三方组织，就应当允许其在此类集团诉讼中发挥纠纷管理者的职能"②，在消费纠纷中，《消费者权益保护法》授权的省级消费者权益保护组织无疑是此类适格第三方组织，因此，在消费侵权领域引入特别代表人诉讼机制也是化解消费纠纷的可行路径。③

此外，理论上的示范诉讼④、二阶诉讼⑤也是激励私益受害者主张权利、实现规制不法行为的有效方案。探索调解结案公益诉讼和优化胜诉信息传递也能够在一定程度上提高受害个人主张权利的积极性。⑥

---

① 章武生、杨严炎：《我国群体诉讼的立法与司法实践》，《法学研究》2007 年第 2 期；范愉：《集团诉讼问题研究》，北京大学出版社，2006，第 411 页。
② 刘哲玮：《证券代表人诉讼中权利人范围确定程序的检讨与展望——从康美药业案展开》，《中国法律评论》2022 年第 1 期。
③ 范晓亮：《论我国消费损害赔偿特别代表人诉讼机制的构建》，《法学》2022 年第 12 期。
④ 肖建国、黄忠顺：《环境公益诉讼基本问题研究》，《法律适用》2014 年第 4 期。
⑤ 黄忠顺：《论公益诉讼与私益诉讼的融合——兼论中国特色团体诉讼制度的构建》，《法学家》2015 年第 1 期。
⑥ 杜乐其：《消费公益诉讼惩罚性赔偿解释论》，《南京大学学报》（哲学·人文科学·社会科学）2022 年第 1 期。

3. 贯彻检察公益诉讼的补充性

惩罚性赔偿公益诉讼在功能上类似于"私人执法",构成对公共执法的补充。因而,检察机关在提起惩罚性赔偿公益诉讼之前,应当尽可能通过检察建议、行政公益诉讼等方式督促行政机关先行对违法行为进行处理,若行政执法足以规制违法行为,则提起惩罚性赔偿公益诉讼不再具备诉的利益。①

《民诉法解释》第284条规定,人民法院受理公益诉讼案件后,应当在10日内书面告知相关行政主管部门,但实践中履行告知程序的法院、检察院并不多,本文考察的110个案例中仅2件案件提及相关告知程序。最高人民法院、最高人民检察院应当通过司法解释或批复的形式重申这一原则,防止司法权不当干预行政权。

---

① 黄忠顺:《论诉的利益理论在公益诉讼制度中的运用——兼评〈关于检察公益诉讼案件适用法律若干问题的解释〉第19、21、24条》,《浙江工商大学学报》2018年第4期。

B.18
湖北省公益诉讼检察听证工作报告

高丹 李轩*

摘　要： 党的二十大报告中提出，全过程人民民主是社会主义民主政治的本质属性，是最广泛、最真实、最管用的民主。检察听证正是检察机关全面贯彻习近平法治思想、在检察实践中落实全过程人民民主的重要载体。湖北检察机关在推进公益诉讼检察听证工作中总结提炼落实听证要求，规范听证工作，创新听证模式的经验做法。通过提高政治站位，扩大听证案件的范围和规模，加强软硬件建设，打造过硬的检察队伍等方式方法，解决听证案件领域分布不均、数量和比例不足，听证流于形式等问题。为更好地发挥公开听证在公益诉讼检察工作中的作用提供借鉴。

关键词： 湖北公益诉讼　检察听证　能动检察　诉源治理

2022 年，湖北检察机关积极落实以依法监督的"我管"，促进职能机关依法履职的"都管"司法理念以及"应听证、尽听证"的工作要求，把公益诉讼公开听证作为化解社会矛盾、促进社会治理、落实司法为民的重要抓手，扎实推进检察听证工作，市县两级检察机关已实现公益诉讼公开听证全覆盖，共办理公益诉讼公开听证案件 2025 件次，有效提升了案件办理的质效，取得了良好的政治效果、社会效果和法律效果。①

＊　高丹，湖北省人民检察院第八检察部副主任；李轩，湖北省人民检察院第八检察部三级高级检察官。

①　如无特别说明，本报告数据均来自湖北省人民检察院公益诉讼部门。

一 主要做法

过去一年，湖北检察机关认真贯彻落实最高检关于"全面推行公开听证"工作部署，以推进检察现代化为引领，结合"服务优化营商环境""长江大保护""服务保障乡村振兴"等公益诉讼专项监督行动，聚焦民意听民声，围绕群众急难愁盼，积极稳妥做好公开听证工作。

（一）落实听证要求，促进社会治理

认真贯彻落实听证工作总体要求，把检察听证作为化解社会矛盾、促进社会治理、落实司法为民的重要举措。一是坚持"双赢多赢共赢"，落实"应听证尽听证"。如鄂州市检察院针对涉营商等特殊案件落实"应听证尽听证"要求，结合案情合理选择监督方式，在对湖北杏福农业开发公司特种设备安全公益诉讼案的调查过程中，实地走访企业，了解其经营现状。立案后，积极组织公开听证，邀请人大代表、政协委员、人民监督员担任听证员，听证会结合企业整改意愿，从利于企业生产经营的角度，通过磋商方式，促进问题整改，达到"双赢多赢共赢"效果。南漳县检察院将公开听证纳入公益诉讼办案重点，75%的案件实现公开听证，听证案件涵盖多个领域，具有较广泛的代表性。二是坚持公开听证，促进依法行政。全省公益诉讼部门坚持以习近平法治思想为根本遵循，在推进国家治理能力和治理体系现代化进程中积极履职，以公开听证推动行政机关依法履行监督管理职责。如京山市院针对新市镇工地扬尘漫天和餐饮油烟直排造成大气污染与相关行政机关组织听证会，督促行政机关成立专班、督办整改，共排查城区餐饮店164家，现餐饮油烟净化器已得到有效配备，安装率达到71%。并通过拉网式排查工地在建项目，"举一反三"制定了《京山市建筑施工扬尘污染防治工作方案》，"京山蓝"得到有效维护。通过案件听证，促进职能部门依法履行监管职责，不仅维护了国家和社会公共利益，也保障了企业经营发展的合法权益。三是优化听证员组合，达到更好效果。目前，听证员的范围没有明确的规定，检察机关邀请的主要是人大代表、政协委员、人民监督员、听证员、行政机关工作人员、涉案企业代表等多方面社会人士，案件办理过程中，各级公益诉讼部门能充分考虑案件实际情况，确定个案邀请听证员类别。如 2022 年，黄冈市院已经建设听证员库，共有 35 名听证员。在业务部门需要邀请听证员时，通过听证员库，可以准确查找专业对口的听证员开展听证。钟祥市卫生健康局在对"消"字号抗（抑）菌制剂产品未依法履行监管责责案系列案办理过程中，邀请全辖区负有相关责任的行政单位和人大、政协代表委员参与听证工作，对全市药品规范经营起到了重大作用。

（二）规范听证工作，确保听证效果

检察听证工作是检察机关通过多年的司法实践总结，为努力化解社会矛盾的一种新尝试，需要在理念认识上进行引导，在实践操作中进行规范。一是做"强"基础保障，夯实公开听证工作基础。充分利用检察公开听证室，进一步明晰公开听证案件范围、程序执行、流程要求及文书制作规范等，优化听证程序。积极邀请公益诉讼相关专业人士和人民监督员参与听证，进一步夯实了公开听证工作基础。二是做"细"听证准备，防止结案发生信访事件。严格按照《人民检察院审查案件听证工作规定》的要求对拟听证案件的听证必要性、可行性等进行审查评估，找准公益诉讼争议焦点，研判听证风险，制定好听证预案。同时，精细化听证流程，充分考虑疫情等原因，现场旁听采取预约制，听证前三个工作日发布听证公告，由专人负责社会公众的参与情况和注意事项，确保听证的正常秩序。听证结束后，听证员填写听证建议表，对办案过程、听证程序、效果等进行评议，并提出意见建议，做到良性互动，避免一听了之。三是做"严"听证程序，提升听证工作质量。听证前制定听证方案，向听证员告知听证时间、地点和案件情况，做好充分的准备工作；听证中，严格按照《人民检察院公益诉讼办案听证工作指引》规定的步骤有序进行，做到充分听取各方意见；听证后依法作出决定，并按照规定宣告、送达。对听证过程中拿不准的问题要及时向上级院请示报告。四是做"广"宣传工作，进一步增强群众参与度。综合运用门户网站、"两微一端一抖"等新媒体平台，广泛宣传公益诉讼公开听证的好经验好做法，大力宣传公开听证在调查核实、释法说理中的积极作用，让公开听证案件置于舆论的"聚光灯"下，进一步提升社会公众对公开听证的认知度和参与度，为公开听证营造良好舆论氛围。

（三）创新听证模式，增强公益诉讼社会影响力

一是积极采用灵活多样的听证模式。如南漳县院探索对同种类型案件实行集中听证，提高办案效率、节约司法资源；同时，该院还邀请不属于监督对象但与监督事项有利害关系的第三方参与听证，广开言路，以多角度立体化的方式剖析案件，如该院在对县实验小学校门口安全公益诉讼案件进行公开听证时，邀请城关镇高级中学的校长和老师介绍该校维护校园安全的举措，为教育部门后续整改提供思路。襄州区院灵活运用听证"走出去、请进来"模式，一方面将听证会开到群众家门口，在乡镇、社区（村组）进行听证活动，进一步彰显公益诉讼为民属性，宣传公益诉讼工作；另一方面邀请听证员到检察机关开展听证，听取意见，增强监督效能。二是注重军地协同联动，维护军人军属权益。根据军地检察机关公益诉讼工作协作机制，针对网络不实报道致使京山籍烈士名誉受损的情形，京山市院与武汉军事检察院开展联合调查，邀请京山市公安局、京山退役军人事务局和烈士亲属参加公开听证会，并支持烈士亲属提起维护英雄烈士肖像、名誉的民事公益诉讼，获得法院支持，不实新闻发布人已作出道歉声明，并删除相关不实言论，烈士名誉得到有效维护。三是公开听证与"回头看"相结合，确保整改效果。各级公益诉讼部门开展公开听证过程中，邀请听证员参与公益诉讼"回头看"活动，听证员通过现场实地查看行政机关的整改情况，对行政机关是否履职到位有了更加直观的判断，更有利于听证员发表客观、公正的听证意见，更能有效促进相关问题整改，提升办案质效。四是听证工作与"益心为公"有机结合，强化公益诉讼社会影响力。"益心为公"检察云平台的建设为检察机关借助外脑智慧，推动公益诉讼工作提档升级提供了强有

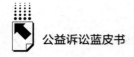
效的助力。各级公益诉讼部门将公开听证工作与"益心为公"云平台有机结合，邀请公益诉讼社会志愿者参与多阶段公开听证工作，让志愿者更直观感受到其反馈问题线索整改情况，从而强化志愿者身份认同感获得感，推动公益诉讼社会知晓度和影响力的进一步提升。

二 问题和不足

一是听证案件领域分布不均，数量和比例不足。行政公益诉讼案件举行听证的较多，而民事公益诉讼案件听证较少，食品药品安全领域举行的听证更少。有的地方公益诉讼案件听证数量和比例不足，距离"应听证尽听证"的要求还有一定差距，听证手段比较传统，缺乏创新性。

二是听证质量还需进一步提升。有的基层人民检察院存在公开听证被滥用的现象，对无须公开听证的案件也进行听证，有的听证员因担心专业能力不足、与行政机关产生矛盾造成负面影响等，不愿意在听证会上就相关争议焦点提出中肯意见，敷衍听证现象存在。还有的听证场所存在不规范等情形，影响听证质量，

三是存在检察听证流于形式的问题。有的基层人民检察院并未完全认清公开听证的重要意义和作用，而是模式化的照搬，采取完成任务的心态开展工作。如：在公开听证案件的选取上，不是选取争议较大或者有重大社会影响的案件，而是选取争议不大、矛盾容易化解的案件；在听证员的确定上，随意性大，不能结合具体案情邀请具有相关专业背景、工作经验、职责权限的人员担任听证员。

四是存在检察听证准备工作不充分的问题。有的案件承办人在开展公开听证工作上存在畏难情绪，同时还受制于习惯思维的影响，在听证工作的前期准备上仍旧存在诸多问题，如：不提前与听证员沟通，听证员到听证现场才开始了解案情，导致人民监督员仅作为旁听人员列席，不参与听证员提问、评议等环节，也未对案件事实、证据的认定和案件处理发表意见，没有完全行使其职责，从而影响听证效果。

三　加强公益诉讼检察听证工作的意见建议

一是进一步提高政治站位，提升司法理念。积极践行以人民为中心的发展思想，坚持把公开听证作为提升社会治理能力现代化的有效举措，进一步拓宽公开听证案件范围，做到能听证尽听证，对符合条件的公益诉讼案件及时开展听证，扩大公益诉讼听证规模，增强工作主动性，让公开听证在推动公益诉讼检察工作健康发展中发挥更大作用。

二是突出听证工作质效。要注重公益诉讼检察听证案件审核把关，重点围绕疑难复杂、社会影响较大的各类案件组织开展听证，避免形式化。同时要组建专业听证人员库，针对不同类型的案件筛选匹配专业的听证人员，进一步提高办案质效。通过邀请人大代表、政协委员、专家学者、律师、公益诉讼志愿者以及办案检察院认为需要参加听证的其他人员等作为听证员参加听证，充分听取各方意见，提升司法决策透明度和检察机关的公信力。

三是扩大听证案件的范围和规模。立足"服务优化营商环境""长江大保护""服务保障乡村振兴"等公益诉讼专项监督行动，聚焦民意听民声，围绕群众急难愁盼，积极扩大听证案件范围和规模，积极回应社会关切，让人民群众更多更好地了解、参与、监督公益诉讼检察工作。

四是强化宣传工作。充分利用门户网站、"两微一端"等渠道加大公益诉讼检察听证宣传力度，让人民群众实实在在地感受到公开、公平、公正，不断提升司法办案透明度和公信力。对一些影响较大的公益损害案件举行听证时，邀请媒体、公益受损地的基层组织、公益诉讼志愿者或者群众代表等参加旁听。以多样化的方式让检察办案和检察工作接受更多群众的监督，从而进一步改进工作。通过内外联动不断强化公开听证宣传工作，着力向社会公众传达检察力度、温度，提升群众对检察机关工作的知晓度、满意度。

五是加强软硬件建设，着力打造过硬的公益诉讼听证检察队伍。立足本

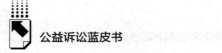

地实际，组建公益诉讼听证员专业人才库，有计划地组织专业培训。通过专题讲座、现场观摩、交流轮训等形式，提升公益诉讼听证检察官的业务、流程控制、应急处置、舆情应对等能力，为办好每一个听证案件奠定坚实基础。

B.19
关于规范社会组织提起环境
民事公益诉讼的报告

——以检察监督为视角

汪存锋*

摘　要：　在推进生态环境治理中，社会组织提起环境民事公益诉讼具有一定的积极作用，是公益诉讼制度的有机组成部分。但社会组织提起环境民事公益诉讼尚处于探索发展阶段，实践中仍存在诉讼证据不充分、不规范，先私益后公益，甚至饱私益弃公益，多个共同原告增加诉讼成本，涉及公益部分裁判执行不到位，调解率、撤诉率高的问题。而究其原因则是因为社会组织提起环境民事公益诉讼的法律法规不健全、损害鉴定费用高、法院主导作用发挥不够、检察监督切入口不畅。为此应当进一步完善环境民事公益诉讼制度，构建以检察机关支持起诉为主体的模式，并强化检察诉讼监督，形成主管民政部门、律师协会等主体的多方治理合力。

关键词：　环境民事公益诉讼　社会组织　检察监督　协同治理

党的二十大报告专门强调"完善公益诉讼制度"，对规范公益诉讼工作提出了更高更新的要求。社会组织提起环境民事公益诉讼作为公益诉讼制度的有机组成部分，在推进生态环境治理中发挥了积极作用。由于尚处在探索发展阶段，实践中还存在许多问题，甚至暴露出一些乱象，导致社会公益未

---

* 汪存锋，湖北省人民检察院武汉铁路运输分院党组书记、检察长。

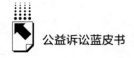
得到有力保护、司法公信力受损、涉案企业合法权益受到侵害等诸多严重后果，亟须治理规范。

一　社会组织提起环境民事公益诉讼中存在的主要问题

（一）诉讼证据不充分、不规范

根据最高人民法院《关于审理环境民事公益诉讼案件适用法律若干问题的解释》（以下简称《环境民事公益解释》）第8条规定，社会组织在提起环境民事公益诉讼时，需要向法院提供被告的行为已经损害社会公共利益或者具有损害社会公共利益重大风险的初步证明材料等，对初步证明材料的标准，没有进一步解释。实践中，有的社会组织凭借政府环保督察通报或者相关行政机关行政处罚决定，就提起诉讼。有的社会组织因无力支付高额生态环境损害鉴定评估费，加之担心承担败诉或被告败诉后无力赔付等风险，不经评估鉴定就提起诉讼是一个普遍现象。有的社会组织仅根据专家意见，即提出"暂定"或者"最终以环境损害评估鉴定数额为准"等不明确的生态环境损害赔偿诉求，甚至经常发生变更。有的社会组织盲目将已经检察机关提起行政公益诉讼且问题已整改的继续作为案件提起诉讼，造成司法资源的浪费。

（二）先私益后公益，甚至饱私益弃公益

律师参与公益诉讼活动应当鼓励，但少数律师在获取线索后，主动找社会组织联合提起诉讼，通过特别授权代理方式，主导诉讼活动。此类案件中，社会组织无须实际支付律师费，律师费在案件胜诉后由被告承担，有的律师费按环境损害评估鉴定数额5%提出，数额虚高；有的律师在调解降低环境损害赔偿数额的情况下，在调解书认定律师费标准之外另行协商律师费；有的案件差旅费的证据不规范，给审查核实带来困难；有的社会组织在没有实际监督执行的情况下就提出监督费的诉求；有的社会组织

对律师费、差旅费、监督费等诉求很难让步，却对要求被告公开赔礼道歉等诉求随意放弃。实践中，社会组织一旦放弃大部分公益诉求，被告对社会组织提出的律师费、差旅费、监督费等诉求基本上给予满足，导致公益受损。

（三）多个共同原告增加诉讼成本

《环境民事公益解释》第 10 条规定，有权提起诉讼的其他机关和社会组织在公告之日起 30 日内申请参加诉讼，人民法院应当将其列为共同原告。有的社会组织为完成年度考核任务、增加诉讼机会，在法院公告后提出申请作为共同原告，但诉求一致，证据雷同，加大被告承担律师费、差旅费等诉讼成本。

（四）涉及公益部分裁判执行不到位

《环境民事公益解释》第 32 条规定，发生法律效力的环境民事公益诉讼案件的裁判，需要采取强制执行措施的，应当移送执行。实践中，对于裁判被告承担律师费、差旅费、监督费等都能够及时支付到位，但对裁判中涉及生态环境损害赔偿、替代性修复等执行不到位。如有的案件异地植树补绿赔偿金使用时间长、进度慢；有的案件增殖放流等判项执行不到位；有的案件没有将裁判文书告知当地环境执法部门，或者未将执行情况告知提出环境民事公益诉讼的社会组织，导致环境执法部门和社会组织无法对问题整改进行监督。

（五）调解率、撤诉率高

社会组织提起环境民事公益诉讼案件普遍存在证据单薄、不充分的问题，涉案企业得知其列为被告后往往会立即采取停止损害、干扰取证、毁灭证据等对策逃避民事责任，加之诉讼时间长，裁判时很难再收集到原始证据，法院往往以调解方式结案。有的案件已经过检察机关提起公益诉讼，问题已得到整改等，此时社会组织只能撤诉。

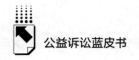

二　社会组织提起环境民事公益诉讼中存在问题的原因分析

（一）法律法规不健全

目前对环境民事公益诉讼没有专门立法，相关条文散见于实体法、程序法和司法解释中，法律法规条文碎片化、不系统、不全面。推行公益诉讼制度初期，粗放式立法管理，在一定程度上有利于鼓励社会组织参与环境民事公益诉讼，但随着制度不断发展，各种类型公益诉讼案件不断出现，案情越来越复杂，法律法规不完善、不健全等问题逐渐显现，只能参照一般民事案件诉讼程序进行审理，但环境民事公益诉讼案件与一般民事诉讼案件存在较大差异性，很难完全适用。法律法规滞后，给环境民事公益诉讼案件的提起、审判、执行和检察监督带来困惑。

（二）损害鉴定费用高

对损害的生态环境进行评估鉴定，是环境民事公益诉讼的关键。在诉讼中，对生态环境损害进行评估鉴定是绕不过去的一道关，但评估鉴定专业性强、周期长，评估机构少①，没有统一评估鉴定收费标准，鉴定费用高是公益诉讼中普遍存在的现象。社会组织在缺乏外力支持下，动辄几十万元甚至上百万元的环境损害鉴定费是提起诉讼的"拦路虎"，是绝大多数环境公益诉讼案件无法逾越的障碍，是原、被告争议的焦点问题，是影响案件诉讼效率的重要因素。如我国第一起由民间环保组织提起的环境民事公益诉讼案——云南曲靖铬渣污染案，该案 2011 年 9 月由社会组织提起诉讼，2020 年 6 月调解结案，历时 9 年，高昂的环境损害鉴定费是该案迟迟未有结论的最主要原因。该案中，原告仅对污染物进行部分检

---

① 截至目前，生态环境部先后发布了三批《生态环境损害鉴定评估推荐机构名录》，全国评估机构 42 家。

测收集证据就花费 48 万元，当时整体的鉴定费用估算约 300 万元，这对社会组织而言堪称"天价"①。

（三）法院主导作用发挥不够

当前对社会组织提起环境民事公益诉讼案件多采取跨行政区划集中审判管辖，在案件多、压力大的情况下，此类案件一旦存在证据单薄、证据灭失等问题时，法院判决结案就会遇到很大困难，往往只能采取调解方式结案。为顺利审结案件，有的法官在主持调解时主导不够，对原、被告调解达成的律师费、差旅费、监督费、生态修复费等费用是否合理、规范，是否放弃公益诉求等内容存在审查把关不严的现象。有的法官责任心不强，文书送达不及时、裁判执行不到位等，直接影响环境民事公益诉讼的实效。

（四）检察监督切入口不畅

一是获取监督信息渠道不畅。《环境民事公益解释》没有将社会组织提起环境民事公益诉讼案件告知检察机关的规定，检察机关无法获取相关信息、及时支持起诉、开展检察监督。二是裁判前、后监督分离。实践中，裁判前由公益诉讼检察部门在支持起诉中进行监督；裁判后由民事检察部门进行诉讼活动监督，两部门分阶段监督，容易造成信息不对称，监督效率低，不易及时发现纠正问题。三是监督力度弱化。检察机关支持起诉中，发现原告无正当理由变更、撤回部分诉讼请求、原告撤回起诉或者与被告达成和解协议，致使社会公共利益不能得到有效保护的，或者原告请求被告承担的律师费等过高，对社会公共利益保护产生明显不利影响的，检察机关可以撤回支持起诉，但没有规定对此类不规范问题及时进行监督纠正的条款和具体要求。

---

① 温潇潇、王琦欣：《云南曲靖铬渣污染公益诉讼拉锯九年结案，陆良化工赔 308 万》，澎湃新闻网，https://www.thepaper.cn/newsDetail_ forward_ 8591124，最后访问日期：2020 年8 月 5 日。

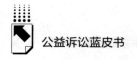
三 规范社会组织提起环境民事公益诉讼的对策建议

（一）完善环境民事公益诉讼制度

加快公益诉讼专门立法、完善环境民事公益诉讼制度是当务之急。针对当前环境民事公益诉讼法律法规碎片化、不系统、不全面的问题，一是完善提起环境民事公益诉讼的证据标准，如增加对生态环境损害评估鉴定的证据要求，防止因证据不充分导致维护公共利益目的落空。二是对探索积累的替代性修复经验做法进行总结肯定，规范增殖放流、补植复绿、劳务代偿等标准、范围和适用条件，提高适用的精准性和规范性。三是增加检察机关对此类案件诉讼活动监督的条款，为检察机关开展监督提供法律依据。

（二）构建以检察机关支持起诉为主体的模式

《环境民事公益解释》第 11 条规定，检察机关可以支持社会组织提起环境民事公益诉讼。实践中，社会组织很少申请检察机关支持起诉。检察机关是保护国家利益和社会公共利益的重要力量，是开展公益诉讼的主力军，理应能动履职，担当大任。现阶段，面临社会组织发育不健全、相关法律法规不完善、此类诉讼乱象频出等问题，应当构建以检察机关支持起诉为主要形式，充分发挥检察机关立场客观公正、调查取证便利、资金保障有利、组织协调高效等优势，做到在支持中监督，在监督中支持，督促社会组织依法行使公益诉权。同时，在支持起诉过程中，一旦发现社会组织存在致使社会公共利益不能得到有效保护等情形的，检察机关不是简单采取撤回支持起诉的方式，应依法开展调查核实，通过提出抗诉、纠正意见、检察建议、提出异议等方式全面履行监督职责，竭力维护社会公共利益，切实实现政治效果、法律效果、社会效果的有机统一。

（三）强化检察诉讼监督

积极探索与管辖法院建立协作机制，建立健全案件信息互通平台，实现公益诉讼案件信息共享和个案精准对接，将检察监督关口前移。探索实行裁判前后监督统一由公益诉讼检察部门承担的方式，确保检察监督持续发力。定期召开联席会议，加强对社会组织提起环境民事公益诉讼案件相关证据、法律适用和防范社会组织出现不规范等问题的探讨，统一思想认识和法律适用标准。加大对法院审理此类案件全过程跟进监督，确保受损环境得到及时修复。

（四）形成治理合力

检察机关在监督中针对发现的问题，积极采取措施，以"我管"促"都管"，形成治理合力。一是发现社会组织存在利用公益诉讼活动谋取经济利益等问题，应及时向负有监督管理社会组织的主管民政部门进行通报，发出检察建议，督促加强考核管理工作，及时取消借用公益诉讼活动谋取经济利益等违法违规社会组织注册资格。二是对少数律师利用主导公益诉讼活动谋取经济利益等问题，应及时向律师所在地的律师协会进行通报，提出检察建议，督促律师协会加大监督管理工作力度，规范律师职业行为。三是建议增加生态环境损害鉴定评估机构，引入竞争机制，明确生态环境损害赔偿的范围和标准，确保鉴定费用合理、公开、透明。四是发现敲诈勒索、行贿受贿、徇私枉法等违法犯罪线索，及时移送有关机关、单位依法查处，积极营造良好法治环境。

案例篇 ⊏⊐

B.20
安全生产领域预防性公益诉讼案件
办理实践探索

——以上海市崇明区人民检察院督促农家乐安装
可燃气体报警装置行政公益诉讼案为例

邢光英　许佩琰*

摘　要：　在安全生产领域的治理中，预防性公益诉讼发挥着"防患未然、根治问题"的独特价值。检察机关在处理安全生产领域的预防性公益诉讼案件时，通过对行政相对人、重大事故隐患等概念的明确，以及对负有监督管理职责的政府相关部门的梳理，能够精准推动相关行政机关在安全生产领域的管理监督得以改进，以防范化解安全生产风险，同时检察机关在办案过程中要注意协助涉案企业建立健全公益合规体系，确保企业安全生产稳健运行，维护人民群众生命财产安全。

关键词：　预防性公益诉讼　生产经营单位　重大事故隐患　公益合规

---

　*　邢光英，上海市崇明区人民检察院检察官；许佩琰，上海市崇明区人民检察院检察官助理。

本报告选取上海市崇明区人民检察院（以下简称崇明区院）办理的督促农家乐安装可燃气体报警装置的行政公益诉讼案件（此案被评为最高人民检察院安全生产领域检察公益诉讼典型案例）为实例，探讨安全生产领域预防性公益诉讼案件的办理重点、难点，以期为检察机关办理同类案件提供有益实践样本。

一　基本案情与公益诉讼监督过程

2022年岁末年初，崇明区院收到群众举报，崇明区农家乐众多，大部分农家乐提供餐饮服务，但没有按照《安全生产法》相关规定安装可燃气体报警装置，存在燃气泄漏安全隐患。崇明区院接到反映后，检察办案人员立即通过检索"企查查"App、走访区文化和旅游局（以下简称文旅局）、消防救援支队进行沟通，了解崇明区农家乐经营主体数量、规模，同时，办案人员至农家乐保有量最多的两个乡镇开展调查，通过抽样调查，有88%的农家乐经营餐饮活动时使用燃气，但未安装报警装置。有的农家乐甚至还将燃气灶通过长约3米的软管连接到室外的燃气瓶旁，燃气瓶旁堆放大量杂物，燃气一旦泄漏，经营者无法及时作出反应，存在重大燃气安全隐患。

从时间上看，《安全生产法》新增条款于2021年9月实施，直至2022年2月，辖区内燃气行业管理部门区建设和管理委员会（以下简称建管委）尚未对大量农家乐餐饮经营单位进行有效督促，以确保其安装可燃气体报警装置，建管委在履行职责方面存在不足。从客观事实来看，2021年上半年，崇明区共发生9起燃气事故，造成不同程度人员、财物损伤，辖区建管委可能存在不作为，导致社会公共利益不断受到损害威胁。为推动可燃气体报警装置安装问题治理，经崇明区院与建管委沟通磋商，建议其依法履行燃气安全监管职责，对违反法律规定未安装可燃气体报警装置的农家乐经营主体采取相应措施。后建管委主动履行职责，采取措施督促辖区内961家农家乐经营者安装可燃气体报警装置，并对所有小型餐饮企业进行详尽排查，确保可燃气体报警装置全面覆盖。

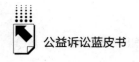

二 安全生产领域预防性公益诉讼案件办理的崇明经验

（一）预防性公益诉讼要准确把握行政相对人范围

本案在办理过程中，有行政机关提出，农家乐经营主体有一部分系个体工商户，关于个体工商户是否属于《安全生产法》所述的"生产经营单位"存在一定争议，且个体工商户作为自然人而非单位，其属性在法律法规中尚无明确界定。崇明区院经研判，认为本案中大量农家乐系小型企业，对部分经营规模、经营范围与小型企业具有同质性的农家乐个体工商户亦应适用《安全生产法》。

其一，从立法原意看，为了加强安全生产领域的监督管理，降低重大事故的发生风险，确保人民群众的生命与财产安全，推动经济社会持续健康发展，有必要对个体工商户的生产经营活动进行安全生产法规的约束。如果允许与小型企业规模和经营范围相同的个体工商户在生产经营过程中豁免遵守《安全生产法》，将导致众多个体通过注册为个体工商户的方式规避安全生产法规，使个体工商户成为安全生产法律体系中的例外，这明显背离了《安全生产法》的立法初衷。

其二，从权威部门对"生产经营范围"的解释看，虽然在《安全生产法》中没有对其进行解释，但根据全国人大常委会法制工作委员会编写的《安全生产法释义》，在中华人民共和国领域内从事生产经营活动的各类单位，无论其性质和规模，都应当遵守《安全生产法》的相关规定。结合国家安全生产监督管理总局发布的《安全生产违法行为行政处罚办法》第68条，所谓"生产经营单位"，是指从事生产或经营活动的基本单元，包括企业法人、不具备企业法人资格的合伙组织、个体工商户和自然人等生产经营主体。在国家安全生产法律体系中，"单位"一词指的是"基本单元"。将"生产经营单位"的适用范围扩展至单位、组织以及经营个体，特别是将个体工商户纳入"生产经营单位"的范畴，既符合《安全生产法》的立法目的，也是实际落实安全生产监督管理的需要。①

其三，从崇明农家乐的特殊地位看，疫情防控时期，周边游、近郊游是人民群众日常休闲娱乐的主要选择。根据辖区文旅局提供的数据，仅 2022 年春节假期 7 天，崇明农家乐等住宿和餐饮企业共接待游客 62.73 万人次。在此背景下，崇明的农家乐数量不断增多，与此同时经营餐饮的农家乐数量亦不断增多，燃气使用规模会不断扩大，农家乐的燃气安全、消防安全是平安崇明治理中的重要一环，不仅关系到崇明旅游经济健康发展，更关系到人民群众的生命财产安全，对辖区内所有农家乐在经营生产安全上予以合法合规引导，是公益诉讼应有作为，也是法律保障民生应有之义。

（二）启动预防性公益诉讼要求存在重大事故隐患

预防性公益诉讼不同于普通公益诉讼案件，其启动条件之一系有重大风险。《安全生产法》的修订为预防性公益诉讼的启动提供了法律基础，依照第 74 条第 2 款的规定，当安全生产违法行为导致"重大事故"或"重大事故隐患"时，检察机关即可启动公益诉讼。对上述法条中"重大事故"的理解，实务中不存在争议，然而对"重大事故隐患"的界定行政机关仍有不同看法。检察机关通过预防性公益诉讼督促行政机关履职，应当对"重大事故隐患"予以论证并提供证据支撑。

首先，明确"重大事故隐患"的程度。在安全生产领域中，所谓"风险"与"隐患"的界定有所区别，后者所涉及的危害程度相较于前者更为严重。在学术界的研究中，关于"风险"的定义通常认为，它是在损害发生的可能性以及在损害后果的不确定性条件下，损害发生的潜在可能性，这种潜在可能性与事故发生的后果之间，并无必然的因果关联；"隐患"是指潜在的损害可能性，其特性为确定性。② 由此可见，"风险"是"隐患"的前提。随着事故发生可能性的不断增加，所谓的"风险"潜在性降低、暴

---

① 邢光英、许佩琰：《安全生产领域预防性公益诉讼案件办理实践探索》，《中国检察官》2022 年第 6 期。

② 林鸿潮、赵艺绚：《安全生产行政公益诉讼的问题与建言》，《劳动保护》2021 年第 9 期。

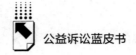

露性升高，当达到一定程度后，便转化为"隐患"。在安全生产领域，所谓"隐患"是指违反法律法规或其他因素可能导致事故的物质危险状态、人为不安全行为或管理上的缺陷。相较于"风险"，隐患的程度更为严重。在本案中，农家乐未安装可燃气体报警装置违反了法律规定，从而使得人民群众的生命财产安全处于潜在危险之中。

其次，"重大事故隐患"从外观上即可判断。一是从违法外观上判断。《安全生产法》设置禁止性条款是立法部门通过大数据、海量实践样本分析后，发现未安装可燃气体报警装置与安全事故发生之间存在显著的因果关联。本案中农家乐未安装报警装置、放置不规范，违反法律规定，同时基于农家乐所处位置在人口密集区域的特殊性，事故发生的可能性增大，已从"一般隐患"上升为"重大隐患"，契合"重大事故隐患"的法律属性。二是从科学实验上判断。为了揭示未安装可燃气体报警装置所存在的潜在安全风险，崇明区院委托消防救援支队开展报警器安装前后风险实验，通过实验论证安装报警器的提示率是 98.6%，群众在 10 米外即可发现燃气泄漏采取措施，报警器安装能大大降低事故发生概率。

最后，"重大事故隐患"可以消除。本案中通过预防机制可以消除安全隐患，如建管委最终与农家乐设立时的审批主管部门（文旅局）构建了协作机制，文旅局在农家乐设立时告知农家乐要安装可燃气体报警装置，并且把设立材料同步推送给建管委，建管委可以及时对农家乐进行检查，降低燃气泄漏的危险状态。故此处需要特别注意的是，检察机关只有在建管委未采取措施消除隐患时，才能够通过公益诉讼监督其依法履职。

（三）找准安全生产领域预防性公益诉讼的监督主体

根据《安全生产法》规定，管行业就要管安全，对安全生产问题进行监管的部门较为广泛。以农家乐为例，农家乐的行业监管部门是文旅局；如果农家乐经营餐饮，餐饮的行业监管部门是商务局；而餐饮中若使用燃气需要安装报警装置，那行业监管部门则为燃气行业监管部门，同时应急局主管企业安全生产。报警装置安装工作看似简单，但要做到"防未病治根本"

就牵涉众多部门。确定对农家乐燃气安全监管负有监管职责的行政机关是本案办理的难点，检察机关在办理该类案件中需要厘清行政机关的履职界限。

首先，厘清应急局与各行业监管部门在安全生产领域的履职界限。根据《安全生产法》第10条规定，当安全生产领域出现违法行为时，应由各行业主管部门对行为先行进行规制，如果相应行为没有主管部门，再由应急局作为"兜底"部门督促企业履行安全生产义务。按此思路，农家乐、燃气、餐饮均有相应行业监管部门，应急局不是履职主体，检察机关在办理类似案件中首先要找清有哪些行业监管部门。

其次，厘清对相应违法行为具有监督管理职责的行政机关。在办理公益诉讼案件中，找到行政相对人（本案为农家乐）后，一要应判断行政相对人实施了哪种违法行为，二要判断该违法行为由哪个行业监管部门监管，三要调查该行业监管部门是否存在不作为或不履职情形。公益诉讼的监督是对违法行为的监管对象的监督，而不是对实行违法行为主体的监督对象监督。本案中，违反法规的行为在于使用燃气进行餐饮经营却未配备可燃气体报警装置，违法主体为农家乐，在此情况下，具有处罚权和监管职责的部门为建管委。尽管文旅局对农家乐进行监管，商务局对餐饮行业进行监管，但它们均无权对未安装可燃气体报警装置的行为进行执法，因此，不存在二者未依法履职的问题。

最后，我们需要关注新兴行业和领域的安全生产管理责任主体。在案件办理过程中，有行政机关提出，根据《安全生产法》第10条第2款的规定，农家乐作为新兴业态，应由人民政府确定监督管理部门。然而，笔者认为，《安全生产法》在规定新兴行业和领域的监管部门时，使用了限定词"平台经济等"，即安全生产领域中的新兴行业和领域特指与"平台经济"具有同质性的行业，而农家乐与"平台经济"并无关联。此外，《安全生产法》和《城镇燃气管理条例》均明确规定，建管委对"在不具备安全条件的场所应用、储存燃气的"行为进行行政处罚，因此不存在安全生产监督管理职责不明确的问题。

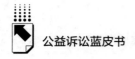

综上，检察机关在确定监管主体时，要先找到对违法行为具有监管职责的行业主管部门，如没有相应部门再寻找应急局，同时，要注意所办案件所涉领域是否为新兴行业，以精准确定监督主体。

三　安全生产领域预防性公益诉讼案件办理的前瞻性思考

（一）推动多部门协同治理以实现共同发展与多赢共赢

安全生产涉及社会面广、职能部门多，《安全生产法》中建立了综合监管与行业监管、部门监管与基层监管相结合的政府监管体系。立法原意本是加强各部门对安全生产行为的监管，把安全生产落到实处，但实践中同一区域上下级"多头执法""重复执法"、部门之间职能交叉、边界不清导致安全监管难以到位的情况持续存在，检察公益诉讼督促之诉、协同之诉的定位在此时就体现出制度优势，检察机关既可以"监督者"身份帮助行政机关厘清职责，又可以"公益代表"身份协调各部门共商共议执法难题。崇明区院在厘清文旅局、建管委等行政机关职责后，在依法督促建管委履行燃气安全监管职责基础上，联合应急局、消防救援支队、商务局、乡镇政府共同落实安全生产监督职责，联合开展执法宣传活动，从源头上保证农家乐安全生产，形成多部门齐抓共管的良好格局。

此外，上述案例属于预防性行政公益诉讼案件，通过公益诉讼及时发现并纠正可能造成公益侵害危险的行政违法行为，进而督促强化对民事违法风险的行政监管，是预防式监督的出发点、落脚点。最高检原检察长张军曾在最高检工作报告中提到，要"树立双赢多赢共赢理念。行政公益诉讼涉及政府履职，本质是助力政府依法行政，共同维护人民根本利益，得到各方面有力支持"，预防性公益诉讼监督行政机关，但不代表"包打天下、监督一切"，其更关键的是通过公益诉讼对一类存在重大安全隐患的问题进行规制。安全生产领域隐患排查需要行政机关的专业技术和科学手段，公益诉讼维护安全生产领域的公共利益更需要与行政机关加强协作配合。检察机关在办案中要牢固树立双赢多赢共赢理念，充分发挥检察机关和行政机关职能定位优势，共同促进问题解决，还要注意把握双赢多赢共赢理念的本质，做到到位不越位、助力不添乱。在安全生产领域，行政机关相对于检察机关是监管的"内行"，"外行"监督"内行"要避免进退失据，找准与行政机关之间的协作配合方向。《安全生产法》将应急管理部门作为综合监督管理部门，在实践操作中，由于职责划分不清，应急局屡次深陷"兜底"困境，检察机关应与应急局建立衔接机制。一方面应急局将负有安全生产监督管理职责的行政机关不履职线索移交检察机关，由检察机关督促相应行政机关履职，应急局可以摆脱"兜底"困境；另一方面检察机关可以借助应急局拓宽安全生产领域的线索范围，通过履行公益诉讼检察职能同步参与社会治理，助力法治政府建设。在案件办理过程中，崇明区院深入践行双赢多赢共赢理念，坚持监督和支持并重，以该案办理为契机找准与应急局协作的动力机制，与应急局共同签署《关于加强应急执法与公益诉讼检察衔接配合机制的意见》，构建良性互动关系，为安全生产公益诉讼检察提供坚实的外部支持。

（二）以构建企业公益合规模式推动溯源治理

检察机关开展企业合规试点，旨在加大对民营经济平等保护，在给企业警醒教育的同时，防范企业出现同类违法行为，也给相关行业企业合规经营提供样板和借鉴，促进市场主体健康发展，营造良好法治化营商环境。① 企业合规以社会企业组织为实施载体，检察机关督促企业开展合规，保障企业可持续发展。从外观上看企业合规属于企业内部经营管理活动，但一个个单独的企业构成市场，企业违法违规引发的环境污染、消费者权益受损、公民个人信息泄露等问题具有极强的公益属性，且涉案企业因为管理缺失往往在其他领域具有极大的违规风险。检察机关是公共利益的代表，通过公益诉讼

---

① 邢光英、许佩琰：《安全生产领域预防性公益诉讼案件办理实践探索》，《中国检察官》2022 年第 6 期。

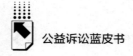
帮助企业构建公益风险预防机制，促进企业依法依规经营，具有探索意义。

崇明区院以上海企业合规改革试点工作推进效果为样本，初步构建了企业公益合规模式，其运行方式主要表现为：检察机关在督促行政机关对涉案企业违法行为进行查处时，根据案件实际情况同时向企业制发检察建议和约谈企业负责人。检察建议和约谈内容包括：对企业的社会调查，一类问题整改内容、期限，企业可能存在的风险预防。企业根据检察建议或约谈内容进行合规化管理，检察机关组织第三方对企业合规效果进行评估，确认企业合规化管理后，在民事责任上与企业磋商达成和解。这种模式一方面帮助企业避免被提起公益诉讼导致经济损失和声誉损失，另一方面可以让检察机关及时对特定领域、行业存在的合规隐患、管理漏洞进行监督，消除问题隐患。

上述案例中部分涉案农家乐除了未安装可燃气体报警装置问题，燃气软管型号、软管连接方式也均不符合国家标准，此外，部分农家乐还存在油污水直排河道、生熟食品未分离等违法经营行为。崇明区院在督促行政机关对违法农家乐进行查处、组织多部门合力监管的基础上，根据农家乐经营实际，启动公益合规程序。邀请应急局等部门、特邀检察官助理对农家乐存在的公益风险进行评估，后根据特邀检察官助理专业评估意见制定农家乐合规管理指引，约谈相关农家乐经营者，在约谈过程中从安全生产、环境污染、食品安全等方面建议农家乐经营者进行合规审查，列出具体问题清单督促农家乐经营主体改进，农家乐经营者承诺整改并聘请律师等法律人才积极进行合规建设，成功在2个月内消除公益风险。崇明区院构建企业公益合规模式契合预防式监督含义，从源头上对安全生产等领域公益风险进行控制，弥补行政公益诉讼中行政机关仅对一类具体违法行为进行规制的缺陷，有效防范企业因不合规行为持续侵害社会公共利益，促进企业乃至行业规范发展。

（三）以强化社会参与践行全过程人民民主

"更充分的公众参与，是推动公益诉讼健康发展的必由之路"①，检察机

---

① 胡卫列：《国家治理视野下的公益诉讼检察制度》，《国家检察官学院学报》2020年第2期。

关在安全生产领域预防性公益诉讼案件办理中，坚持人民至上、生命至上尤为重要。一方面，安全生产领域一旦发生事故直接威胁广大人民群众的生命财产安全；另一方面，安全生产领域线索隐蔽，依靠人民群众拓宽线索来源，借助人民群众智慧消除隐患，维护国家利益和社会公共利益，有利于助力安全生产治理现代化建设。

农家乐经营主体未安装可燃气体报警装置的线索来自群众反映，群众通过媒体、网络了解到检察机关对安全生产领域重大事故隐患可以提起公益诉讼后，直接向检察公益诉讼办案人员举报，可见，借助舆论宣传，可以营造全社会参与公益诉讼的良好氛围。崇明区院在办理该案过程中，及时部署策划"公护安全，益心为民"安全生产公益诉讼专项行动，并通过检察门户网站、"两微一端"等平台，对安全生产专项行动的阶段性成果开展宣传，扩大社会对检察机关办理安全生产领域公益诉讼案件的认知度，发动社会力量共同做好公共利益守护者，切实防范和化解重大事故隐患和侵害风险。此外，为了进一步强化社会力量的参与，崇明区院依托最高检"益心为公"检察云平台试点推进工作，着力发挥民主党派、人大代表、政协委员、志愿者等热心公益的社会力量在安全生产领域协助办案、专家论证等方面的作用，邀请安全生产领域专家论证未安装可燃气体报警装置存在的隐患，邀请具有安全生产专业知识的志愿观察员对农家乐整改情况进行现场确认，从技术、法律、社会效果三层面确保农家乐安全生产经营到位。

B.21
大数据赋能检察监督

——以未成年人沉迷网吧公益诉讼案件办理为切入点*

杨焘　吴永鹏　杨君臣　王华兴**

摘　要： 互联网时代，网络极大丰富和拓宽了未成年人视野，但其负面影响也给未成年人保护工作带来了极大挑战，未成年人沉迷网吧公益诉讼案件的办理面临调查取证难，公益赔偿数额认定难、执行难，社会治理难等实践困境。检察机关在履行未成年人保护职责时，应当将"大数据+检察"深度融合，完善检察机关调查权，充分发挥大数据证据优势，通过大数据、人工智能等高科技手段进行数据检索、数据筛选、数据分析，有效锁定经营者违法经营行为的关键数据，及时固定、提取其侵害国家和社会公共利益的相关证据，必要情形下通过前置财产保全程序解决司法执行难问题。同时，积极关注不同职能之间的统筹协调，通过检察公益诉讼履职，全面保护未成年人合法权益，实现未成年人保护"1+5>6＝实"的社会效果。

关键词： 大数据检察监督　检察能动　融合履职　未成年人综合司法保护

一　基本案情

公益诉讼起诉人：甘肃省白银市人民检察院

---

* 本报告为甘肃省人民检察院 2022 年检察理论研究课题"未成年人检察业务统一集中办理背景下如何做好未检工作研究"的阶段性成果。

** 杨焘，重庆大学法学院助理研究员；吴永鹏，白银市白银区人民检察院检察长；杨君臣，白银市白银区人民检察院检察委员会专职委员；王华兴，白银市白银区人民检察院书记员。

被告：白银某某网吧

被告：高某某（白银某某网吧负责人）

白银市白银区检察院检察官在审查一起刑事案件时，发现白银某某网吧存在违法接纳未成年人上网过夜的行为，可能致使未成年人公共利益受到侵害，遂对这一线索进行认真分析，制定周密的调查取证方案并迅速展开调查。

经调查查明：2017 年 9 月以来，被告高某某在经营白银某某网吧期间，为谋取非法利益，长期违法接纳未成年人在其网吧上网，放纵未成年人长期沉迷于网络游戏，致有些未成年学生逃课、辍学，甚至留宿未成年人在网吧上网过夜，脱离家庭监护管理。

检察机关对白银某某网吧计费管理平台数据进行搜索、复刻，在证据保全的基础上，应用数据分析软件对挖掘提取到的网吧计费数据进行深度检索和词频统计，根据身份证号码筛查涉案网吧未成年人上网消费的所有信息。经对 2017 年 9 月 22 日至 2022 年 1 月 7 日网吧计费的海量电子数据进行筛选及人工智能分析，统计出白银某某网吧违法接纳不特定多数未成年人在该网吧上网时长 79824.85 小时，获取非法利益即违法收取未成年人上网费用 319299.4 元。

检察机关向白银市白银区文化体育和旅游局制发行政公益诉讼诉前检察建议后，由其牵头组织相关行政职能部门对辖区所有网吧联合开展"拉网式"巡查和整治，并吊销被告白银某某网吧网络文化经营许可证。但是被告无视法律，无视行政机关的处罚，仍无证营业、继续违法接纳未成年人上网消费，严重损害了不特定多数未成年人的身体权、健康权，破坏了社会管理秩序，严重损害了社会公共利益。

白银区检察院层报请示省检察院批复同意后，2022 年 2 月，白银市检察院依法向白银市中级人民法院提起民事公益诉讼。经法院依法公开开庭审理，对被告白银某某网吧侵害不特定多数未成年人的事实予以认定，并支持检察机关提出的全部公益诉讼请求，判令：（1）被告白银某某网吧停止接纳未成年人进入涉案场所，并对接纳未成年人进入该场所行为造成的影响在

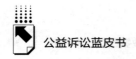

市级主要媒体向社会公众赔礼道歉；（2）被告白银某某网吧向白银市人民检察院缴纳因其违反法律规定接纳未成年人获取非法利益而损害社会公共利益的经济损失 319299.4 元；（3）被告高某某承担民事连带责任。①

法院宣判后，被告白银某某网吧及高某某在法定期限内未提出上诉，白银市中级人民法院作出的一审判决生效。被告白银某某网吧对违法接纳未成年人进入该场所而造成的影响在《白银日报》向社会公众赔礼道歉②；将其违反法律规定接纳未成年人获取非法权益而损害社会公共利益的赔偿款 319299.4 元，通过法院、检察院已全部转入白银市白银区财政局"公益诉讼赔偿款专用账户"。

二 检察机关履职情况及案件办理过程

白银区检察院在刑事案件审查中发现未成年人可能受侵害的公益诉讼线索后，认真分析研判，制定周密的调查取证方案，并梳理网吧存在的普遍性问题，对辖区内网吧等娱乐场所开展全面专项调查。

（一）公安机关协助排除阻力，检察机关依法调查查明网吧违法事实

在调查白银某某网吧期间，发现该网吧违法接纳未成年人上网消费，但在检察机关依法调查提取相关记录时，网吧相关管理人员不但不予配合，反而起哄、围攻、阻拦检察人员，检察人员遂电话请求白银市公安局白银分局治安大队出警配合协助，维护检察调查取证现场秩序。公安治安大队迅速派出治安警察到达现场制止起哄闹事、阻止检察调查等违法行为，维护调查现场秩序，排除调查阻力，协助检察人员对网吧上网未成年人进行核实，当场查明数十名上网消费的未成年人。公安机关对调查现场进行了录像，协助检

---

① 参见甘肃省白银市中级人民法院（2022）甘 04 民初 6 号民事判决书。
② 高彩霞：《致歉信》，《白银日报》2023 年 4 月 13 日，第 4 版。

察机关对在网吧上网过夜消费的未成年人身份进行逐一核实，为确保未成年人的人身安全，电话通知监护人接走上网消费的未成年人，并将监护人无法到场的未成年人连夜护送回家。

（二）大数据赋能未成年人检察，人工智能精准锁定法律监督目标

网吧运营管理平台中的未成年人上网时长、上网费用等数据具有分散性，难以查明涉案网吧侵害不特定多数未成年人合法权益给国家和社会公共利益造成的损失。面对这一实践困境，检察机关积极探索大数据及人工智能技术在检察公益诉讼调查取证工作中的运用，检察技术人员运用人工智能技术进行数据检索、筛选与提取，将海量杂乱无章的分散性数据转化为具有条理性、集中性的档案化数据，并进行数据建模比对、信息统计与数据挖掘，实现证据链分析和多维度数据获取与重构，依法对提取的网吧运营数据进行智能分析，有效锁定网吧、网咖侵害国家和社会公共利益的大数据证据（见图1）。数据赋能，促进检察机关公益诉讼案件办理实现快速取证和精准监督；智能建模分析，助推检察机关智慧检务建设提质增效。

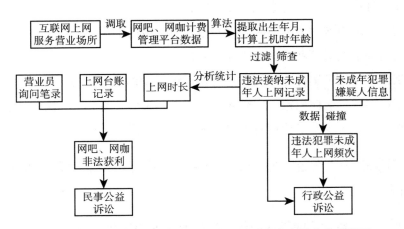

图1 网吧、网咖违法接纳未成年人上网消费类案检察监督模型

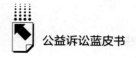

（三）检察机关依法制发行政公益诉讼诉前检察建议，督促行政机关依法全面履职

检察机关对调研材料进行审查后认为，白银某某网吧长期违法接纳未成年人上网消费现象背后反映出白银区文化体育和旅游局怠于履行网吧监管职责的问题。对此，检察机关向其制发督促履职的诉前检察建议，白银区文化体育和旅游局予以采纳整改，且回复：通过专项整治、加大巡查力度、加强部门联动、加强宣传教育等方式对辖区内网吧进行了拉网式排查整治，落实未成年人保护法等相关法律法规。白银某某网吧因违法接纳未成年人已被吊销网络经营许可证。

（四）检察机关能动融合履职，未成年人沉迷网络民事公益诉讼案获判决支持

检察机关通过行政公益诉讼督促白银市白银区文化体育和旅游局、市场监督管理局及公安局联合执法，依法查封关停屡教不改、屡罚屡犯的违法网吧。同时，检察机关对白银某某网吧继续调查取证，通过民事公益诉讼履职。在案件层报请示省检察院批复期间，省院未检部门承办检察官前往白银市检察院听取市区两级检察院办案检察官对案情的汇报，分析案件存在的问题及应当采取的对策和措施，指导基层检察院办案检察官进一步完善取证等相关工作，保证了案件办理及民事公益诉讼活动的顺利进行。2022 年 2 月，白银市检察院依法向白银市中级人民法院提起民事公益诉讼，法院依法公开开庭审理，判决支持了检察机关提出的全部公益诉讼请求。

（五）依法"冻结"企业登记变更注销行为，保证民事公益诉讼顺利进行

为保证公益诉讼的正常进行，2022 年 1 月检察机关向白银市白银区市场监督管理局制发关于白银市白银区某某网吧被立案调查的协助函，建议白银市白银区市场监督管理局在某某网吧涉未成年人民事公益诉讼案件办

理期间，停止办理白银某某网吧企业登记变更注销申请事宜，防止网吧为逃避责任在诉讼期间注销企业主体。因此，该网吧虽然在检察机关提起公益诉讼期间多次申请注销登记企业，试图逃避公益赔偿责任，但因检察机关预防措施的采取及时而得当，被告白银某某网吧妨害民事公益诉讼的意图未能得逞。

三　未成年人沉迷网吧民事公益诉讼案件办理中存在的争议焦点和难点问题

（一）调查取证难

调查取证难是检察机关办理公益诉讼案件的瓶颈，尤其是办理网吧等侵害不特定多数未成年人合法权益给社会公共利益造成损失的民事公益诉讼案件。由于网吧长期夜间违法经营，其违法行为具有隐蔽性，存在案件线索发现难和调查取证难等问题。其一，法律层面并未明确检察机关进行公益诉讼调查取证可以采取的有效措施，也未规定检察机关解决对抗调查的相关反制措施。其二，实践层面检察机关的调查面临刚性不足的隐忧，面临对抗调查或者阻碍调查等妨害公益诉讼活动的情形时，检察机关难以采取及时有效的措施予以遏制。例如：本案中，检察机关在面对网吧相关管理人员不予配合，且起哄、围攻、阻拦检察调查人员的情形之下，仅由检察人员调取网吧多年来的网络平台经营数据，显得异常困难。其三，数字检察刚刚起步，目前正处于实践探索和理论创新研究的初始阶段，数据建模分析技术尚不成熟，大数据资源整合不到位，难以对网吧杂乱无章且分散的海量数据进行有效分析，呈现违法证据提取难、分析难等问题。

（二）公益赔偿数额认定难、执行难

网吧违反法律规定接纳未成年人获取的非法利益与网吧违法行为给社会公共利益造成的经济损失之间是否为等量关系，尚未形成共识。有观点认为，

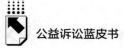
网吧违法接纳未成年人获取的非法利益与网吧违法行为给社会公共利益造成的经济损失之间没有必然联系；也有观点认为，网吧违法行为给社会公共利益造成的经济损失大于或者等于网吧违法接纳未成年人所获取的非法利益。本案办理中，检察机关面对网吧违法行为给社会公共利益造成的经济损失无法评估和确定的困境，通过提取网吧长期违法经营的数据进行建模分析，并与其他证据进行比对印证，参照网吧违法接纳未成年人所获取的非法利益，认定网吧违法行为给社会公共利益造成经济损失的最低值。但是，在关于网吧违法行为给社会公共利益造成经济损失可否适用惩罚性赔偿的法律规定亦不明确的当下，即使法院判决支持了检察机关"最低值"的诉讼请求，但违法经营者早已将其和网吧的财产进行了变卖、转移或者隐匿。判决生效后，法院强制执行时已无任何财产可供执行，导致执行工作曾一度陷入僵局和困境。虽然案件在检察机关的有力监督下，法院依法展开执行攻势，对被执行人以案释法、晓之以理、动之以情，在法律的威慑下被执行人不得不履行赔偿义务，判决最终得到了有效执行，但消耗了大量的司法资源。

（三）社会治理难

目前未成年人公益诉讼案件存在"九龙治水"，尚未形成合力的问题。未成年人保护领导小组办公室设在政府民政部门，但民政部门的日常协调和统筹各方力量的意识不强，能力不足，与学校、社会、家庭、政府各职能部门以及司法机关的能动融合明显不够，未成年人综合保护难以适应新时代发展的要求。尤其在未成年人沉迷网吧公益诉讼案件中，网吧经营者法律意识淡薄，且受利益驱使，违法接纳未成年人沉迷网吧、上网过夜。有的虽然被相关行政职能部门予以行政处罚，吊销网络经营许可证，但是仍然无证经营，继续违法接纳未成年人沉迷网络。更有甚者，被告为逃避责任而注销企业主体，从而妨害民事公益诉讼活动的正常进行。因此，未成年人公益诉讼案件办理中，如何通过规范履职充分发挥未成年人检察业务集中统一办理优势，双向发力，净化未成年人健康成长的社会环境，实现社会治理体系和治理能力现代化乃重中之重，值得深思。

四 办理未成年人沉迷网吧公益诉讼案件的 思考及解决疑难问题的对策

（一）完善检察机关的调查权，充分应用大数据技术化解取证难题

未成年人公益诉讼案件调查取证难问题的本质是检察调查核实权缺乏权威和强制性。检察机关在民事公益诉讼中的调查核实权，具有权力和权利双重属性，在权益维护方面，检察机关作为"民事公益诉讼起诉人"，代表的是不特定多数且分散的社会或者国家的公共利益，在未成年人保护领域还担负着守护国家和民族未来和希望的职责。在民事公益诉讼实践过程中，检察机关履行"民事公益诉讼起诉人"职能时，法院往往因为民事诉讼当事人一方是检察机关，对检察机关的举证责任要求会高于一般民事诉讼当事人。无论从调查核实权的属性，还是举证责任的实践要求，还是综合保障未成年人合法权益方面，可通过立法层面增加违反检察调查权行使的法律后果、增加同民事公益诉讼保护需求相匹配的检察司法警察力量等途径解决检察民事公益诉讼调查核实权刚性不足的问题。此外，重视大数据证据及人工智能技术的充分应用。为确定被告网吧损害未成年人合法权益给国家和社会造成的损失，必须查明被告网吧违法接待未成年人上网消费数额。检察技术人员对提取的大数据进行人工智能分析，使得复杂疑难案件的办理更加科学化、高效化，大数据赋能检察监督更加精准化。

（二）诉讼请求涉及赔偿经济损失或惩罚性赔偿，前置财产保全程序具有正当性

"刑法中的威慑是阻止罪犯从事犯罪的'完全威慑'，即'禁止'；而

侵权法中的威慑概念往往是'适当或最优威慑',即'定价'。① 因此,为更好体现检察民事公益诉讼的威慑,检察民事公益诉讼的诉求中一般会提出经济损失赔偿或惩罚性赔偿诉讼请求。本案例中,被告网吧的实际经营人为了牟利,无视法律规定,持有不必赔偿其所造成的所有损失的侥幸心理,法律的威慑力此时对他来说大打折扣。只有向其提出经济制裁性质的诉求,才能对被告网吧甚至对整个网吧行业展示出法律的威慑力,进而增强网吧经营行业自律,切实保护未成年人的合法权益。在提出赔偿经济损失或惩罚性赔偿诉求时,存在一个不容忽视的关键点,即经济制裁性质的诉求只有保证其真正实现,才能真实树立起法律权威,而非仅为判决书中的一行文字。对此,检察机关在民事公益诉讼案件办理过程中,经调查核实取证认为案件有提出经济制裁性质诉求时,就应当预先进行诉前财产保全。

(三)未成年人公益诉讼检察履职规范化,建立长效治理机制

在民事公益诉讼案件中,检察机关作为维权诉讼主体处在民事诉讼法律关系当中,应当依据法律规定依法行使调查核实权并承担相应的举证责任。本案例中,在被告方注册经营人户口已注销情况下,检察机关依法调取工商登记、变更信息等资料,确定实际经营人作为共同被告;探索尝试大数据、区块链及人工智能技术提取大数据证据、区块链证据等电子证据,检察技术人员对提取的大数据进行人工智能分析,明确被告网吧给社会和国家造成的损失;依法适时制发协助函,有效阻断被告为逃避责任注销企业主体而妨害民事公益诉讼活动的行为。检察机关找准网吧违法接纳未成年人背后反映出的行政不作为和网吧本身侵犯社会公共利益的问题,

---

① 学者任世丹提出:刑法中的威慑是"完全威慑",即通过消除犯罪者获得收益来实现威慑功能;侵权责任法中的威慑,是"适当或最优威慑",即通过将不法行为人的行为所产生的成本"内部化"来实现威慑功能。对于污染环境、破坏生态的行为,"完全威慑"意味着禁止该行为,而最优威慑是通过"定价"阻吓不法行为人实施不为社会所期待的行为,以维护社会秩序,实现预防功能。参见任世丹《生态环境惩罚性赔偿金与罚金可并处适用》,《检察日报》2022 年 6 月 8 日,第 3 版。

通过规范履职，充分发挥未成年人检察业务集中统一办理优势，同时从行政公益诉讼和民事公益诉讼两方面入手，发挥"两诉"检察职能，综合履职。既从社会管理层面督促行政机关依法履行监管网吧等娱乐场所的职责，又以民事公益诉讼履职促进网吧加强行业自律，以推动建立长效治理机制为抓手，双向发力，净化未成年人健康成长的社会环境。

五　结语

　　未成年人健康成长事关家庭幸福、国家未来和民族复兴，对其保护涉及学校、家庭、社会、政府和司法机关等，目前尚未形成合力。对此，检察机关对未成年人检察工作的重要性必须有充分的认识，认识到未检业务集中统一办理是近年来从未成年人保护的实际需求出发、从检察机关的职能和人民群众在未成年人保护要求的结合点出发，作出的有利于补齐未成年人保护法律执行和实施短板，有利于发挥检察机关法律监督职能的重要举措。要积极发挥履职能动性，充分运用未检一体化办案模式，重视未检刑事案件反映出的未成年人保护工作漏洞，以"最有利于未成年人"原则为指引，充分融合履行"四大检察"职能，增进各职能间相互搭台效果。做实未成年人各项特殊制度，善用综合调研找准问题根源，针对问题以专项行动方式靶向发力，同时沟通联动内外形成合力，推动解决人民群众反映强烈的未成年人保护热点、难点和痛点问题，不断深化未成年人全面综合保护，助推未成年人保护社会治理体系和治理能力建设，实现未成年人保护"1+5>6＝实"的社会效果。

Abstract

Exploring the establishment of public interest litigation system by procuratorial organs is a major decision and deployment made at the Fourth Plenary Session of the 18th CPC Central Committee, and also an important measure to promote the modernization of the national governance system and governance capacity. The report of the 20th CPC National Congress further proposed to improve the public interest litigation system. Since its entry into law, procuratorial public interest litigation has achieved brilliant results and has become one of the most distinctive judicial systems in China. China's procuratorial public interest litigation continuously provides China's samples and materials for the world's public interest litigation. To advance the modernization of China's system and capacity for governance in a new historical direction, it is necessary to firmly follow the path of socialist rule of law with Chinese characteristics, adhere to the reform orientation, continuously deepen practical innovation, theoretical innovation, and institutional innovation, promote the more mature and standardized "China program" for judicial protection of public interests, and transform ins titutional advantages into effective national governance. The development report of China's procuratorial public interest litigation (2022) has carried out a comprehensive, systematic and in-depth study on the theoretical hot spots and practical status of procuratorial public interest litigation, aiming at promoting the further development and improvement of the procuratorial public interest litigation system, and providing a more solid and powerful "procuratorial responsibility" for optimizing the national governance system and governance capacity. This book consists of five parts (including 21 reports), namely general report, national report, local report, special report and case study.

Abstract ↖↘

The prosecutorial public interest litigation system flourished in 2022, further clarifying the important position and role of public interest litigation in promoting Chinese-style modernisation. In practice, in 2022, procuratorial authorities nationwide filed 195000 cases of public interest litigation, continuing to safeguard national interests and social public interests and demonstrating the institutional value of public interest litigation. In terms of legislation, in 2022, the scope of prosecutorial public interest litigation was expanded to four areas: anti-monopoly, anti-telecommunication network fraud, quality and safety of agricultural products, and the protection of women's rights and interests, so that prosecutorial public interest litigation is oriented to a wider space and plays a greater role. Procuratorial public interest litigation as an emerging system, there are still many problems in judicial practice, and there is an urgent need to further strengthen the top-level design of procuratorial public interest litigation and improve the legislation based on practical experience. Procuratorial public interest litigation includes procuratorial administrative public interest litigation, procuratorial civil public interest litigation, and procuratorial and criminal incidental civil public interest litigation. There are certain problems in the practice of these three types of litigation in 2022, such as the unclear purpose of administrative public interest litigation; In procuratorial civil public interest litigation, there are problems such as the rigidity of the application of the pre-litigation announcement procedure, the limitations in the field of procuratorial public interest litigation, and the unclear whereabouts of relevant expenses in procuratorial civil public interest litigation. In procuratorial and criminal incidental civil public interest litigation, in practice, there are many problems, such as the inconsistent title of the procuratorate in the judgment documents, the inconsistent application of the trial organization during the trial of the case, the lack of necessity for initiating litigation, and the inconsistency in the number of people and the division of labor of the procuratorate. In terms of the operation of prosecutorial public interest litigation, how to improve and optimise the pre-litigation consultation procedures for administrative public interest litigation, what is the value of expanding the scope of prosecutorial public interest litigation cases, whether prosecutorial public interest litigation can be applied to punitive damages, and the necessity of applying big data technology to prosecutorial public interest

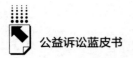

litigation, etc. , should be urgently explored and responded to.

To this end, it should be based on the differences between procuratorial public interest litigation and public interest litigation initiated by other entities, clarifying that the core positioning of procuratorial public interest litigation is that procuratorial organs perform their own duties of legal supervision in the form of "litigation". In addition, in the context of special legislation for procuratorial public interest litigation, this paper analyzes many problems that have emerged in the current operation and practice of the procuratorial public interest litigation system, and puts forward the direction of further efforts and relevant specific suggestions for improvement.

Keywords: Chinese Path to Modernization; Public Interest Judicial Protection; Procuratorial Public Interest Litigation

Contents

I General Report

Abstract: On the fifth anniversary of the comprehensive launch of procuratorial public interest litigation, "improving the public interest litigation system" was historically included in the report of the 20th National Party Congress. In 2022, the nation's procuratorial organs centered their work on the overall situation of the Party and the State, strengthening their ability to perform their duties and promoting the implementation of major strategies; and focusing their efforts on improving the quality, effectiveness, and impact of public interest litigation cases; It will focus on its main responsibilities and duties in a positive and steady manner, and deepen, strengthen and optimize its work in handling and exploring cases in traditional statutory areas, new statutory areas and other new areas; continue to improve the system and mechanism, and accelerate the improvement and optimization of the methodology and path of prosecutorial work in public interest litigation; and make efforts to set up the "mutual benefits and win-win and all-win outcomes" judicial concept, and push forward the formation of the system of judicial protection for the public interest. Continuously improving the relevant system, strengthening the quality of construction, improving the

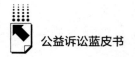
standard of case handling, optimizing the working mechanism, and promoting the high-quality development of public interest litigation is the focus of the future work.

Keywords: Procuratorial Public Interest Litigation; Case Handling Quality and Efficiency; Standardization Construction; Judicial Protection System for Public Interest Litigation

Ⅱ   National Reports

B.2   Annual Report on the Development of Procuratorial

Administrative Public Interest Litigation in China

Li Yongchao, Fan Hongna / 017

Abstract: The year 2022 is the fifth year of the full implementation of procuratorial administrative public interest litigation. As a judicial system with Chinese characteristics, procuratorial administrative public interest litigation plays an important role in safeguarding the interests of the State and the public interest of the society. The report of the 20th CPC National Congress put forward the requirement of "perfecting the public interest litigation system", and the procuratorial organ have taken this as the goal to promote the transformation and upgrading of the development mode of public interest litigation with high-quality development as the main line, and the system and theory of procuratorial administrative public interest litigation have also made new development. However, due to the procuratorial administrative public interest litigation is directly related to the relationship between administrative power, prosecutorial power and trial power, the differences in the nature of these three powers and the special characteristics of the procuratorial administrative public interest litigation system, making the system in the theoretical development process there are still controversies. By sorting out the theoretical disputes in the process of the development of the system and the operation of the system in practice, in order to be able to provide valuable reference for the establishment of a scientific and reasonable procuratorial administrative public interest litigation system.

Keywords: Administrative Public Interest Litigation; Procuratorate; Active Prosecution

B.3　Annual Report on the Development of Procuratorial
　　　Civil Public Interest Litigation in China

Zhang Jiajun / 035

Abstract: Through the empirical analysis of the prosecutorial civil public interest litigation in 2022, it is found that the prosecutorial civil public interest litigation in China has a narrower source of cases in the judicial operation, the pre-litigation announcement procedure is more rigid, the field of prosecutorial public interest litigation has limitations, and the procuratorial organ do not make specific litigation claims in litigation, and are burdened with a heavier burden of proof and other problems. For this reason, in the context of special legislation on procuratorial public interest litigation, and taking into account the unique characteristics of procuratorial civil public interest litigation, it is necessary to broaden the mechanism for the source of procuratorial civil public interest litigation cases, optimise the pre-litigation announcement procedure, refine the specific rules and procedures for public interest litigation, improve the precision of litigation claims, clarify the standards of proof in litigation, and improve the system of management of public interest litigation funds.

Keywords: Procuratorial Civil Public Interest Litigation; Special Legislation on Public Interest Litigation; Pre-litigation Procedures

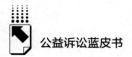
B.4　Annual Report on the Development of Procuratorial and
　　　Criminal Incidental Civil Public Interest Litigation in China

Cui Wei, Chen Peiyao / 059

Abstract: With the in-depth implementation of China's public interest litigation prosecution system, procuratorial criminal incidental civil public interest litigation continues to play an important role in contributing to the Modernization of national governance and the effective protection of public interests. Through a summary analysis of 476 Chinese procuratorial and criminal incidental civil public interest litigation cases in 2022, it is found that in the practice of procuratorial and criminal incidental civil public interest litigation in China, there are inconsistencies in the designation of procuratorial organs in the adjudication documents, inconsistencies in the application of trial organisation in the hearing of the cases, imperfect construction of the pre-trial conference system, prolongation of the period of pre-trial detention of the accused in pre-trial detention by the pre-litigation announcement procedure, the necessity of filing lawsuits exists Insufficiency, inconsistency in the number of prosecutors appearing in court and the division of labour, and ambiguous standards for the calculation of punitive damages. Through the results of the above empirical analysis and the interpretation of the causes, the system should be combined with the practical problems of the system in practice, and targeted improvement measures should be taken, so as to continue to optimise China's procuratorial system of criminal Incidental Civil Public Interest Litigation at the level of legal norms and practical operation, and to promote the system to play a more positive role in the Modernization of public interest litigation with Chinese characteristics.

Keywords: Public Interest Litigation; Criminal Incidental Civil Public Interest Litigation; Modernization of Public Interest Litigation

B.5   Annual Report on the Research and Development of

Procuratorial Public Interest Litigation in China

Zhang Jiajun, Meng Niefanyu / 083

Abstract: Procuratorial public interest litigation system is booming, with a high degree of theoretical research heat. By summarising the current status of the three types of theoretical research results in the field of prosecutorial public interest litigation in 2022, namely, subject research project, journal articles and published monographs, it is concluded that the hotspots of the theoretical research on prosecutorial public interest litigation in China in 2022 mainly include the interpretation of the legal theory of prosecutorial public interest litigation, the judgement standard of the defendant of administrative public interest litigation in violation of the law, the promotion of preventive environmental public interest litigation, the convergence between litigation for damages and prosecutorial public interest litigation, the expansion of the scope of prosecutorial public interest litigation, and the application of punitive compensation system in prosecutorial public interest litigation. It is further proposed that the general direction of future theoretical research on prosecutorial public interest litigation in China should be to strengthen the research on special legislation on prosecutorial public interest litigation, promote academic research under the holistic perspective, and pay attention to the research on cases of judicial practice and extra-territorial experience.

Keywords: Procuratorial Public Interest Litigation; Special Public Interest Litigation Legislation; Theoretical Research

Ⅲ Local Reports

B.6 Annual Development Report of Prosecutorial Public
Interest Litigation in Hubei Province

Tan Tiejun, Liu Yang and Zheng Bo / 110

Abstract: Over the past five years, the scale of handling cases of prosecutorial public interest litigation in Hubei province has steadily increased, the quality and efficiency of handling cases have steadily improved, and the field of handling cases has gradually expanded. However, in practice, there are still problems in the prosecutorial public interest litigation, for example, the appellation of prosecutorial organs is not appropriate enough, the system of public interest litigation with the main body of prosecutorial public interest litigation remains to be perfected, the current legal system still needs to be improved, its connection with other prosecutorial work is not smooth enough, the safeguard measures and supporting mechanisms are not perfect, and the case-handling ability of prosecutorial organs does not adapt to the development of high quality, etc. In this regard, based on the reform work plan of "improving the prosecutorial public interest litigation system", and taking into account the above problems, the name of "public interest litigation prosecution" should be changed to "public interest prosecution" in the future development of work. At the same time, emphasis should be placed on improving the public interest litigation system, with public interest litigation as the mainstay, strengthening the supply of legal systems, reinforcing articulation and collaboration with other inspections, improving safeguards and supporting mechanisms, and making unremitting efforts to improve capacity.

Keywords: Prosecutorial Public Interest Litigation; Cases Handling Quality and Efficiency; Public Interest Litigation System; Special Legislation on Public Interest Litigation

B . 7　Annual Development Report of Prosecutorial Public

　　Interest Litigation in Henan Province

Research Group of Henan Provincial People's Procuratorate / 118

Abstract: The prosecutorial public interest litigation system is a vivid practice and original achievement of Xi Jinping's thought on the rule of law in the field of public interest protection. In October 2022, the report to the 20th National Congress of the Communist Party of China emphasized "improving the public interest litigation system", putting forward higher requirements for prosecutorial work and pointing out the direction for the high-quality development of prosecutorial work in the new era. Henan's prosecutorial organs have thoroughly implemented the spirit of the 20th National Congress of the Communist Party of China, actively performed their prosecutorial public interest litigation in accordance with the law, continuously improved the quality and efficiency of case handling, gradually expanded the field of case handling, and continuously expanded social recognition, so as to serve Henan's modernization with the modernization of prosecutorial public interest litigation work.

Keywords: Prosecutorial Public Interest Litigation in Henan Province; Active Prosecution; Modernization of Henan Province

B . 8　Annual Development Report of Prosecutorial Public

　　Interest Litigation in Zhongshan City, Guangdong Province

Research Group of Zhongshan People's Procuratorate in

Guangdong Province / 134

Abstract: Adhere to the guidance of Xi Jinping's thought on Socialism with Chinese Characteristics in the New Era, expand the Zhongshan's "circle of friends" in prosecutorial public interest litigation with a high degree of political

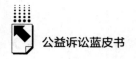

consciousness, rule of law consciousness, and prosecutorial consciousness, and make efforts in the same direction to achieve new practical results in the statutory field. Complete and improve the public interest litigation prosecutorial supervision system, the quality standard system, and the public interest litigation assistance coordination system, actively respond to the public's concerns, increase the protection of the rights and interests of special groups such as women, children, the elderly, and "food delivery riders", and focus on the "the great matters of the nation", and nurture the sentiments of prosecutorial public interest litigation for the people. Based on the actual development of the Guangdong-Hong Kong-Macao Greater Bay Area, we will focus on the protection of the marine ecological environment in the Bay Area, and promote rural revitalization and the construction of a beautiful ecological civilization in the Bay Area.

Keywords: Prosecutorial Public Interest Litigation; Preventive Justice; Lawsuit Source; Active Prosecution

B . 9　Annual Development Report of Prosecutorial Public Interest Litigation in Puyang City, Henan Province

Research Group of the People's Procuratorate of

Puyang City in Henan Province / 148

Abstract: Through an empirical analysis of the public interest litigation cases handled by the prosecutorial organs in Puyang City, Henan Province from January 2018 to April 2023, this paper describes in details the handling of cases in traditional fields as stipulated in the Civil and Administrative Procedure Law, the handling of cases in fields authorized by the Separate Law, the handling of cases in other fields, as well as the handling of prosecution cases, and gives a detailed explanation of the typical cases rated at or above the provincial level. In this context, the author believes that it is necessary to provide institutional guarantees for the practice of the rule of law in prosecutorial public interest litigation through improving legislation, integrate product thinking into procuratorial public interest litigation through standardizing case handling, and provide talent support for procuratorial public interest litigation through forging teams.

Keywords: Prosecutorial Public Interest Litigation; Effectiveness of Case Handling; Areas of Public Interest Litigation Case Handling

B.10 Annual Report on the Development of Procuratorial Public Interest Litigation Initiated by Yuqing District in Guizhou Province

Lu Guotao, Chen Zhaowei and Chen Xiaohong / 157

Abstract: By summarizing the prosecutorial public interest litigation work initiated by Yuqing District in Guizhou Province, it focuses on the traditional key areas, actively and steadily expands the field of supervision, collaborates with each other, strengthens the joint efforts of protecting public welfare, strengthen public interests synergy through joint governance, and improves the case handling quality and efficiency. In view of the many problems existing in the public interest litigation procuratorial work of the Yuqing County Procuratorate, the future will be through the service to protect the centre of the overall situation, enhance the quality of legal supervision, cohesion of the public interest protection of the consensus, enhance the overall quality of the team as a way of thinking, to promote the high quality of public interest litigation prosecution work development.

Keywords: Procuratorial Public Interest Litigation; Case Handling Quality and Efficiency; Public Interest Synergy

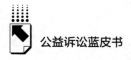

IV   Special Reports

B.11   Research on Pre-litigation Consultation Procedures for
Procuratorial Administrative Public Interest Litigation

Yang Yani, *Wang Tiandong* / 172

Abstract: The pre-litigation consultation procedure of administrative public interest litigation is an innovative attempt to the pre-litigation procedure. It can make up for the defects of pre-litigation procuratorial suggestions, enhance understanding, reduce confrontation, and urge different functional departments to form a joint force for public welfare protection before litigation. In recent years, when handling administrative public interest litigation cases, procuratorial organs across the country have actively explored the initiation of the consultation procedure, the scope and stage of the case applicable to the consultation, the subject and form of the consultation, the time limit of the consultation, and the results of the consultation, and have accumulated very rich experience for the improvement of the pre-litigation procedure of administrative public interest litigation. But unfortunately, so far, there are still some problems in the pre-trial consultation procedure of administrative public interest litigation, such as lack of clear legal provisions, poor connection path with investigation and verification, pre-trial procuratorial suggestions and other procedural systems, and imperfect pre-trial consultation and supervision mechanism. In this context, in order to practice the judicial concept that "the best judicial state is to achieve the purpose of protecting public interests before litigation" and give full play to the functions of the pre-litigation procedure of administrative public interest litigation, the following three aspects should be done. First, improve the legal norms of pre-litigation consultation, and clarify the legal positioning, scope of application, starting time, form, subject and frequency of pre-litigation consultation; The second is to explore the connection path of establishing pre-trial consultation and investigation verification system, case termination system, pre-trial procuratorial suggestions and other procedural systems; The third is to build and improve a diversified pre-trial consultation and supervision mechanism such as supervision and follow-up of the consultation content, "looking back", case review, public hearing, and public supervision.

Keywords: Administrative Public Interest Litigation; Pre-litigation Consultation Procedures; Collaborative Governance; Procedural Linkages

B.12 Report on the Development of Consumer Procuratorial Public Interest Litigation *Du Xiaoli* / 189

Abstract: The report of the 20th Party Congress in 2022 explicitly proposed to "improve the public interest litigation system". Since the Civil Procedure Law of the People's Republic of China established the qualification of the procuratorial organ as the subject of public interest litigation in 2017, in the field of consumer prosecution public interest litigation, the Procuratorate has carried out useful exploration in the areas of collaboration with consumer associations, the scope of the case, punitive damages, etc., and has pushed for the continuous improvement of the substantive and procedural systems. In order to further promote the scientific and standardised nature of consumer public interest litigation, it is necessary to establish a coordination mechanism between procuratorial organs and consumer rights and interests protection associations; to change the status quo of fragmented legislation on the scope of cases; and to improve the application of punitive damages, as well as the management, distribution and supervision of damages.

Keywords: Procuratorate; Consumer Associations; Scope of Cases; Punitive Damages; Public Interest Litigation

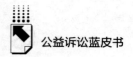
公益诉讼蓝皮书

B.13　Empirical Research on the Expansion of the Scope of
　　　　Prosecutorial Public Interest Litigation Cases

Xing Xin / 209

Abstract: Since the formal establishment of the prosecutorial public interest
litigation system in 2017, the scope of prosecutorial public interest litigation cases
has gradually expanded. The Administrative Procedure Law and the Civil
Procedure Law provide for four major statutory areas, and the Protection of Minors
Law and the Personal Information Protection Law and other separate laws have
added nine emerging areas, including the protection of minors and personal
information. In addition to this, the scope of prosecutorial public interest litigation
cases has been further expanded through the active exploration of administrative
regulations, party regulations and local regulations. In practice, the Supreme
People's Procuratorate also publishes typical cases in order to perform its duties in
accordance with the law, and to assist in the in-depth development of prosecutorial
public interest litigation. Through the empirical research on the expansion of the
scope of prosecutorial public interest litigation cases, it is found that the expansion
of the scope of prosecutorial public interest litigation cases presents the
characteristics of keeping pace with the development of the times, responding to
the realities of the need to safeguard the realisation of the public interest, and
preventing damage to the prevention of risk, and combining public interest
litigation with the rule of law in social governance. The expansion of the scope of
prosecutorial public interest litigation cases is a key move in continuing to unleash
and give full play to the enormous effectiveness of prosecutorial public interest
litigation in social governance, and is also an important means of implementing the
requirements of the Twentieth National Congress of the CPC to "improve the
public interest litigation system".

Keywords: Prosecutorial Public Interest Litigation; Emerging Areas; Scope
of Cases

B.14　Analysis Report on the Operation of the Civil Public

　　　　Interest Litigation System in the Field of Personal

　　　　Information Protection

Wang Zhentao, Qin Shengnan / 228

Abstract: In the era of big data, people enjoy digital dividends while also bearing a higher risk of personal information infringement, and citizens' personal information infringement tends to be large-scale, industrialized, and professional, infringing on the rights and interests of an unspecified majority, harming the public interest, and posing challenges to the legislation, law enforcement, and justice of personal information protection. Since the implementation of the Personal Information Protection Law on 1 November, 2021, the procuratorial authorities, as the legal supervisory organs stipulated in the Constitution and as the representatives of public interests, have given full play to the function of public interest litigation procuratorate, and have been actively and steadily exploring appropriate paths to enter into the field of personal information protection, and promoting the implementation of the Personal Information Protection Law on the ground. At the beginning of the implementation of the system, there are still problems in the judicial practice of civil public interest litigation of personal information, such as the simplification of the subject of public interest litigation, the idling of public announcement procedures, the high dependence on criminal cases, the insufficient interpretation of the public interest, the insufficient accuracy of litigation claims, and the low level of public participation. It is necessary to sort out the current situation of the system from an empirical perspective, summarize existing problems and propose targeted improvement paths.

Keywords: Civil Public Interest Litigation; Personal Information; Legislation of Criminal Law and Civil Law; Order of Prosecution; Public Interest Definition

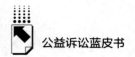

B.15 Annual Report on the Development of Prosecutorial Civil
　　　Public Interest Litigation in Hubei Province

Gao Dan, *Guo Jianhong* / 245

Abstract: Civil public interest litigation is an important part of the public interest litigation prosecution system, which plays an important role in safeguarding the public interest of society, upholding social justice, safeguarding the authority of the Constitution and the law, and promoting the modernisation of the country's governance system and governance capacity. But since the experiment of Public Interest Litigation, the focus of Public Interest Litigation in Hubei province has been inclined to administrative public interest litigation, which has led to obvious achievements in administrative public interest litigation, but the work of civil public interest litigation is relatively weak. The main problems are the lack of subjective attention, many practical obstacles in handling cases, and the shortage of talents. It is urgent to strengthen the internal guidance of the inspection system, optimize the mechanism of communication and cooperation, and perfect the cultivation of talents.

Keywords: Prosecutorial Civil Public Interest Litigation; Public Interest Litigation Identification; Criminal-Civilian Interface of Public Interest Litigation

B.16 Report on the Development of Procuratorial Administrative
　　　Public Interest Litigation in Henan Province

Zhang Juntao / 254

Abstract: According to the 2022 Henan Provincial People's Procuratorate's administrative public interest litigation data released by the work report of the Henan Provincial People's Procuratorate in 2023, the main areas of public interest litigation prosecution of the Henan Provincial Procuratorate were analyzed. Namely, administrative public interest litigation cases of ecological and environmental protection in the Yellow River Basin, administrative public interest litigation cases of woodland, grassland and wetland, administrative public interest litigation cases of ecological environment and resource protection, public interest litigation cases in the field of food and drugs, administrative public interest litigation cases of state-owned property protection and state-owned land use right transfer, administrative public interest litigation cases in the field of production safety, administrative public interest litigation cases in the field of cultural relics and culture, administrative public interest litigation cases in the field of specific groups, etc. Seven good practices in the process of handling cases are proposed, namely, adhering to the party's leadership, adhering to the integrated procuratorial case-handling mechanism, deepening cooperation with administrative organs, establishing a regional coordination mechanism for handling administrative public interest litigation cases, centralized jurisdiction over public interest litigation cases, handling administrative public interest litigation cases with the help of "big data", and adhering to the concept of win-win and multi-win. It also found that there are problems in the current practice of administrative public interest litigation, that is, the administrative public interest litigation case-handling force is not strong, the administrative public interest litigation procuratorial suggestions are not professional enough, the investigation and verification power is not fully used, the integrated case-handling mechanism has not been fully established, the investigation command center has not been established, the pre-litigation procedures and litigation procedures are not coordinated enough, and the number of cases handled by prefecture-level city leaders is not large, and further put forward six suggestions, namely, the establishment of a three-level integrated case-handling mechanism, the establishment of a level-up jurisdiction mechanism, and the "1+N" case-handling model, establish a command center for public interest litigation investigation and verification, establish a seamless pre-litigation and litigation procedure connection mechanism, and establish a two-way transfer mechanism for clues between the procuratorate and the Commission for Discipline Inspection and Supervision, so as to provide strong support for the administrative public interest litigation prosecution work of the Henan Provincial Procuratorate in 2023 and 2024.

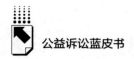
Keywords: Administrative Public Interest Litigation; Investigation and Verification; Integration; Pre-litigation Procedures

B. 17 Research on Public Interest Litigation on Punitive

Damages Initiated by Procuratorate

Liu Honglin / 267

Abstract: In the practice of procuratorial organs initiating punitive damages public interest litigation, there are problems such as different judgments in the same case, erosion of judicial power by appraisal, unclear attribution of compensation, and excessive punishment, and the theoretical community has not yet reached a consensus on the theoretical basis and the basis of the right to claim punitive damages initiated by procuratorial organs. The principles for procuratorial organs to initiate punitive damages public interest litigation in the fields of consumption and the environment are different, with the former being a concentrated exercise of the right to claim punitive damages for private interests, and the latter being to make up for the lack of compensatory damages for public interest damages. The legislature should give procuratorial organs the right to request formal punitive damages, clarify the conditions for procuratorial organs to initiate public interest litigation on punitive damages and the system for the management and use of compensation, straighten out the relationship between public interest litigation for punitive damages and private interest litigation for punitive damages, activate the mechanism for group litigation, and implement the principle of supplementarity in public interest litigation.

Keywords: Punitive Damages; Public Interest Litigation; Right to Enforce Litigation; Formal Entity Request Right

B.18　Research on Prosecutorial Hearing of Public Interest

　　Litigation in Hubei Province

　　Abstract: The report of the Party's 20th National Congress pointed out that the whole-process people's democracy is the essential attribute of socialist democracy, and it is the broadest, most authentic and most effective democracy. Prosecutorial hearing is the important carrier for Prosecutorial organ to fully implement Xi Jinping's thought on rule of law and implement whole-process people's democracy in prosecutorial practice. Hubei Prosecutorial organs summarize and refine the implementation of hearing requirements, standardize hearing work, and innovate the experience and practice of hearing mode in promoting public interest litigation Prosecutorial hearing. By improving the political position, expanding the scope and scale of hearing cases, strengthening the construction of hardware and software, and creating a strong Prosecutorial team and other methods, we can solve the problems of uneven distribution in the field of hearing cases, insufficient quantity and proportion, and hearing in the form and other issues. It can provide reference for better play the role of public hearing in the Prosecutorial work of public interest litigation.

　　Keywords: Public Interest Litigation in Hubei; Prosecution Hearing; Active Prosecution; Lawsuit Source Governance

B.9　Thinking about Regulating Social Organizations to Bring

　　Environmental Civil Public Interest Litigation

　　—*from the Perspective of Prosecutorial Supervision*

　　Abstract: In the promotion of ecological environment governance, social organizations to bring environmental civil public interest litigation has a certain

positive role, is an organic part of the public interest litigation system. However, the initiation of environmental civil public interest litigation by social organizations is still in the stage of exploration and development, and there are still problems in practice such as insufficient and irregular litigation evidence, putting private interests before public interests, even filling private interests and abandoning public interests, increasing litigation costs by multiple co-plaintiffs, inadequate implementation of public interest judgments, and high mediation and withdrawal rates. The reason is that the laws and regulations for social organizations to bring environmental civil public interest litigation are not perfect, the cost of damage identification is high, the leading role of the court is not enough, and the entrance of Prosecutorial supervision is not easy. To this end, we should further improve the environmental civil public interest litigation system, build a model with prosecution supported by Prosecutorial organs as the main body, strengthen Prosecutorial litigation supervision, and form a multi-party governance force of civil affairs departments, lawyers associations and other subjects.

Keywords: Environmental Civil Public Interest Litigation; Social Organization; Prosecutorial Supervision; Collaborative Governance

V Case Study

B. 20 Practice Exploration of Preventive Public Interest
Litigation Cases in the Field of Safety Production
—*A Case of Administrative Public Interest Litigation of*
Shanghai Chongming District People's Procuratorate Urging to
Agritainment Combustible Gas Alarm Devices

Xing Guangying, Xu Peiyan / 302

Abstract: In the governance of the field of safety production, preventive public interest litigation plays a unique value of "preventing problems and curing problems". When dealing with preventive public interest litigation cases in the field of safety production, Prosecutorial organs can accurately promote the improvement of the management and supervision of relevant administrative organs in the field of safety production by clarifying the concepts of administrative counterparts, major accident hidden dangers, and sorting out relevant government departments with supervision and management responsibilities, so as to prevent and resolve safety production risks. At the same time, in the process of handling cases, the Prosecutorial organs should pay attention to assisting the enterprises involved in establishing and improving the public welfare compliance system, ensuring the safe production and steady operation of enterprises, and safeguarding the safety of people's lives and property.

Keywords: Preventive Public Interest Litigation; Production and Operation Units; Major Accident Hazards; Public Welfare Compliance

B.21　Big Data Enables Prosecutorial Supervision

—*Taking the Handling of Public Interest Litigation Cases*

Involving Minors Addicted to Internet Cafes as the Starting Point

Yang Tao, Wu Yongpeng, Yang Junchen and Wang Huaxing / 312

Abstract: In the Internet era, the Internet has greatly enriched and broadened the vision of minors, but its negative impact has also brought great challenges to the protection of minors. The handling of public interest litigation cases involving minors addicted to Internet cafes faces practical difficulties such as difficult investigation and collection of evidence, difficult identification of public interest compensation amount, difficult implementation, and difficult social governance. When performing the duty of protection of minors, the Prosecutorial organs should deeply integrate "big data + prosecution", improve the investigation power of the Prosecutorial organs, give full play to the advantages of big data evidence, conduct data retrieval, data screening, and data analysis through high-tech means such as big data and artificial intelligence, and effectively lock the key

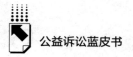

data of illegal business activities of operators. Timely fix and extract the relevant evidence that infringes on the national and social public interests, and solve the difficult problem of judicial execution through pre-property preservation procedures if necessary. At the same time, it actively pays attention to the overall coordination between different functions, performs its duties through Prosecutorial public interest litigation, comprehensively protects the legitimate rights and interests of minors, and achieves the social effect of "1 + 5 > 6 = real" in the protection of minors.

Keywords: Big Data Prosecution and Supervision; Active Prosecution; Integrated Performance of Duties; Comprehensive Judicial Protection for Minors

社会科学文献出版社

皮书

智库成果出版与传播平台

❖ 皮书定义 ❖

皮书是对中国与世界发展状况和热点问题进行年度监测，以专业的角度、专家的视野和实证研究方法，针对某一领域或区域现状与发展态势展开分析和预测，具备前沿性、原创性、实证性、连续性、时效性等特点的公开出版物，由一系列权威研究报告组成。

❖ 皮书作者 ❖

皮书系列报告作者以国内外一流研究机构、知名高校等重点智库的研究人员为主，多为相关领域一流专家学者，他们的观点代表了当下学界对中国与世界的现实和未来最高水平的解读与分析。

❖ 皮书荣誉 ❖

皮书作为中国社会科学院基础理论研究与应用对策研究融合发展的代表性成果，不仅是哲学社会科学工作者服务中国特色社会主义现代化建设的重要成果，更是助力中国特色新型智库建设、构建中国特色哲学社会科学"三大体系"的重要平台。皮书系列先后被列入"十二五""十三五""十四五"时期国家重点出版物出版专项规划项目；自2013年起，重点皮书被列入中国社会科学院国家哲学社会科学创新工程项目。

法律声明